打造完美身材

减脂塑形、增肌健体的动作与训练计划

[美]尼克·图米内洛(Nick Tumminello) 著 柳磊 译

人民邮电出版社
北京

图书在版编目（CIP）数据

打造完美身材 ：减脂塑形、增肌健体的动作与训练计划 / （美）尼克·图米内洛（Nick Tumminello）编著 ；柳磊译. -- 北京 ：人民邮电出版社，2021.8
ISBN 978-7-115-55878-7

Ⅰ. ①打… Ⅱ. ①尼… ②柳… Ⅲ. ①健身运动—运动训练 Ⅳ. ①G883.2

中国版本图书馆CIP数据核字(2021)第016375号

内 容 提 要

无论你的目的是健身、功能性训练、减脂还是改善体质，在本书中都可以找到答案。本书共分为三个部分：第 1 部分分析了不同的锻炼目标，包括强身健体、提升功能和表现能力、减脂和塑形；第 2 部分介绍了 243 个锻炼方法，包括热身和灵活性练习、上肢练习、下肢练习、核心练习和代谢系统练习；第 3 部分提供了针对新手、强身健体、提升功能和表现能力、减脂和塑形需求的 71 个锻炼计划，以及最小化损伤的策略。帮助你增强体质，改善功能表现，健身小白和健身教练都能从中获益。

◆ 编　　著　［美］尼克·图米内洛(Nick Tumminello)
译　　　柳　磊
责任编辑　李　璇
责任印制　马振武

◆ 人民邮电出版社出版发行　　北京市丰台区成寿寺路 11 号
邮编　100164　　电子邮件　315@ptpress.com.cn
网址　https://www.ptpress.com.cn
天津千鹤文化传播有限公司印刷

◆ 开本：700×1000　1/16
印张：19.75　　　　2021 年 8 月第 1 版
字数：386 千字　　　　2021 年 8 月天津第 1 次印刷
著作权合同登记号　图字：01-2019-3966 号

定价：129.00 元

读者服务热线：(010)81055296　印装质量热线：(010)81055316
反盗版热线：(010)81055315
广告经营许可证：京东市监广登字 20170147 号

第 3 部分　制定计划

训练动作搜索

致　谢

如果没有他们的帮助，本书是不可能完成的。我的好朋友兼生意伙伴大卫·克伦普（David Crump）为本书起了书名。Escarda Photo 公司的艾琳·埃斯卡达（Eileen Escarda）拍摄了所有出色的运动照片，还引荐了照片中的运动模特：杰伊·比奥斯（Jay Bozios）、塞里纳·布兰奇（Serina Branch）、尤利·洛佩斯（Juli Lopez）和科林·萨顿（Korin Sutton）。感谢吉尔·克罗恩（Gil Krohn）和佛罗里达州奥克兰公园（Oakland Park）动物园健康俱乐部（ZOO Health Club）的工作人员允许我们用他们的设施进行拍照。DPT 的贾森·希尔沃纳尔（Jason Silvernail）与我合著了第 15 章。非常感谢 Human Kinetics 出版社的工作人员，特别感谢贾斯廷·克卢格（Justin Klug）、杰夫·马西斯（Jeff Mathis）、罗杰·厄尔（Roger Earle）和劳拉·普利亚姆（Laura Pulliam），感谢他们辛勤地和我一起参与本书编写工作。与这些专业人士一起完成本书是我的荣幸，他们的贡献将永远成为本书的一部分。

我很荣幸能从以下这些人那里得到那么多的爱和支持：我的母亲费丝·贝文（Faith Bevan）、她的丈夫约翰·卡瓦列雷（John Cavaliere）、我父亲多米尼克·图米内洛（Dominic Tumminello）、我的女朋友罗米纳·马里纳罗（Romina Marinaro）；还有我的好朋友马克（Marc）、布伦达·斯帕塔罗（Brenda Spataro）、凯特（Kate）、丹尼尔·布兰肯希普（Daniel Blankenship）、瑞安·许特（Ryan Huether）、罗布·西莫内利（Rob Simonelli）、比利·贝克（Billy Beck）、迪安娜·埃弗里（Deanna Avery）、保罗·克里斯托弗（Paul Christopher）和乔·德雷克（Joe Drake），他们都来自佛罗里达州（Florida）博卡拉顿（Boca Raton）的重力与有氧健身中心。

当我想起健身和表现能力训练领域或相关领域的每一个人（他们已经成为我生活的一部分）时，我想说，没有什么所谓的白手起家，十分感谢大家的帮助。我要感谢以下同事对我的友谊，对我工作的持续支持，以及对我职业发展的帮助：约翰·拉洛（John Rallo）、西旺·费根（Sivan Fagan）、尼克·克莱顿（Nick Clayton）、布拉德·舍恩菲尔德（Brad Schoenfeld）、吉姆·基尔巴索（Jim Kielbaso）、伯特·索林（Bert Sorin）、理查德·索林（Richard Sorin）和 Sorinex Equipment 公司的工作人员，马特·保尔森（Matt Paulson）、瑞安·凯彻姆（Ryan Ketchum）和 Fitness Revolution

公司的工作人员、尼克·布朗伯格（Nick Bromberg）、伊桑（Ethan）、利兹·本达（Liz Benda）、雪莱·默里（Shelley Murray）、林赛·瓦斯托拉（Lindsay Vastola）、蒂姆·阿恩特（Tim Arndt）、本·科马克（Ben Cormack）、艾莎·奥尔森（Isa Olsson）、埃里克·赫尔姆斯（Eric Helms）、卡伦·丽兹（Karen Litzy）、布雷特·孔特雷拉斯（Bret Contreras）、阿兰·阿拉贡（Alan Aragon）、洛乌·舒勒（Lou Schuler）、卢克·约翰逊（Luke Johnson）、克里斯·伯吉斯（Chris Burgess）、马克·科默福德（Mark Comerford）、鲍勃·罗塞蒂（Bob Rossetti）、罗恩·罗塞蒂（Ron Rossetti）和 Northeast Seminars 公司的工作人员，戴夫·帕里塞（Dave Parise）、乔尔·斯德曼（Joel Seedman）、文斯·麦康奈尔（Vince McConnell）、比利·贝克（Billy Beck）、贾森·希尔沃纳尔（Jason Silvernail）、拉尔斯·阿夫玛丽（Lars Avemarie）、比尔·索尼梅克（Bill Sonnemaker）、詹姆斯·费尔（James Fell）、托尼·根蒂尔克（Tony Gentilcore）、玛丽·斯帕诺（Marie Spano）、大卫·杰克（David Jack）、泰勒·克里斯琴森（Tyler Christiansen）、奎因·西普涅夫斯基（Quinn Sypniewski）、阿德里安娜·奥尔蒂斯（Adrianne Ortiz）、鲍勃·埃斯克雷（Bob Esquerre）、杰里米·博伊德（Jeremy Boyd）、阿纳塔斯塔斯·查拉兰博斯（Anastasis Charalambous）、乔纳森·古德曼（Jonathan Goodman）、安德鲁·维格茨基（Andrew Vigotsky）、克劳迪娅·米科（Claudia Micco）、埃斯彭·阿思岑（Espen Arntzen）、史蒂夫·韦瑟福德（Steve Weatherford）、安德鲁·赫费南（Andrew Heffernan）、约翰·斯潘塞·埃利斯（John Spencer Ellis）、李·博伊斯（Lee Boyce）、乔纳森·迈克（Jonathan Mike）、罗伯特·林库（Robert Linkul）、尼克·科里亚斯（Nick Collias）、利娅·里昂（Leah Lyons）、尼尔·佩克（Neil Pecker）、肯尼特·瓦勒（Kennet Waale）、塞尔针·伊姆塞尔（Serkan Yimsel）、伊恩·霍顿（Ian Houghton）、劳拉·麦格拉申（Lara McGlashan）、克里斯·舒加特（Chris Shugart）、马修·桑德斯特（Matthew Sandstead）、里克·霍华德（Rick Howard），还有伊丽莎白·福茨（Elisabeth Fouts）和 Power Systems 公司的工作人员。我相信还有其他一些人的名字也应该出现在这个名单中，我欠这些人一个大大的拥抱和握手。

最后，我感谢我所有的客户——过去的、现在的和未来的，感谢他们能够让我继续做自己喜欢的事情。

简 介

如果你正在寻找一个直接的、实用的锻炼指导，以确保你的锻炼是明智、安全、有效且尽可能高效的，那么你找对地方了！

大多数人参加锻炼的目标有 4 个——减肥、锻炼肌肉、改善功能和提升表现能力，或者是促进总体健康。本书简化了这些目标背后的科学和技术，澄清了一些误解，并为你提供了适用于每个目标的各种具体的锻炼计划（健身房锻炼计划和自重锻炼计划）。

第 1 章重点讨论了健身。如果你不想让自己的全部生活都围绕着健身房转，在进行锻炼的时候总有一种挫败感，那么第 1 章对你来说可能非常完美！正如本书第 1 章和其他章节中所讨论的那样，为一般健身和健康目的而进行锻炼是一个伟大的目标。你不必总是为了功能和表现能力，或与体格相关的目标而运动——关键是你要了解自己是谁，以及你想从运动中获得什么。

第 2 章讨论了功能和表现能力，第 3 章是关于减肥的，第 4 章是关于体格的。前 4 章中的每一章都指出了一些常见的误区，这些误区会给你带来困惑，使你无法实现这 4 个目标中的任何一个。这些章节还提供了你需要了解的科学原理和方法，帮助你获得长期的成功。

第 5 章“热身和灵活性练习”为你提供了几个热身序列，这些序列可以帮助你做好准备，让你可以从每次锻炼中获得更多的益处。第 6 ~ 9 章详细介绍了针对上半身（第 6 章）、下半身（第 7 章）和核心（第 8 章）的各种练习，以及体能练习（第 9 章）。这 5 章的独特之处在于，除了提供浅显易懂的基本练习说明之外，还提供了一些关于如何完善基本练习的方法，向您展示如何采用比基本练习更好的方法来完成这些练习。

第 10 ~ 14 章介绍了一些锻炼计划，你在前几章中学到的所有内容都将付诸实践。这 5 章中的每一章都提供了许多锻炼计划供你选择，你可以根据自己的日程安排选择每周锻炼多少天。第 10 章“一般初学者锻炼计划”，为那些刚开始锻炼或有一段时间没有做任何常规力量训练的人提供了锻炼计划。第 11 章“健身锻炼计划”，为那些想要改善其整体健康状况和保持健身习惯而又不必专注于特定计划目标的人提供了锻炼计划。第 12 章“功能和表现能力锻炼计划”，为那些没有从事体育行业但对提高整体运动能力感兴趣的人提供了锻炼计划。第 13 章“减肥锻炼计划”，为那些希望在减少肌肉损失的同时减少体内脂肪的人提供了锻炼计划。第14章“体格锻炼计划”，为那些注重美学而且正在通过锻炼最大化肌肉尺寸的人提供了锻炼计划。

本书中提供的所有锻炼计划都是为大型健身房的会员而设计的。例如，这些锻炼计划将需要使用固定器械（比如深蹲架或器械）的练习与需要使用移动器械（比如哑铃、弹力带）的练习相结合。这种组合练习使你能够将移动器械带到固定器械上，并停留在该器械上，而不必在健身房里到处走动，防止其他会员拿走你正在使用的器械。

由于我们并不总是能够去健身房，也不一定总是能够使用我们想要使用的所有健身器械，所以第10～14章还提供了两种替代性的家庭或酒店健身锻炼计划，以及两种体重锻炼计划，当你在家中、在旅途中或者在一个器械和空间都很有限的健身房中时，你可以使用本书提供的锻炼计划让运动保持正轨。

虽然第10、11、12、13和14章中提供的每个锻炼计划都侧重于不同的训练目标，但这5章中的每个锻炼计划都涉及许多相同的练习。这是因为每个人都应该做上半身练习、下半身练习和核心练习，以确保他们的练习是全面的。这些练习的应用方式、组织方式和优先级，使得每一章的锻炼计划对于每个训练目标都是独一无二的。换句话说，每章的锻炼计划的设置都是不同的，因为每章都强调不同的目标。这并不意味着你在实施第12章提供的功能和表现能力锻炼计划时不会增加任何肌肉，也不意味着你在实施第13章提供的减肥锻炼计划时不会变得更强壮。你从本书的锻炼计划中获得的好处并不是相互排斥的，因为第10～14章的锻炼计划各有不同的侧重点，所以你会在每章所强调的重点领域获得最大的收获。

不管你选择的锻炼重点是什么，最重要的因素是你持续锻炼的能力，这意味着你能在保持无损伤的情况下进行锻炼。第15章“减少受伤的策略”是本书的最后一章，这一章确定了一些潜在的伤害风险因素，并提供了简单实用的锻炼建议，你可以将它们与任何类型的锻炼计划结合使用，以降低受伤的风险。

如果你是一名没有经验的锻炼者，那么你应该会欣赏本书采用的清楚且对用户友好的方式提供的信息和锻炼计划。如果你是高级运动者、健身专家或运动教练，你肯定会认识到本书使用的训练方法的有效性，并会从本书中获得令人兴奋的新想法、见解和练习计划与策略。

让我们行动起来吧！

第 1 部分

训练目标

1 健身

和大多数人一样，你可能对成为一个整天围着食物和健身房打转的“健身达人”不感兴趣。说到饮食，大多数人都不愿改变自己的饮食习惯，所以他们主要通过锻炼来消耗他们喜欢吃的食物所带来的热量。而说到锻炼，大多数人的目标并不是想赢得沙滩上的最佳身材比赛，他们对于去追求明显地提升训练重量也不是很感兴趣。在人们锻炼身体的时候，无论有没有私人教练指导，他们只是想有一个可以挑战自己的锻炼经历，同时又不会伤到自己。他们往往通过每次锻炼的享受程度、锻炼结束时的感觉以及每周完成的锻炼次数来衡量自己的成功。如果这听起来很像你的行为，你应该在这一章和相应的锻炼计划中添上你的名字！

抗阻训练的好处

抗阻训练通常与美学和运动方面的改进有关，因为抗阻训练可以帮助你锻炼肌肉，增强力量。但是，抗阻训练的一般健身和健康益处是什么呢？将抗阻训练作为常规的体育锻炼对身体和大脑有以下好处。

体重管理

除了在预防和治疗代谢综合征方面有潜在作用之外，定期进行抗阻训练还可以帮助我们改善身体成分。

即使你不是心脏病专家，你应该也知道体内有多余的脂肪（即超重）会给心脏带来很大的风险，使你在处理健康问题（比如糖尿病、高血压、高胆固醇和心脏病发作）时会面临更大的风险。

降低疾病、死亡和功能受限的风险

除了保持更健康的体重之外，通过定期的抗阻训练计划，你还能增强肌肉力量，降低全因死亡率，减少心血管疾病事件，降低发生功能受限的风险。

精力充沛，减少疲劳感

研究表明，定期的抗阻训练可以提高一个人的能量水平，同时减少疲劳感。这一点毫不奇怪，因为抗阻训练有助于改善身体成分。简言之，身体中的脂肪越多，在生活和运动中消耗的能量就越多。因此，体内多余的脂肪越多，你就会越快地感到疲劳。制订有规律的抗阻训练计划可以帮助你减掉脂肪，尤其在与良好的营养习惯相结合时，抗阻训练可以让你变得更有效率，一整天都神采奕奕。

预防骨质疏松

除了增强肌肉的力量和增加肌肉的质量之外，抗阻训练还能有效增加骨量（即骨骼矿物的密度增大和含量增加）和骨强度。抗阻训练可以减少发生肌肉骨骼紊乱（例如，骨骼、肌肉、关节和韧带的病症）的可能，如骨质疏松症。此外，抗阻训练还可以帮助骨质疏松者减缓，甚至扭转骨质流失状况。

减少焦虑和抑郁

研究表明，抗阻训练和一般的体育锻炼可以预防和改善抑郁和焦虑。早在 1981 年就有研究表明，有规律的运动，如抗阻训练，不仅可以改善轻至中度抑郁症患者的情绪，还可以在治疗重度抑郁症方面起到辅助作用。其他研究甚至还发现，运动的效果比抗抑郁药的效果持续的时间更长。

研究还表明，体育锻炼可以减轻焦虑，影响大脑对压力的反应。这一研究结果表明，与久坐不动的人相比，爱运动的人不太容易受到压力和焦虑的负面影响。

改善脑功能

科学家曾经认为，我们的大脑早在生命早期就已停止产生新细胞，但最近人们发现，我们可在有生之年一直不断地制造新的脑细胞，而对脑细胞生长最有效的刺激就是体育锻炼。

研究表明，体育锻炼似乎能刺激大脑生成新的脑细胞和神经元，并有利于它们的生存。这有助于让人们集中注意力，还有助于增强记忆力。在晚年，体育锻炼可以降低产生认知障碍、患阿尔茨海默病的风险。另一项研究结果表明，如果在中年早期就开始锻炼，可进一步降低患阿尔茨海默病的风险。

更好的睡眠

睡眠是让我们身体得到休息和恢复的一种方式。锻炼可以改善情绪和减轻压力。研究表明，运动可以改善睡眠模式，有助于你在白天变得更加警觉，还有助于促进养成更好的睡眠习惯。

让我们面对现实吧！如果你经常锻炼，尤其是进行有挑战性的抗阻训练，你的身体就需要休息和恢复，这样你的睡眠质量就会有所改善。

利用抗阻训练来保持身体活跃，提高整体健康水平，同时享受抗阻训练提供的身体挑战，这是一个很有意义的目标。本书为你提供了锻炼身体的 7 个科学的理由。

心血管锻炼、高强度间歇训练、肌肉和初学者

有人说，稳定的有氧运动会影响肌肉的增长。但研究表明，在以前未受过训练的

私人教练和您的一般健康和健身

锻炼有许多明显的好处，比如增加肌肉和增强力量。此外，锻炼还可以提供许多私人教练似乎都没有意识到的、已得到充分证明的身心健康方面的好处。

如前所述，这些好处包括预防疾病、保持骨量、改善情绪（即使是抑郁症患者）、减轻焦虑 / 压力、改善睡眠、增加精力和增强幸福感、延缓全因死亡，以及促进大脑发育。

然而，许多私人教练都存在精英主义的想法，认为除非你的训练重点是增强体能或提高运动表现能力指标，否则你基本上是在浪费时间。这种想法主要是针对那些休闲健身爱好者，他们的锻炼目标是一般的健身和保持健康，并不注重特定的体能或提高表现能力的指标。

许多教练看不起那些为了健身和健康而锻炼的人，认为这些人“满足于平庸”，好像那些对于让自己的整个生活围绕健身房和食物打转不感兴趣的人在某种程度上都是平庸的人。

这些私人教练感到非常沮丧，他们不明白为什么有些人就是“不理解”或“不在乎”，并且没有坚持到底。但通常并不是这些人不在乎，而是他们不关心私人教练想让他们关心的事情。这些私人教练才是真正不明白的人。

这些私人教练没有意识到，对大多数人而言，从锻炼中“取得成果”并不是为了获得令人印象深刻的硬拉数据，或锻炼出一个更宽厚的背部——这些都是“健身达人”的目标。锻炼只是为了保持身体活跃，克服身体上的障碍，享受每一次锻炼。这些都是值得尊重和合理的目标，私人教练应该鼓励并为促进锻炼者实现这些目标而感到自豪。

男性中，增加低强度有氧运动（比如骑车）并不会损害力量或肌肉的增长。事实上，它甚至可能促进肌肉的增长。

其他证据表明，有氧运动可以增大肌肉并增强有氧能力。这方面的改善对于年轻男性和年长男性是差不多的。这样的结果很可能也适用于女性，因为有氧运动会改变蛋白质代谢，增强骨骼肌。反过来说，对于肌肉容易流失的女性和男性而言，有氧运动也可以作为一个有效的防治策略。

但是我们应该正确看待这些研究结果，这些研究结果适用的人群也包括从未训练过的人。随着高强度间歇训练（High-intensity Interval Training，HIIT）的流行，标准的 30 分钟间歇有氧运动（在跑步机、椭圆机或自行车上进行的低到中等强度的运动）变得不那么流行了。如果你是刚刚开始或重新开始一项锻炼计划，那么从 HIIT 开始锻炼可能会增加受伤的概率。

你最好从低强度的有氧运动开始锻炼，直到你能以中等强度连续跑 30 分钟，或者可以使用椭圆机或自行车来增强你的有氧运动。可为使用高强度的心肺调节方法打下更好的基础。

稳定的有氧运动会影响训练有素的人。看看那些健美运动员吧！多年来，在为表演做准备的同时，他们一直在进行稳定的有氧运动，并且能够保持令人印象深刻的肌肉质量。

稳定的、适量的有氧运动会导致你的肌肉流失，这种观点是不现实的，尤其是在你强调抗阻训练的时候。对于已经有扎实训练基础的中高级健身者而言，他们并不需要执行每一项 HIIT。一周内运动太多反而会对身体造成伤害，使你无法在两次锻炼之间得到充分恢复。在恢复期采用的一种好的锻炼方法是，进行轻度到中度的有氧运动。

抗阻和心血管训练：先开始哪一个?

研究表明，在锻炼中首先进行有氧运动可以产生最强的有氧活动能力。对于那些正在为马拉松等耐力项目进行训练的人，最好先做有氧运动；而对于那些为一般健身和健康目的而进行训练的人，情况正好相反。

例如，一项研究表明，当在进行抗阻训练后进行有氧运动时，脂肪氧化和能量消耗会有所增加。这一增加的代谢效应在以更高的强度进行的抗阻训练中更为明显。这一点很重要，其他一些研究表明，因为残余的疲劳感，在锻炼中先做有氧运动可能会影响后续抗阻训练的效果，从而降低在力量训练中产生的机械张力（稍后详细讨论）。这会影响力量的增强和肌肉的增长。

你的锻炼计划个性化程度如何？

另一个问题是，许多私人教练对训练存在偏见。一些教练遵循健身哲学，而另一些教练则遵循举重哲学，其他人可能更喜欢普拉提；一些人做“3D 功能训练”，其他人可能更喜欢壶铃；等等。许多私人教练都认为他们选择的锻炼方法是最好、最完整的，因此建议每个人都按照同样的方法进行锻炼。换句话说，许多教练只给客户上了一堂关于哪个教练喜欢做什么的课，而不是采用最适合你的方法来训练你。

有两种类型的私人教练：*健身专业人士和健身爱好者*。健身爱好者试图让你对他们所喜爱的运动产生兴趣，很少关注你的个人目标；健身专业人士会制订适合你的锻炼计划，而不是让你迎合教练的特长或偏见。

改善你的整体健康状况是一个由许多不同部分组成的目标，它应该是减肥、锻炼身体和体能训练的组合，而不是只专注于其中一项。因此，它需要包含一些不同的锻炼组成部分。当目标由许多部分组成时，任何单一的设备或训练类型都无法完全满足目标的所有方面。采取一种混合的方法来制订锻炼计划非常有意义，这正是本书中所有的锻炼计划的目标！

你不必成为健身房的常客或做一些极限运动

人们普遍认为，要想提高整体健康水平，要么需要每天 24 小时不间断地锻炼，要么需要做一些极限运动，就像我们在杂志和电视上看到的运动员和健美运动员所做的那样。这根本就是不正确的。

如果你想成为一名健美运动员或高水平运动员，就必须像这些运动员一样锻炼。然而，如果你只是对保持更好的身材感兴趣，那么你当然不需要成为一个生活在健身房或做极限运动的“健身达人”。例如，研究发现，即使每天以较慢的速度［每小时不到 6 英里（约 10 千米）］跑 5 ~ 10 分钟，“也能显著降低由于各种原因和心血管疾病而导致的死亡风险”。

本书中的健身和健康锻炼计划包括抗阻训练，抗阻训练的运动时间通常会超过 10 分钟。这些研究结果并不是健身建议。研究表明，你不需要制订一个漫长而复杂的锻炼计划，通过该计划获得锻炼的所有好处，你只需要行动起来并不断进步。

男性和女性都需要高强度的负重训练

很多男性都乐于通过训练来增加一些肌肉，所以请允许我和女性运动者聊一会儿。当你说到调整、增强或塑造身体的某些部位时，你的意思是锻炼肌肉和减掉身体脂肪。说到锻炼肌肉，没有所谓的“锻炼”肌肉的运动，也没有所谓的“增大”肌肉的运动。肌肉只能通过一种生理方式进行生长，那就是所谓的*肌肉肥大*。

> 肌肉塑造了你的身体形状，因此更多的肌肉就等于更多的肌肉张力。如果不锻炼肌肉，你就无法打造出更有活力、更健美、更性感的身材。要增强肌肉（即改善肌肉的形状），就需要不断地刺激肌肉组织。那些粉红色的小哑铃不适合用来做这项训练，因为它们不会让你的身体得到挑战，使身体变得更强壮，也不会改善你的体形。但女性肯定会像男性一样从负重训练中获益。

此外，研究还发现，先进行抗阻训练似乎会增强随后有氧运动的代谢效果，这就是为什么本书中的所有锻炼计划都包括抗阻训练部分，在抗阻训练之后再进行其他任何有氧或体能运动。

重要的是我们要明白，关于有氧运动是否影响随后的抗阻训练的表现的一项研究表明，我们应该在做一个完整的抗阻训练的同时做一个完整的有氧运动（比如跑30分钟）。这与将少量的以有氧运动为基础的运动（比如45秒的太极拳）和以抗阻训练为基础的运动放在一个循环训练中是不一样的。这种循环训练可以让你同时获得这两种运动的新陈代谢益处，并使得以健身或减肥为导向的锻炼变得更加有趣和更多样化。

健身潮流总是变来变去。每一种新的“最佳”锻炼方法都声称自己比上一种“最佳”锻炼方法更好，这说明了为什么流行的锻炼方法往往在营销模式上更为成功，而不是基于科学的原理。你不需要跟随最新的锻炼方法来保持更好的身材（即改善你的健身和健康），它们会误导你。不管现在流行什么样的“风格”，你都应该遵循基于科学的锻炼原则（本书的前4章中描述过这些原则），我们多次提及这些原则，是为了产生你所追求的效果。阅读这一章和接下来的3章都很重要，可以帮助你理解这些原则是什么。

2 功能和表现能力

如果你想提高表现能力，能够比以前更快或更强地执行一个动作任务（速度和爆发力），逐步举起更多的重量（力量），更多次地举起相同的重量（肌肉耐力），并缩短执行一系列练习后所需的恢复时间（体能），那么本章内容最适合你。

在本书中，为提高表现能力而进行的训练并不是指针对任何特定运动而进行的训练，而是指可提高整体运动能力（速度和爆发力、力量、肌肉耐力和体能）的一般身体素质训练，该训练适用于任何运动。力量和体能训练可帮助你提高身体素质（比如，更出色的爆发力或力量），更高的身体素质不是仅靠运动就能实现的。专注于提高整体力量和爆发力也可以帮助运动员减少受伤的风险。虽然通常有许多关于“体育专项”训练的说法，但大多数运动员都能从增强整体力量、提高爆发力和提高体能水平的训练中获益。这种训练可以帮助你更快地移动，变得更强大，从竞争对手中脱颖而出。

就像为减肥或锻炼肌肉而进行的训练（后面两章将对此进行介绍）一样，关于可提高运动员整体运动水平的爆发力和力量训练，也有一些谣言和误解。本章将指出这些谣言，并澄清这些误解。

功能和表现能力的训练原则与方法

研究表明，相对力量（即相对于体重，你有多强壮）是你在短跑、垂直跳跃和改变方向方面表现如何的最重要预测因素。许多教练都认为，如果不将训练的重点放在“大举重”上，你就无法变得更强壮、更有爆发力。“大举重”是指传统的杠铃卧推、深蹲和硬拉。据说，如果不重点关注这些练习，你就无法变得更强大，这就是上述观点的一个例子，也说明了人们将训练方法和训练原则混为一谈。

*特异性原则*是一种普遍的训练原则，要求训练适应性应该特定于训练对身体的要

求。由于我们制订锻炼计划的目的是创建适当的训练刺激来引起特定的适应，所以制订锻炼计划的第一步就是确定所需的训练目标。训练目标最终决定了训练的类型和方法，这些都要成为锻炼计划的一部分。

训练者可通过针对肌肉群、能量系统、运动速度、运动模式或肌肉动作类型的训练来实现训练的特异性。例如，如果你的训练目标是让自己更具爆发力，那么锻炼计划中应该包括爆发性练习（即爆发力练习）。如果某个人的训练目标中包含多个方面，比如提高整体健康和健身水平，那么该训练实际上应该是为减肥、锻炼身体和提高身体机能而进行的综合性训练，而不应该将重点放在某个方面。该锻炼计划应包含多个训练组成部分，因为任何单独一种类型的训练都无法充分满足所有的目标要求。

另一个基本训练原则是*逐渐超负荷原则*，这是指根据训练的频率、强度和类型，以及恢复过程，当前训练的训练压力应该超过前一个训练中遇到的训练压力。例如，如果正在进行力量增强训练，可以逐渐增加负荷，或者以相同的负荷进行重复次数更多的训练，确保训练进度得以实现。

现在，你应该对训练原则有了一个大致的了解，我们可以进行以下讨论：当训练师和教练谈论坚持基本原则时，他们列出了一些他们认为可以提高人类表现能力的基础练习（比如传统的杠铃卧推、深蹲和硬拉等）。我们来分开讨论一下这些练习。

基本这个词指的是某种基本的依据或原则，或某种基本的东西。在将此定义应用于锻炼项目时，很明显，不存在任何需要使用的基本练习（通常称为基本锻炼）。只有一些基本的或基础的训练原则需要实践，比如特异性原则和逐渐超负荷原则。这些原则规定了应该包括哪些练习，以及如何将它们应用到综合锻炼计划中。换句话说，练习只是一种让我们运用原则的方法。

许多人会根据一个锻炼计划是否使用了一套人们认为的基础训练来判断该训练是“好”还是“坏”。这意味着人们将方法看得比原则更重要。当谈到好的锻炼计划时，我们不会从方法开始讨论，而是从原则进行研究。一个好的计划不是通过它所包含的练习来决定的，而是通过如何使用训练原则来决定的。

一些教练员和教练会进一步认为，成功的锻炼计划都是关于如何掌握基础训练，也就是说，好的训练应该包括掌握某些练习。这种说法也是不完全准确的。首先，如果你不想成为一名举重运动员，没有任何一项运动是必须做的。当你进行杠铃硬拉之类的练习时，你只需要以一种安全的方式使用它们，利用这些练习帮助你增强整体力量或促进肌肉生长。你需要具备正在进行的举重项目所需的基本能力；不过，你不需要了解或通过练习掌握一名举重运动员所需的举重专项技能。

就练习而言，根本就没有基本练习，只有一些基本的人类动作，如推、拉、旋转、运动和水平变化，而且人们可以选择采用许多传统和非常规的运动应用程序来做出这些（普遍的）人类动作。例如，深蹲属于人类“水平变化”的基本动作。换句话说，深蹲只是人类执行水平变化动作的众多方式之一。

将人类的基本动作从传统练习中区分出来非常重要，因为当我们考虑深蹲练习时，通常会想到做杠铃深蹲（前蹲或后蹲）时的动作。当我们认为这种深蹲是人类的基本动作，每个人都应该能够做到的时候，我们就会采取一种“一刀切”的方法——试着将方形的钉子放入圆形的孔中。并不是每个人都能完成这样的下蹲姿势。

然而，当我们意识到传统的深蹲姿势只是训练人类基本水平变化动作的一种方式时，我们并没有将深蹲练习或其他练习放入基本练习动作中。我们知道，有很多方法可以引起训练水平变化，你可以根据自己的骨骼框架、身体比例和伤病史来找到更适合你的训练方式。这就是为什么一些教练说：“你只是不知道如何做这些举重训练。”人们无法摆脱自己的骨骼框架、身体比例和伤病史来进行训练。试图让人们适合运动而不是让运动适合人们，这是训练师和教练们常犯的最大训练错误之一。

将上述内容归结起来得出的结论就是：你是在利用练习，还是练习在利用你？考虑到我们身体之间的自然差异，仅仅因为某些举重运动员能够完成传统的蹲举或硬拉，就认为每个人都能做同样的动作是没有意义的。当然，你可以强迫人们去尝试，但是根据个人需求选择练习是一个更明智的做法。

当你掌握了训练原则（即特异性原则和逐渐超负荷原则）时，你就会明白，只有那些参加举重运动的运动员才必须做一些练习。大型（杠铃）举重是一个实施逐渐超负荷的好方法，因为它在你的力量训练中提供了很多价值，但它不是唯一的练习方法。抗阻训练只是对关节和组织施加力量，帮助它们变得更强壮的一种方法。杠铃、哑铃、绳索、器械和弹力带只是一些不同的工具而已，它们都可以帮助我们在关节和组织上施加力量。此外，除非你去健身房是为了成为一名举重运动员，否则你的训练没有理由过于集中在三大举重项目上（增强你的力量）。运动员或健身爱好者不需要做特别的练习来提高自己。锻炼计划应该坚持训练原则，包含各种各样的练习，让运动员和健身爱好者遵循这些原则，并实现他们的目标。

研究表明，没有任何形式的一种运动具有神奇的特性。一项研究比较了橄榄球运动员单侧（单腿）和双侧（两腿）下蹲训练时的力量、冲刺和灵活性。这项研究的结果表明，保加利亚式分腿蹲杠铃训练在下肢力量、40米短跑冲刺速度和改变方向方面一样有效。另一项研究还发现，单腿和双腿训练的结果虽然增强了力量，减轻了下肢疲劳，但单腿和双腿的结果没有什么区别。

此外，另一项研究发现，单侧和双侧训练似乎会影响肌肉大小适应性，虽然单侧和双侧训练组成员的单侧和双侧力量均有所增强，但单侧训练小组在单侧力量增强方面有较大的优势，而双侧训练小组的双侧力量增强幅度是较大的。换句话说，虽然两组人的双侧和单侧训练的力量都有所增强，但力量增强的幅度似乎是特定于训练类型的，这就是训练的特异性原则。这突出了拥有一个完善的力量锻炼计划的重要性，该计划不仅包括传统的杠铃练习，还可以加强你下半身和上半身的各种各样的姿态、姿势和动作。这正是第 12 章“功能和表现能力锻炼计划”中将帮你完成的操作。

功能和表现能力的训练负荷

研究表明，尽管高负荷和低负荷训练都会导致训练有素的训练者的肌肉肥厚（即肌肉增大）效果明显增强，但高负荷（较重的）训练对于最大限度地提高力量适应性更有优势。也就是说，力量是你产生爆发力的能力，爆发力可以用力量除时间来表示，或者说，爆发力是你产生力量的速度。虽然举重可以帮助你提高爆发力，但大量证据表明，当你定期进行快速移动的低负荷（较轻的）运动时，你的爆发力的提升是最大的（男性和女性均如此）。

这一点并不让人感到奇怪，因为训练特异性的原则规定，你对训练的适应将会特定于训练对身体的要求。正如我之前说过的，如果你想最大限度地增强你的整体力量，就必须将训练与更重的负荷（相对于你自己的力量水平或 1RM）相结合。如果你想变得更具爆发力，则必须进行爆发力练习。这就是为什么功能和表现能力锻炼计划一章中的锻炼计划既要强调爆发力训练（包括较轻负荷的训练，有时只是体重），又要强调举重训练。

说到举重，这并不意味着在蹲举、硬拉或卧推比赛中举起一定重量的杠铃，给举重界留下深刻印象。它只是意味着在不牺牲你的整体健康或身体能力的前提下，让你变得比以前更强壮，从而使你能够参加你喜欢的其他体育活动和运动。

获得功能和表现能力所采用的组数和重复次数

在考虑练习的组数和重复次数时，力量和爆发力训练是类似的。力量和爆发力训练的一般规则要求多做几组练习，需要做 4 ~ 6 组或更多的练习，同时应该保持低次数练习，每组重复 1 ~ 5 次。此外，对于力量和爆发力训练，每组练习之间的休息时间也是相似的。回顾一些针对特定训练结果的练习组之间的休息时间的研究，你就会发现，通过让你的身体获得最佳恢复时间，在每组练习之间休息 3 ~ 5 分钟，可以获得更强大的爆发力；研究证明，与在每组练习之间休息 1 分钟相比，在每组练习之间休息 3 ~ 5 分钟，能够获得更强大的肌肉爆发力。休息时间超过 3 ~ 5 分钟，并不意味着表现能力会进一步提高。此外，不管怎样，你只有这么多的锻炼时间。

提高体能的训练

除了力量和爆发力训练之外，你还需要一个针对力量耐力的高水平训练，以便最好地展示自己。本书锻炼计划中的力量和爆发力训练方法能够很好地提高你的力量和爆发力，但在提高力量耐力方面，它们没有那么好的效果，因为力量耐力能够提高你的耐力，即抵抗疲劳的能力，使你产生相同水平的力量的时间加长——增加竞争优势。换句话说，许多重复次数少、高负荷的训练方法，都可以帮助你在短时间内让你的爆发力达到巅峰状态，而且不需要动用你的每一分力量，甚至在你累了的时候，也能让你爆发。

力量耐力只能通过锻炼计划来提高，力量耐力可以使你在疲劳状态下爆发。在功能和表现能力锻炼计划一章中，许多锻炼计划的末尾都包含了调节方案，可以提高你的力量耐力。要获得力量耐力，则需要在很长一段时间内付出大量努力，而这正是力量耐力的魅力所在，它是提高你在比赛结束时和疲劳时的力量的救命药方。

简而言之，如果你没有训练出比竞争对手更持久的力量耐力，那么你就无法超越竞争对手。使用本书中的调节方法来补充你的力量和爆发力训练，可以帮助你成为在烟雾散去时站到最后的那个人。

力量训练和爆发力训练的主要区别在于所用的重量负荷，以及动作的速度。力量训练包括对抗更重的负荷（相对于某个人的力量水平）；爆发力训练包括较轻的负荷（有时只是体重负荷），并专注于有控制的高速移动。

关于力量训练的误解

许多训练师、教练和运动爱好者都对一些关于力量训练的常见误解深信不疑。为了帮助你在训练中做出更明智的选择，并确保你不会在健身房里到处散布错误的信息，以下内容将阐述人们对力量训练的普遍看法，并将其与有关力量训练的无稽之谈分开。

举起的重物越重，运动员就越优秀！

是的，力量对于表现能力很重要。然而，成为一名优秀的运动员和仅仅在健身房成为一名举重好手有很大区别。换句话说，并不是每一名优秀的运动员都是一名举重好手，也不是每一名举重好手都是一名优秀的运动员。要证明这一点，只需看看美国国家橄榄球联盟（National Football League，NFL）的综合研究结果。研究证实，综合表现能力和未来 NFL 的成功之间没有可靠的联系。其中一篇 NFL 论文的结论是：“40

码（约 37 米）短跑、垂直跳跃、20 码（约 18 米）穿梭跑和三锥筒训练测试在预测 NFL 未来表现能力方面的有效性是有限的。”另一篇论文发现，“综合测试与职业足球表现能力之间没有一致的统计关系”。作者还指出，“研究结果应该鼓励 NFL 团队人员重新评估使用综合体能测试和锻炼来预测球员表现能力的有用性”。

这些运动员拥有“原始的”体能，但将 NFL 的零分球员与英雄们区分开来的要点是，他们能否利用这些天赋作为一种平台，帮助他们将比赛打好。了解这一点很重要；将一名运动员所取得的成功归功于他可能使用的任何锻炼计划是完全不现实的，更不用说像卧推这样的特定锻炼方法。你必须小心翼翼地模仿世界上优秀的运动员目前在训练中所做的事情，他们的成功不仅仅是因为他们在锻炼中所做的事情。

如果将成功归功于力量和调节计划，主要是因为它们提高了你的身体能力（比如，力量和爆发力）。去做你已经知道该怎么做的事情。如果跑错了场地，跑得再快也没有用，如果你错过了一个拦网，或者将对手推向错误的方向，此时力量对你也没有什么帮助。但是，力量和训练计划可以帮助运动员获得更多的能量，从而在整个比赛中展示他们的技能和意志。

总是做全方位的运动

部分重复次数通常被认为只是一种“欺骗”方式，但它们对增强力量非常有益。将它们融入你的锻炼中，比只做许多常见的俯卧撑和下半身运动更能增强你的力量。

推胸和深蹲都是活动范围底部难度最大的练习。在推举过程中，难度最大的时候是杠杆臂伸到最长的时候。当你接近活动范围顶部时，运动就会变得相对容易一些，因为杠杆臂正在缩短，能够赋予你重量上的机械优势。

一项研究将一个小组的结果与另一个小组的结果进行了比较，该小组每周只进行两次全方位的下蹲运动（做 6 组）和局部范围的下蹲运动（每次做 3 组），尽管两组的下蹲力量都有所提高，但做全方位下蹲运动的小组比做局部范围下蹲运动的小组获得了更好的结果。从某种程度上讲，这个结果是可以预测的。如果在活动范围最困难部分（力臂最长的时候）你仍然可以移动，这意味着负荷太轻了，无法在更低难度的活动范围内（力臂较短的时候）产生足够的过度负荷刺激。

这项研究的重点是，全方位的运动并不一定能够激发更大的力量适应性。你举重的重量并不仅限于你在某项特定运动中所涉及的整个活动范围内的强大力量。它仅限于杠杆在给定运动期间处于最长位置的时候，或者实际上是在你最弱的时候。

这是一个将局部范围下蹲运动组数纳入你的训练中的很好理由，这样你就可以在涉及较短杠杆臂的活动范围内提供相同的相对过度负荷。例如，在做哑铃推举或仰卧推举的时候，机械部分包括只通过活动范围的前三分之一来移动杠杆臂或哑铃。由于这部分的活动范围涉及较短的杠杆臂，所用的重量比用于执行整个活动范围的重量还要重。这就是我们会在第12章的表现能力训练中包括一些局部范围的运动类型的原因。

每周都变得更强壮

如果这个传闻是真的，那么那些从青少年时期就一直练习举重的人，在他们30岁的时候应该可以打破世界纪录。事实并非如此，更准确的说法应该是："只要你每一两个月就改变一下你的计划，你会每周都变得更强壮。"

因为人体会慢慢适应，逐渐超负荷的原则只能让你获得目前的成就。每个人在锻炼计划的某一阶段都会达到一个平台期，他们无法在相同的训练中不断地超负荷运转。此时应该采用变异原则。

根据你每周的训练频率，你应该每3～5周改变一下你的锻炼计划，具体的改变周期取决于你每周训练的天数。这通常包括更改计划中的练习，这就是第12章中的锻炼计划中将要做的事情。你可以更改练习的顺序，以及所使用的练习组数、重复次数和休息时间。这为身体提供了足够的适应时间，但这个时间通常不足以让训练周期变得无聊、乏味或不再有益。我们从中吸取的教训是：采用相同的人类基本动作——推、拉、下蹲练习等，但通过采用不同的练习方法，让获得的效果略有不同。

在不稳定表面进行力量训练更有效

你的教练有没有让你站在摇摆不定的表面（比如摇摆板、Bosu球或健身球）上进行举重，以提高你的"功能性力量"或"核心稳定性"？

问题是：超负荷原则是一个通用的训练原则。实质上，如果你想获得力量和提高你的爆发力，就必须在身体上施加足够的过度负荷来刺激这种适应性。然而，研究表明，力量输出的减少是由于力量训练需要过度负荷压力，这要求把在稳定表面进行的力量训练纳入训练计划中。

简言之，在稳定球面上或在另一类不稳定表面上站立或跪立，在这种情况下进行力量训练，是对力量训练的不当应用，因为在这种情况下创造的训练环境，并不像在一个稳定的表面上进行力量训练那样能够有效刺激力量和爆发力的增加。

现在，有些人可能会说他们并没有通过站立或跪立在不稳定的表面上的练习来增加力量。相反，他们可能会说，他们这样做是为了提高表现能力。然而研究表明"在不稳定的设备上进行抗阻训练可能并不会有效地发展成功的运动表现能力所需的平衡、本体感觉和核心稳定性。事实证明，站在稳定的地面上进行自由重量练习对提高与运动相关的技能最为有效"。

如果你的目标是提高（功能性）表现能力，那么你需要考虑你所处的位置。除非你是一个马戏团演员，在表演的时候需要在一个大球上保持平衡，否则你生活、练习和玩耍的地面永远都应该是稳定的。另外，不要把光滑的表面（比如在雨中玩耍）和不稳定的表面混淆。由于功能性训练与转移有关，所以它更适合于球类和格斗运动员，以及一些希望提高自身综合力量和爆发力的人，他们应该在与他们生活、练习和比赛所用的场地同样稳定的场地上进行训练。

在不稳定的表面（比如稳定球）上站立是一种习得技能，就像学习骑自行车一样。通过练习，你会变得很擅长骑自行车，站在一个稳定球上练习，你很快就能稳稳地站在稳定球上。

让我们思考另一个涉及平衡的例子。没有人因为能在自行车上保持平衡就能转换为在骑自行车以外的活动中更好的（功能性）表现能力，因此在不稳定的平面上练习带来不同的效果是没有意义的。无论是否在稳定的表面上练习，都无法复制跑步、跳跃、重拳击打、投掷等动作的力量产生和神经肌肉协调模式。

孤立练习对提高表现能力没什么作用

表现能力训练比本书中的其他训练项目更强调力量和爆发力训练，但这并不意味着孤立练习不应纳入训练中。

由于孤立练习并不一定反映田径运动中许多常见动作的具体动作模式，所以它们对提高运动潜力的积极作用也就不那么明显了。这导致一些私人训练师和教练错误地认为孤立练习不起作用，因此也没什么价值。

通过练习获得的表现能力的提高并不仅仅与增加力量和爆发力有关，它们可能还与因为增加了肌肉的尺寸（即肌肉肥大）而导致的体重增加有关。使用一些孤立练习和基于器械的练习来帮助你获得更大的提高，帮助你提高你在足球、篮球、棒球、网球、高尔夫球等运动中的整体运动表现能力，比如在推对手或挥动球杆、球拍或球棍时，你需要在站立时产生水平和对角线上的爆发力。在这个过程中，决定我们脚的稳定性和力量水平的因素之一就是我们的体重。

身体的质量（或重量）有助于保持身体的稳定，因为较重的身体更难移动，更加稳定。而较轻的身体则相反，它更容易移动，稳定性更差一些。体形变得更大（增加肌肉重量）可以为你提供一个更大的平台，让你发出力量和抵抗力量，帮你更好地运用你的力量。

此外，孤立练习也可以帮助降低受伤的风险。例如，一项关于分成两组的精英足球运动员的研究评估了他们的训练情况。虽然两组都采用了相同的训练计划，但其中一组使用了俯卧腿屈伸训练器进行了额外的、特定的腘绳肌训练，而另一组没有。研究表明，增加俯卧腿屈伸训练器训练可以提高冲刺速度，降低腘绳肌拉伤的风险。

这与另一项研究结果一致，即与直腿硬拉（该运动源于膝关节，比如在使用腿屈伸机时）相比，仰卧腿屈伸运动（该运动源于髋关节，比如罗马尼亚硬拉）会造成下部外侧和下部内侧肌肉特别活跃。

另一项研究的结果是，全面的腿部肌肉锻炼计划应该至少包含一个注重髋关节的运动（比如硬拉或其他类似的复合运动），以及一个注重膝关节的运动（比如腿屈伸机或其他类似孤立练习），这些运动提供了独特的互补训练效益。训练者可以通过运动选择对不同区域的腘绳肌复合体进行区域定位。这与人们普遍认为的坚持进行"大型"复合举重可以提供全面的训练刺激相反，大型复合举重实际上并不会产生这样的效果。

髋内收肌的训练是使用孤立练习来提高保险能力的重要性的另一个例子。一项科学研究发现，髋内收肌力量是在运动中造成腹股沟损伤的最常见危险因素之一。一项针对职业冰球运动员的研究发现，如果髋内收肌力量小于髋外展肌力量的 80%，那么这些运动员髋内收肌拉伤（即腹股沟损伤）的可能性是普通人的 17 倍。

私人教练员和力量教练声称你不需要针对髋内收肌进行特定的练习，而且这种情况并不罕见，因为像深蹲和弓步这样的复合练习就完全可以胜任这项工作。然而，该领域的研究表明，这种观念是错误的。

一项针对杠铃深蹲的调查发现，在这个练习中，髋关节外旋（脚向外转）时的角度增大，会导致负荷增加，从而增加髋内收肌激活。然而，与主要集中于髋关节内收肌的运动相比，在宽蹲、单腿深蹲和弓步运动中，肌肉活动的最高值相对较低。为了增加髋内收肌的活动激活，以训练髋内收肌为目标的运动要优于宽蹲、单腿深蹲和弓步等运动。

上述这些原则不仅仅适用于锻炼腘绳肌和髋内收肌的训练。这项研究还强调了在为提高表现能力而进行训练时，除了其他类型的训练外，还应将孤立练习纳入整体发展，这很重要。

由于许多人并不是运动员，所以他们对提高自己的表现能力并不是很热衷，相反，他们对减肥更感兴趣，所以下一章将介绍许多关于为减肥而运动的误区。

3 减肥

很多参与锻炼的人都希望在不减少肌肉的情况下减掉一些多余的脂肪。但是，由于存在一些相互矛盾的信息（以及一些纯粹的错误信息），我们很容易成为错误减肥观念的牺牲品。这些错误观念会让我们的长期锻炼没有什么效果。许多人减掉了脂肪，但大多数人的脂肪又长回来了。我们会变得困惑和沮丧，认为自己已经尝试了所有的方法。

本章将指出一些常见的错误，这样你就不会再犯这些错误。本章还提供了一个简单易懂的真理，让你了解在没有任何时尚和饮食教条的情况下，如何成功和安全地减肥。

减肥营养：简单一些

我们不能只谈减肥而不谈吃饭习惯（即饮食）。你会发现，最常见的一个问题是：我应该如何吃才能减肥？对于这个问题的答案，可以说是见仁见智。事实上，关于这个问题以及其他类似的问题，并不像这个或那个所谓专家说的那样，也绝不是某个运动员、教练或健身房的精英人士所说的那样。如果把减肥当作一个整体来看待，那么它是科学证据的主体，而不仅仅是一项研究。

国际运动营养学会（International Society of Sports Natrition，ISSN）在其关于饮食和身体成分的立场文件中提供了一个（关于饮食和锻炼的）结论和一个建议清单。以下是 ISSN 科学论文的一些主要结论：

- 有许多不同的饮食类型和饮食风格。各种饮食类型的总能量和常量营养素分布范围非常广。每种类型都有不同程度的支持数据和毫无根据的说法。
- 各种饮食方法（从低脂到低碳水化合物 / 生酮，以及二者之间的所有方法）对改善身体成分同样有效，这使得锻炼计划可以很灵活。据报道，到目前为止，在没有任何控制的、住院患者等热量（即热量匹配）饮食比较中，在各研究组之间匹配适量的蛋白质后，低碳水化合物或生酮饮食提供了有临床意义的脂肪减少或热量（即新陈代谢）优势。

- 就减肥和增重（即持续的低热量与高热量条件）的作用机制而言，在饮食方面有着同样的主线，但也有某些饮食可能通过其独特的方式实现预期目标（例如，促进有更高的饱腹感、更容易遵守、支持培训要求的因素）。
- 饮食主要侧重于脂肪的减少（以及体重的减少超过最初减少的身体水分），是在一个持续热量不足的基本机制下实现的。这种净低热量（即减少热量）的平衡可以每天进行一次，也可以每周进行一次。
- 关于间歇性热量限制（即间歇性禁食）的集体研究表明，与日常热量限制相比，改善身体成分没有明显的优势。将膳食蛋白质水平提高到明显超出目前建议的运动人群水平，可能会改善身体成分。ISSN在2007年关于蛋白质摄入量（1.4 ~ 2.0克/千克）的最初主张，得到了后续调查的进一步支持。这些调查达到了运动人群的相似要求。在低热量条件下，可能需要更高的蛋白质摄入量（2.3 ~ 3.1克/千克脂肪自由质量），才能使精瘦的抗阻训练受试者的肌肉得到最大保留。关于非常高的蛋白质摄入量（>3克/千克）的最新研究表明，在抗阻训练受试者中，膳食蛋白质的已知热量、饱腹感和精瘦度保持效果可能得到放大。
- 大多数现有研究表明，适应性发热作用（即代谢减慢）涉及将饮食与热量限制和低蛋白质摄入量积极结合，还与缺乏抗阻训练有关，这些实际上创造了一个减缓新陈代谢的完美风暴。尽管热量摄入量很低，但因为已经考虑到抗阻训练和足够蛋白质，这些研究避免了适应性发热和肌肉损失的问题。
- 饮食的长期成功取决于依从性。

正如你所看到的，当你决定减肥时，你每天消耗多少热量和你每天摄入多少热量之间的关系将成为最重要的因素。

现在，每当有人这么说的时候，就会有人试图通过以下事实进行反驳：你摄入的热量的质量或组成非常重要。他们将这一事实当作非此即彼的命题。但这种关系并不意味着某些热量的营养密度比其他热量的营养密度高（毕竟，我们都听说过“无营养热量”这个词）。它只是表明，一个人既可以得到良好的营养，也可以吃得很多。食品质量和食品数量是需要综合考虑的一个重要因素。对于一般健康来说，吃高质量、营养丰富的食物固然重要，但如果你摄入的热量比消耗的热量多太多，那么即使是“健康”饮食，也仍会增加脂肪。

也就是说，你应该关注你所吃的食物的质量。在强调水果、蔬菜，以及高质量的肉类、鸡蛋和鱼类（素食者和纯素食者的蛋白替代品）的同时，限制精制食品、单糖、氢化油和酒精。水果、蔬菜和瘦肉蛋白质所含的热量通常比快餐和糖果等更低。不要吃得过多，在感到腹胀和吃饱之前停止摄入食物。你甚至可能会在没有实际计算食物热量的情况下摄入更少的热量。

卡路里不是卡路里：真相揭秘

一些喜欢说“卡路里不是卡路里”的人通常非常注重卡路里的质量，因为（a）某些食物的营养密度高于其他食物，（b）不同的营养成分会影响食物的热效应。卡路里用于描述我们的身体以不同方式（咬、咀嚼和吞咽）摄入和加工（消化、运输、代谢和储存）食物所消耗的能量。虽然以上两个观点都是正确的，但这种解释仍未证实“卡路里不是卡路里”的说法。要了解有些“卡路里”为什么没有营养，就必须先确定“卡路里”是什么。

卡路里是一种能量单位（由 calorie 音译而来，国际标准的能量单位是焦耳），1 卡路里等于将 1 克水的温度升高 1 摄氏度所需的热量。简而言之，卡路里是一种热量单位。根据这个定义，为了使“卡路里不等于卡路里”的说法更为准确，某些类型的食物提供的卡路里不是一种能量单位，而是等于将 1 克水的温度提高 1 摄氏度所需的热量。命名一种提供卡路里的食物时，无论是营养不足的食物，还是营养密集的食物，都不能将该食物视为一种热量单位。事实上，没有任何一种食物可以证明卡路里是卡路里，因为所有卡路里都是热量单位。

这突出了一个基本问题，即卡路里不是卡路里。卡路里将食物的营养及其能源生产价值相结合。这里所说的卡路里当然不仅仅是指其语义；这就是为什么我们用“营养不足的食物”和“营养密集的食物”来描述食物中的营养和食物产生能量的价值。有些食物在生理上比其他食物更使人有饱腹感，而另一些食物则含有更多的营养。

人们不只是想吃得好，还想要得到良好的营养。强调质量（即所吃的食物的营养密度）是一个简单的方法。你可以试一试这个方法，看看效果如何。对大多数人而言，注重食物质量可能意味着减肥成功。

但是，人们有可能会从高营养、高质量的食物中摄取过多的热量。不要以为“健康饮食”就不会让你发胖。虽然你可以强调所吃食物的质量，但应该先看看这个策略能让你得到什么，该策略可能只会让你获得有限的成功。你可能还需要其他策略。你要做的下一步是关注你所吃食物的热量，让自己处于热量不足的状态。保持热量不足的方法包括摄入更少的热量，提高你的活动水平来消耗更多的热量，或者二者兼而有之。

最好的饮食类型是什么?

如果摄入的蛋白质足够多，多种饮食方法会导致脂肪的减少。最有效的策略是制订个性化的饮食计划，并考虑到你的生活习惯、病史（包括糖尿病、胰岛素抵抗、其他疾病和医疗问题）、饮食史和食物偏好。最重要的是，无论采用何种饮食计划，最有助于减肥和改善健康状况的一个重要因素就是坚持。选择这样的饮食计划：（a）确保你获得足够的蛋白质和（b）你能够坚持下来。

事实上，当你去掉一些吹嘘的评论和不同的配方，你会发现，各种不同的流行饮食都主张让人们吃更多低热量、营养密集的食物，吃更少的高热量、营养不足的食物（垃圾食品）。人们崇尚所有时尚饮食不是因为饮食教条和特殊配方中对一些特殊饮食的推崇，而是因为时尚饮食让人们通过多吃有营养的食物来改变他们的生活方式，让人们过得比以前更好。

生活方式是合理饮食的一个要素。因为许多人所做的生活方式的改变是不现实和错误的，所以即使他们改变了生活方式，他们在尝试改善其饮食习惯时仍然失败了。他们试图快速改变太多的饮食习惯。这就是（a）选择一种更健康的饮食方式非常重要的原因，这种饮食方式对你而言应该是切实可行的，能让你一直坚持下去，而且（b）你应该通过改善你的饮食习惯来逐步实现饮食方式的改变，在改变其他饮食习惯之前，将它们变成积极的习惯。

在每一种时尚饮食中，总有一个特定的“假想敌”。如果它不是一种常量营养素（脂肪、碳水化合物等），那么它可能是一种食物或一份禁止摄入食物的清单。有趣的是，有些食物在一种时尚食谱中被列为禁止摄入的食物，而在另一种时尚食谱中却被强调为“非常不错的”食物。其实这些限制性饮食主要是基于伟大的营销策略，请记住，就像锻炼趋势一样，每隔几年，就会有一种新的饮食被认为比上一种饮食更好。难怪这些饮食似乎从未在合法的医学和科学界获得任何信誉。

此外，虽然一些补充剂已经过科学验证，有助于保持健康和提高表现能力，但你无须服用特定的补充剂来改善你的整体健康状况和外貌。你需要做以下 3 件事。

- 在饮食上强调食用全天然食物（即水果、蔬菜和优质蛋白质），同时限制垃圾食品和酒精。
- 多摄入蛋白质。
- 定期参加一些体育活动。力量训练是一项不错的运动！

你很可能已经了解这些内容，但食品营销的目标就是让你认为你需要更多的东西，比如特殊的饮食配方或神奇的补品。这就解释了为什么我训练过的每一个健美比赛选手或身材模特都曾无数次地告诉我，他们被问到他们吃了什么或补充了什么，好像他们知道某些营养方面的秘密，或者他们看起来非常不错，而这些都是其他人不容易得到的。我曾开玩笑地建议，让他们告诉那些问他们这些问题的人一些疯狂的事情，比如，“我吃了一些网状蟒蛇肉来增强肌肉，而且在锻炼之前，我会在大腿和腹部撒上一些大黄蜂的尿粉，以加快这些部位的脂肪的减少”。当然，这种做法是没有意义的，但它表明，我们经常认为自己需要采用异国情调的运动和营养实践，并使这个过程变得更加复杂和不切实际。有时候，每个人都需要提醒自己保持简单。

似乎每天都会出现一些关于营养的矛盾科学结论。保持你对“魔法”和“奇迹”主张的怀疑态度，避免被营销炒作欺骗。你会发现，大多数合法的研究只不过是对之前提供的基本营养原则和简单建议的修改。

高蛋白质饮食的安全性和潜在副作用

在健身或营养领域待足够长的一段时间后，肯定会有人来告诫你，高蛋白质饮食对你的肾脏是有危害的。不过，需要再次声明的是，这并不是某个所谓的专家的言论，而是由科学证据的重要性所决定的。

在 2000 年的一项研究中，研究人员观察了健美运动员和其他训练有素的运动员，相对于这些运动员的体重，他们的蛋白质摄入量被判断为高等或中等水平。研究人员采集了血液和尿液样本，想了解这些运动员是否有存在肾脏问题的迹象。

研究人员发现，当运动员的每日蛋白质摄入量超过每磅体重 0.57 克（每千克约 1.26 克）时，他们的氮平衡就会呈现阳性（也就是说，他们有足够的蛋白质来构建新的肌肉组织）。研究人员认为蛋白质摄入量与肌酐清除率、白蛋白排泄率或钙排泄率之间没有任何联系，而如果这些值升高，则意味着高蛋白质饮食有潜在的危险。他们得出的结论是：“本研究中使用的肾功能指标表明，训练有素的运动员每天每千克体重蛋白质摄入量低于 2.8 克并不会对肾功能造成损害。”

在 2005 年的一项研究中，有研究人员提出，“虽然限制蛋白质摄入量可能适用于治疗现有的肾病，但没有明显的证据表明，摄入高蛋白质对健康人群的肾功能有不利影响，至少在此前几个世纪，一直按照西方饮食习惯食用高蛋白质的人群非常健康”。

另一个问题是：高蛋白质饮食会对骨骼产生危害吗？提出这种问题不仅是基于一个误解，而且还是基于一个完全落后的误解。2002 年的一项研究得出这样的结论：“如果钙摄入充足，过量的蛋白质不会对骨骼造成伤害。”2003 年发表的一项综述研究表明，对于长期摄入低蛋白质的人，骨密度较低、骨质流失较多的风险较高。

1998 年的一项研究发现，蛋白质补充剂可以帮助老年人更快地从骨骼相关损伤中康复。研究人员专门研究了股骨（连接骨盆形成髋关节的大腿骨）骨折，发现每天补充 20 克蛋白质可减少骨质流失，使老年人能够更快地从康复中心回家。

总的来说，在你的饮食中摄入更多的蛋白质要比摄入更少的好，尤其是当你的主要目标是身体成分——最强壮的肌肉，最少的脂肪。一个好的每日目标是每磅（1 磅≈0.45 千克）体重摄入 1 克蛋白质。除非你有肾病，否则没有理由认为高蛋白质饮食是危险的。对健康造成危害的是低蛋白质饮食，它对你的身体成分、骨密度和新陈代谢都有害。

减肥的最佳锻炼方法：代谢抗阻训练

2015 年的一项系统的调查和元数据分析（最有力的科学证据之一，因为它实际上是对一些研究数据的研究）得出了关于锻炼和减肥的两个结论。

- 抗阻训练比有氧耐力（有氧运动）训练或抗阻和有氧耐力训练的结合训练更有效，特别是在每次运动强度≤ 75% 1RM，利用全身和自由重量进行大约两到三组或更多组训练的时候。这相当于使用了足够重的负荷，所以你不必对每组训练进行 10 次以上的重复。必须注意的是，使用使你能够在达到疲劳之前执行 10 次以上重复训练的负荷仍有利于减肥，但这项研究强调了将较重的举重项目纳入你的减肥训练的重要性。
- 当训练的目的是最大限度地减少脂肪时，运动训练的重点应该是“产生大的代谢压力”，通过强调抗阻训练参数或有氧训练的高强度水平，如 HIIT 来诱导训练者完成训练目标。

当你的主要锻炼目标是最大限度地减少脂肪时，你可能不想将注意力集中在传统的力量训练方法上。相反，你应该强调代谢抗阻训练模式，比如循环训练（使用多个设备的一系列连续练习）和复合训练（使用相同设备的一系列连续练习）。这些代谢抗阻训练方法比传统的抗阻训练方法能够产生更高的代谢需求，而且比传统的力量训练方法需要更多的、高强度的、全身的努力。

研究人员观察了有氧和力量训练对超重或肥胖成年人脂肪量的影响，得出的结论是：“有氧和力量训练结合的项目并没有比单独的有氧训练更显著地减少脂肪量。”当然，像这样的研究结果往往会在媒体上广为流传，还有人声称，“科学表明，有氧运动比力量训练更有助于减肥”。关于运动减肥的科学证据表明，在长期的训练中，耐力训练比有氧训练或耐力训练和有氧耐力训练的结合训练更为有效。

也就是说，有一个简单的解释可以说明为什么有氧运动看起来是更有效的减肥锻炼方法。有氧运动在锻炼过程中消耗的热量确实比抗阻训练要多。我们已经确定，脂肪的减少来自热量的缺乏。问题是：与其将有限而宝贵的额外时间花在有氧运动上，比如消耗掉 300 卡的热量，你可以从你的饮食中每天减少 300 卡的热量摄取，最终达到同样的效果，而不必费心去做有氧运动。换句话说，当你仅仅为了减少体重而减少热量的摄入，那么你基本上不需要做有氧运动（从减肥的角度来看）。

现在我们必须正视另一个事实。很多人不只是想要一个“瘦”的身体，他们也想要一个更强壮、更有运动能力的身体。为此，力量训练是必要的。

局部减肥：传言永不熄灭

僵尸的特点是，不管它被杀死多少次，它都会再次出现。局部减肥（即通过特定的运动造成局部脂肪流失）就类似于僵尸的特点。

一些人试图利用一项研究的结果，该研究称“一次剧烈的运动可以导致局部脂肪分解，并增加骨骼肌收缩附近脂肪组织的血液流量”，这些人将这项研究结果描述为科学证据，以此表明有针对性的脂肪移动在生理学上是有可能的。然后他们断言，局部减肥是一种有效的训练方法。

问题是：就算有针对性的脂肪移动是一种真正的生理现象，也可以通过收缩脂肪区域的面积来增加血液流量，如果你在进行综合抗阻训练项目的话，你恐怕已经从力量训练的有针对性脂肪移动中获益了。

要证实某一种训练方法（例如，某些具有特定组数 / 重复次数 / 休息范围的训练）比其他训练方法在局部减肥方面更有效，必须在科学控制的、有比较性的环境中证明这一点，而且还必须已经在男性和女性身上都做过研究，这些研究表明，局部减肥并不是由抗阻训练造成的。例如，一项调查腿部局部减肥的研究发现，训练项目在减少脂肪量方面是有效的，但这种减少并非只在腿部实现。此外，有两项研究还研究了腹部运动对腹部脂肪的影响。研究发现，与其他脂肪部位相比，腹部运动并不会优先减少腹部区域的脂肪细胞大小或皮下脂肪厚度。

简言之，虽然你可以调动离运动肌肉最近的脂肪，但脂肪不会在你的目标区域流失。

之前提到的研究中，研究人员之所以还指出，增加瘦肌肉需要将力量训练包含在锻炼计划内，原因就在于此。

简言之，本章的内容以及本书中随后的锻炼项目是，当减肥是你的主要目标时，你应该注重力量训练，以改善塑造你的体形的肌肉，并观察你的饮食（而不是做很多额外的有氧运动）来塑造你的体形。

有一点不要弄错！将有氧运动融入你的训练中，可以获得有氧运动的益处，同时在此过程中消耗一些额外的热量。但你应该把注意力放在抗阻训练而不是有氧运动上。如果你的主要锻炼目标是减肥，那么你就不必在有氧运动上耗费太多精力，因为有氧运动既耗费时间，又非常无聊。

减脂和增肌

关于锻炼，你最常被问到的一个问题可能是：“我能同时减掉脂肪和增加肌肉吗？”

肌肉比脂肪更重：澄清误解

很显然，10 磅（约 4.54 千克）就是 10 磅，不管它是什么。所以，10 磅脂肪和 10 磅肌肉一样重。然而，这并没有像许多人认为的那样，揭穿人们对肌肉比脂肪重的误解。

相对于脂肪，肌肉组织占据的空间更小，因为肌肉密度比较大。如果你比较相同大小的肌肉与脂肪，这种密度上的差异会使肌肉比脂肪重。密度是指一定体积中的物质的量。物体的密度越大，在同一空间内压缩在一起的粒子就越多，与同样大小但密度较小的物体相比，该物体就越重。

物体的密度通常用克每毫升（g/ml）来表示。骨骼肌密度为 1.06 克 / 毫升，而脂肪组织（脂肪）密度约为 0.9 克 / 毫升。升是体积（容积）单位，一升肌肉重 2.3 磅（约 1.04 千克），而一升脂肪重 1.98 磅（约 0.9 千克）。

因此，人们说的“肌肉比脂肪重”的问题，暗指物体的“重”和“轻”，这两个词本身指的是质量，而不是密度。密度与质量或体积有关，重量是重力作用下的质量。无论你把东西带到地球、火星或宇宙的任何地方，它的密度都是保持不变的。

“肌肉比脂肪重”这句话需要改写成“因为肌肉比脂肪密度大，所以当你比较相同大小的肌肉与脂肪时，肌肉确实比脂肪重。”这听起来不那么吸引人，但确实更清晰准确。

答案中往往包含许多不同的意见。但具体的答案取决于科学证据。到目前为止，有几项研究表明，你可以同时锻炼肌肉和减肥。

对以下不同人群所做的研究已经证明了这一点。

- 超重、久坐不动的成年男性。
- 年长的男性和女性。
- 身体健康的男性。
- 年轻女性。

从营养的角度来讲，虽然我们需要通过减少热量来减少脂肪，但增加肌肉并不一定需要摄入热量。这是因为储存的脂肪就是储存的能量。储存的脂肪可为身体提供肌肉生长过程中的燃料。

但请等一下，让我们把这部分弄清楚：你的身体并不能将脂肪变成肌肉，反之亦然。脂肪就是脂肪，肌肉就是肌肉。如果你超重了，而形成肌肉所需的热量并不是来自额外的食物摄入，你的身体可以利用你储存的能量（脂肪）为肌肉的建立提供能量。

科学告诉我们，你拥有的脂肪越多，肌肉就越少，与此同时，你获得肌肉并减掉脂肪的能力就越大。这并不意味着你应该变胖，而是意味着如果你想要增加肌肉，但又想减掉一些脂肪，那么你的生理机能对你非常有利。

同样重要的是你要明白，你越瘦，在获得肌肉的同时减掉脂肪就越困难。如果你已经很瘦了，即使你进行了抗阻训练，摄入了足够的蛋白质，大量的热量缺乏也会让你失去一些肌肉。尤其是当你的体重并没有超重，只是想要减掉多余的脂肪时，你的目标应该是确保你的饮食能够提供足够的蛋白质，并进行常规的抗阻训练。这样做可以将肌肉的损失限制在很小的范围内。

虽然你不能通过抗阻训练来实现局部减肥，但你可以通过力量训练来增强局部肌肉。下一章将介绍如何锻炼肌肉。你不需要成为一个健美运动员来塑造你的体形。你需要知道锻炼肌肉背后的一些原理和方法，这样你才能最大限度地利用你宝贵的时间和精力。在下一章中，你将学习这些原理和方法。

4 体格

本章重点介绍一些私人教练也可能会犯的关于肌肉锻炼的最大错误。

如果你想让增肌锻炼实现最佳的效果，就需要了解一些原理。请使用本章提供的一些简单、实用的训练策略，这样就能避免出错，并获得更好的结果。

锻炼肌肉：肌肉大小和力量的科学

确保摄入适量的蛋白质很重要，为了最大限度地增肌，你需要营造一种训练刺激，使用 3 种机制来增加肌肉的体积。

- *机械张力*——这种张力是由运动和肌肉上的外部负荷控制而产生（向心）、减少（离心）或控制（等长）的力量。
- *代谢应激*——实际上，这种应激状态与肌肉在疲劳运动中产生的灼热感有关，也被称为肌肉泵血作用。
- *肌肉损伤*——指的是肌肉组织中的微撕裂。它们会刺激身体修复受损的肌肉，使肌肉变得更大更密。当你在训练中使用更大重量或进行更多的重复次数时，就会出现肌肉组织微撕裂。肌肉损伤的其他原因可能是采用一个不太熟悉的训练，在激活肌肉的同时拉伸肌肉，或者着重训练离心（减少力量）部分。虽然这种肌肉损伤通常会导致在剧烈运动后出现延迟性肌肉酸痛（Delayed Onset of Muscle Soreness，DOMS），但肌肉的发育并不需要肌肉酸痛。

值得注意的是，在没有机械张力的情况下，不会造成肌肉损伤或代谢压力。机械张力会促进肌肉生长，而肌肉损伤或代谢应激只是肌肉生长过程中的生理效应。这就解释了为什么有的研究表明，举起较轻的负荷无法像举起较重的负荷那样增大肌肉。

从实践的角度来看，关于重复次数范围的一些科学证据告诉我们，对于最大限度地增加肌肉尺寸而言，不存在什么神奇的重复次数范围。因此，如果你愿意，可以将高负荷和低重复次数（重复 1 ~ 5 次）相结合，或者将中等负荷和高重复次数（重复 15 ~ 20 次）相结合。

但大多数专注于锻炼肌肉的人通常对只能做 5 次或更少的重复次数的锻炼不感兴趣。这很好。执行一些重复次数范围在每组 6 ~ 8 次的锻炼，这在高负荷加更少重复次数（重复 1 ~ 5 次）与中等负荷加更多重复次数之间提供了一个良好的中间地带。这就是为什么本书的肌肉锻炼不包括重复次数在 5 次或更少次数的练习。

负荷越重，你能够完成的练习重复次数就越少。你使用的重量还决定了重复练习的质量。如果负荷太高，你可能无法很好地完成练习，重复练习的质量也不高。

在举重前应该问自己的问题

评估举重计划会给你提供一个机会，让你了解自己是否能够更有效地完成任务。为了避免常见的错误，并让你从锻炼中获得最大收益，在举重之前，你需要问自己以下各种细节问题，还应了解一些你需要知道的东西。

你是否举起了太重的重量？

任何时候，在任何大型健身房里，你都会看到至少有一个人在做肱二头肌弯举运动或提肩运动，每次举起重物时，此人都会将其下背部融入该运动中。如果你在健身房没看到那个人，很可能因为那个人就是你。

这是一个很容易犯的错误。毕竟，你是在健身房练习举重，前面曾经提到过，举重对肌肉生长是一种很有效的刺激，对吗？好吧，算是吧。你参加训练是为了最大限度地锻炼肌肉，而不是要成为一名举重运动员。你参加训练是以重量作为工具来增加你的肌肉维度。在身边放好多重物以给人留下深刻印象，这是一种错误的做法。

当你采用太重的重量时，就会发生以下情况。

- 你会减少在（机械）张力下的时间，因为你被迫使用动力来作弊。
- 你无法缓慢而有控制地放下重量，从而进一步缩短了你在（机械）张力下的时间。
- 你使用了更多的肌肉，减少了你试图锻炼的肌肉的累计泵压。

最大限度地锻炼肌肉，不仅在于移动重量（举重），还在于通过你正在做的锻炼所涉及的整个活动范围来控制重量。每一次重复的重点是避免通过使用体重的其他部位来移动负荷，从而使重量上下浮动或“欺骗”你。

欺骗性的重复锻炼有用吗？

有研究表明，即使不增加负荷，使用适度的动量（欺骗）也会增加目标肌肉的扭矩。适度地增加负荷并利用动量可以使扭矩进一步增加。虽然过度使用动量会导致对目标肌肉的需求降低，但过度增加负荷也会减少对肌肉肥厚的总刺激，因为可以成功完成的次数减少了。肌肉感到紧张的时间会大大缩短。

这项研究的结果似乎是通过将动量纳入重复次数中来验证动量欺骗，但事实并非如此。这项研究的结果应该不会让你感到惊讶，因为在做欺骗性练习期间，肌肉上的机械张力仍然存在。但是，这并不意味着用动量进行欺骗与避免动量欺骗一样有效。动量欺骗实际上只是在活动范围的一部分上施加机械张力，然后利用动量通过剩下的范围。尽管动量欺骗可能会让你在整个运动过程中都动起来，但从机械张力的角度来看，它实际上是由目标肌肉完成的部分重复运动。我们有充分的证据表明，部分重复运动产生的肌肉生长少于全部重复运动产生的肌肉生长。

如何降低举重重量？

控制重量，同时最大限度地减少运动中的动量，以便最大限度地增加肌肉，这也适用于每个重复运动的离心部分。重量欺骗性上升（重复运动的向心部分）的人通常也会让重量降下来（重复运动的离心部分），而不是通过减缓动作的下降速度来保持刻意的控制。在下降的过程中不控制重量可能带来不佳的效果。我们有证据表明，在肱二头肌弯举过程中，较慢的（4 秒）离心下降动作比 1 秒离心下降动作更能促进手臂肌肉的生长。这种说法是有一定道理的。较慢的离心动作会导致肌肉在更长的时间内处于紧张状态，与较快的离心动作相比，这会在工作肌肉上产生更大的机械张力。

此外，从训练安全的角度来看，由于欺骗性上升会在锻炼所涉及的一小部分运动中造成机械张力的超负荷，而且你很可能会使用太重的重量，使肌肉处理的力量超出肌腱和韧带结构完整性所能承受的力量，从而增加受伤的风险。

如果你想最大限度地增加肌肉的尺寸，请采用严格的形式，控制执行 3 ~ 5 秒的受控离心（下降）运动，在每次重复练习时，都最大限度地延长处于（机械）张力下的时间。

你在回避利用器械进行锻炼吗？

把自由重量和利用器械锻炼进行比较，就像将水果和蔬菜进行比较一样。两种训练方式都提供了各自的独特优势，因此，同时进行这两种训练可以让你的肌肉锻炼更加全面，就像同时吃水果和蔬菜可以让你的饮食更加营养一样。

自由举重的优势在于，你不仅需要稳定和控制移动的负荷，还需要控制移动的路径。但是，在大多数锻炼所涉及的范围内，当在运动肌肉上保持一致的机械张力时，自由举重就略显不足。而这正是机械锻炼发挥其优势的地方，它可以为锻炼肌肉带来明显的好处。

所有自由举重锻炼都有一个机械锻炼所没有的缺点——重力！自由举重使用单一负荷、矢量和重力来产生抗阻。如果你使用带滑轮的绳索机，那么你可能还要克服单一负荷矢量，即绳索机本身的绳索。当你利用单一负荷矢量来产生抗阻时，你会在活动范围内（杠杆臂较长的时候）感受到阻力，让所涉及的肌肉产生高水平的机械张力，而在杠杆臂较短的时候，那些肌肉几乎不会产生机械张力。

示例：在任何类型的肱二头肌弯举运动中，前臂与负荷矢量成90度时，是在活动范围内能够最大限度地加载（刺激）肱二头肌的时候。如果你采用的是自由举重，那么重力是你的负荷矢量。肱二头肌产生最大机械张力的时候是在肘部弯曲90度或前臂平行于地板的时候。但是，如果你使用绳索机做肱二头肌弯举运动，那么绳索机本身就是负荷矢量。当你的前臂与绳索成90度时，就会让肱二头肌产生最大的机械张力。

更重要的是：你沿着负荷矢量的任一方向以90度移动的距离越远，杠杆臂就越短，肱二头肌要做的功就越少，因此，肱二头肌承受的机械张力就较小。这就是为什么采用自由举重的肱二头肌弯举运动中，你越靠近活动范围的底部或顶部，肱二头肌所做的功就越少，因为杠杆臂正在缩短。当进行杠铃或哑铃弯举时，人们倾向于在重复练习的过程中，在处于最高和最低位置的时候进行休息。

这适用于所有自由举重锻炼，因为它们都是通过单一负荷矢量（重力或滑轮绳索）来增加负荷。此外，选择的器械都有一个凸轮系统，该系统不依赖于单一负荷矢量，例如自由举重或绳索。相反，将凸轮设置为在较大的活动范围内运动可以为你提供更稳定的抗阻。这能让你有更多的时间来承受压力，因为在活动范围的底部或顶部，你的肌肉没有得到像在自由举重时那样的休息机会。

虽然你完全可以通过自由举重来锻炼肌肉，但如果有机会，没有理由不去使用器械。这两种锻炼各有优势，所以不要让一些常见的误解蒙蔽了你，让你看不到器械锻炼对锻炼肌肉的独特优势。对于肌肉的增加（以及力量增加，这在“功能和表现能力”一章中讨论过），当与自由举重一起使用时，机械锻炼对我们非常有益。

男性和女性应该进行不同的训练吗?

常见的一种情况是，当进行锻炼时，男性一窝蜂地跑去做自由举重，而女性则挤进普拉提和瑜伽馆，然后在有氧运动和举重器械前排队。男性和女性的训练方式应该和他们选择练习的方式一样有所不同吗？这会让我们产生很多困惑，让我们看看事实如何吧。

也许并不总是正确：谁是你最好的培训建议来源？

传播最广的一个误解（另一个僵尸的想法，不管你想要杀死它多少次，它仍然存在）是，健身房中体形最大、最强壮或最瘦的人总是最有资格提供聪明、安全和可靠的训练建议。有时确实如此，但通常不是！

这些人往往已经取得了一些成就，尽管他们认为自己知道些什么或不知道些什么，但不是因为自己是健身房中体形最大、最强壮或最瘦的人。他们是"健身达人"，非常用心地在健身房和厨房里安排自己的生活。虽然他们可能是你在进行规律训练和节食时的情感和心理方面的重要资源，并且可以分享他们在这些方面的经验，但对于依靠智力方面的训练，他们通常表现得不是那么好。例如对生物力学和生理学原理的理解（以及当前的研究），这些原理决定了你如何根据自己的目标、能力和医疗状况制订最好的个性化培训计划。

永远不要忘记，大多数（即使不是全部）在健身房中流传的训练谣言都是由那些体形最大、最强壮、最健美的人传播的。这些人一直相信这些胡说八道的事实能够证明他们自己的观点，认为自己是锻炼和饮食信息的最佳来源，只是因为他们举起了更重的东西或他们的外观保持良好。但是想想看，您在健身房和厨房中（也就是为了保住自己的健身达人卡）花的时间越多，能用于学习训练计划的技战术方面的时间就越少，而这种学习是您有资格给其他人提供可靠建议和信息所必需的。

关于这一点的另一种思考方式是，将宇航员与天文学家进行对比。当你想了解进入太空的心理和情感方面的事情时，宇航员们很乐意与你交谈。这些经历对他们来说往往是非常独特的。然而，天文学家会与你谈论你必须做什么才能进入太空和回到地球，谈论内容基于对每个人都通用的科学原理。

健身世界充满了各种训练有素的身体，但缺乏训练有素的头脑。例如，人们经常根据提供者的外观或举重程度来判断某个人正在提供的培训或营养信息。当然，从表面上看，这似乎是有道理的，但是这里存在一个问题：如果一个没有给人留下令人印象深刻的举重数字的人给出了一些关于力量训练的信息，然后将它交给一个创造纪录的举重运动员，让他念给我们听，结果会如何呢？现在，这些信息是更好、更可靠的力量训练信息吗？或者，如果某个人含有 20% 的身体脂肪，他写了一门关于减脂的课程，并把它交给一个只有 10% 身体脂肪的人来教给大家，结果会如何呢？现在，这些信息是更好、更可靠的减脂信息吗？当然不是，因为信息的好坏取决于它本身的价值，而这正是判断和讨论信息的方式。

因此，当一个体格健壮的人就训练或营养发表言论的时候，他当然是要以此引起你的注意，但是，如果没有良好的科学证据来支持他告诉你的内容，他的主张就不能全信。最聪明的方法是少考虑一个人的外貌，多考虑他所声称的内容的有效性和可靠性。

我曾写过一些锻炼计划，这些锻炼计划被刊登在主要的男性锻炼杂志上，但后来我却在同一家出版社的女性锻炼杂志上看到了这些锻炼计划。唯一变化的只是一些术语。在男性版本的锻炼计划中，是这样描述的："用这个锻炼计划来塑造一个更强壮、更有肌肉的身体。"而在女性版本的锻炼计划中，则是这样描述的："用这个锻炼计划来塑造一个更紧致、更健美的身体。"

不管它看起来如何，这种常见的做法是不诚实的或者有误导性的。毕竟，如果不付诸实践，即使是最好的锻炼计划也不会对所有人都有好处。

这些运动杂志的出版社只是试图用他们经常听到的表达来吸引读者。换句话说，如果运动是一种药物，那么当它对我们有益时，我们才更有可能每天服用。如果你在网上快速搜索一下针对臀部、手臂、胸部和肩膀等身体特定部位的运动，你就会发现有很多术语，它们通常跟在"女性"或"男性"词语后面。这并非偶然。人们在网络搜索中也会发现这些词。

事实上，没有所谓的适合男性的运动，或适合女性的运动，它们都只是练习而已。我们是有不同的性别，但我们的骨骼、结缔组织、神经和肌肉纤维都是由相同的成分组成的，具有相同的功能。杠铃练习本身并没有男性的特点，而器械练习本身也没有女性的特点。这两种方法都是有效的抗阻训练方法，你应该根据自己的能力和目标来安全、有效地使用它们，而不是根据你的性别。

不要害怕器械或抗阻训练。整个健身房中的运动你都可以去做，而你要学的是如何利用它们。本书就是为帮助你做到这一点而设计的。

本章以及前 3 章提供了简单、明了的信息，当男性和女性专注于改善其健康状况、功能和表现能力、减脂和体形塑造时，应该牢记如何充分利用他们的锻炼时间。本书接下来的 5 章将详细介绍如何正确和安全地进行各种各样的练习，这些练习可在本书后面提供的针对每个目标的锻炼计划中使用。下一章从关于热身和灵活性练习开始讲解。

第 2 部分

练习

5 热身和灵活性练习

本章提供了 5 种不同的热身序列，你可以从中进行选择，然后开始每个锻炼阶段。这些热身序列不仅能提高你的体温，其中还包括各种灵活性练习，可以帮助你更全面地锻炼身体，让你不仅变得更强壮、更好看，而且变得更灵活。这些练习可以帮助你维持和增强整体关节灵活性，从而改善关节健康。下面热身练习中的灵活性练习是对本书后面锻炼计划的补充，因为这些锻炼计划要求你的关节移动达到极限，但是为了最安全地使用沉重的负荷，这些锻炼计划中的力量训练不鼓励你这样做。这些灵活性练习还有助于你在进行举重练习时感到更舒适，受限更少。

每个热身序列都被设计为在适当的地方进行，所以需要的空间很小。每个序列在不同的练习之间平稳过渡，因此很容易被记住。

理解本章热身序列的目的很重要：就是热身。所以这些练习不应该让你感到累。它们是一种过渡练习，是对你的锻炼计划的补充，可以帮助你更好地应对训练课程的要求。

这些热身序列被分为两大类：用到手持配重板或药球的热身序列和不使用任何器械的体重序列。每种热身序列的目的都是解决整个身体的问题，并涉及各种运动模式，你可以根据自己的判断和拥有的器械而采用适当的热身序列。不要总是重复一两个相同的热身序列。每进行 1 ~ 3 次训练，就改变所使用的热身序列，这样可以让训练更加多样化、更有趣。

配重板或药球热身运动

以下热身序列使用了一个重量为 5 ~ 10 磅（2 ~ 5 千克）的配重板，或者一个重量为4.5 ~ 6.5 磅（2 ~ 3 千克）的药球。从这两个热身序列中选择一个开始你的锻炼。

配重板或药球热身运动 1

这个热身序列包括以下练习，每一组练习都是连续进行的。

① 颈部绕环

ⓐ ⓑ

步骤详解

双脚分开，与肩同宽，将配重板或药球放在头后。

动作和指导技巧

在水平方向，顺时针绕头部周围旋转配重板或药球（见图 a 和图 b），以一种协调的方式平稳地移动手臂，同时让配重板或药球的中心保持在与眼睛高度齐平。朝一个方向重复动作 8 ~ 10 次，然后反向移动，再重复动作 8 ~ 10 次。

② 8 字旋髋

ⓐ ⓑ

步骤详解

站直，双脚分开，宽度略大于肩宽。用双手将配重板或药球举过右耳，肘部稍微弯曲。

动作和指导技巧

通过将身体的大部分重量转移到右腿上，让躯干旋转到右边，同时将左脚跟抬离地面（见图 a），将配重板或药球沿对角线向右膝的方向移动。在不停止运动的情况下，将配重板或药球移动到右耳上方（见图 b）。在另一侧重复此动作，方法是将配重板或药球斜向左膝盖移动，将身体的大部分重量转移到左腿上，并在抬高右脚跟离开地面时将躯干旋转到左侧。同样，在不停止运动的情况下，将配重板或药球向上移动到左耳上方。这是一组重复练习！继续不断做这个动作，直到你完成了 8 字旋髋的 10 ~ 12 组重复练习。

顾名思义，此练习涉及将配重板或药球按照 8 字形图案进行移动。数字 8 的交叉部分就是在这个练习的中间部分，即从右向左旋转和移动你的重量的中间那部分。在锻炼过程中，请勿随时暂停；行动要快，但要有控制。动作平稳，保持手臂运动的良好节奏和时机，同时转移你的重心。确保你的髋部和肩膀以相同的速度旋转，同时直视前方。

③ 反弓步转体

步骤详解

双脚分开站立，与髋部同宽，将配重板或药球放在胸前（见图 a）。

动作和指导技巧

左脚向后退，放低身体，这样在你向右旋转躯干时，膝盖就能轻轻触碰地板或位于地板的正上方（见图 b）。退出弓步状态，将左脚向前移动，这样你就回到了起始姿势，躯干朝前。转向另一侧，用另一条腿做同样的动作。继续交替做此动作，每侧重复进行 6 ~ 8 次练习。

平稳且有规律地做这个练习，在每个重复的升降阶段，协调你的上半身和下半身。始终保持头部朝向前方，换句话说，你的肩膀会旋转，但你的头部不会旋转。这种方法可以防止你头晕眼花，还有助于保持颈部的活动范围。

ⓐ ⓑ

④ 环绕运动

步骤详解

双腿分开站立，双脚间的距离比肩膀宽约 12 英寸（约 30 厘米）。将配重板或药球直接放在头部上方，肘部略微弯曲（见图 a）。

动作和指导技巧

保持肘部弯曲，用你的全身画一个最大的圆圈（更像是水平椭圆形，参见图 b 和图 c）。确保画圈画到底部的时候膝关节是弯曲的，并将身体重心转移到配重片或药球所在的同一侧。同样，在做本练习时，转到顶部时应到达足够高的位置。在一个方向上重复做 6 ~ 8 次练习，然后反转动作，再重复做 6 ~ 8 次练习。

a

b

c

配重板或药球热身运动 2

此热身序列包括下列练习，每一组练习都是连续进行的。

① 旋转

步骤详解

挺直身体，将配重板或药球举至胸部高度。双脚应该比肩宽稍宽（见图 a）。

动作和指导技巧

将躯干向右转，同时将左脚跟抬离地面，并在旋转身体时转动脚掌（见图 b）。直视前方，以相同的速度一起旋转髋部和肩膀。快速反转动作，并在另一侧重复此练习。在练习过程中，请勿随时暂停；在刻意进行控制时，动作要快。在每侧重复做 15 ~ 20 次练习，结束之前，保持动态运动。你不旋转的脚应该几乎直指初始位置的前方。

ⓐ ⓑ

② 冠状侧弓步

步骤详解

双腿直立，双脚分开大约 3 英尺（约 1 米）的距离。保持左腿伸直，双脚平放在地板上，将重心移到右腿上，同时稍微弯曲右膝，并坐向臀部（见图 a）。

动作和指导技巧

将左脚放在地上，将右脚移到身体的中线，然后放下来，这样你的双脚间的距离现在就和髋部一样宽了。随着动作的继续，将配重板或药球以圆周运动的方式向左摆动。继续摆动配重板或药球，直到它超过头部（见图 b）。重复此步骤，当你将配重板或药球摆动到左小腿位置时，左腿横向向外运动（见图 c），然后反向运动，再次将配重板或药球摆动到越过头部的位置，然后结束练习。继续交替进行练习，每侧重复做 6 ~ 8 次练习。

此练习因涉及以绶带状的方式移动配重板或药球而得名，当你将配重板或药球从头顶上转过时，绶带状的圆形部分就会出现；当你把配重板或药球在你的躯干上来回摆动时，绶带状的 X 部分就会出现，绶带状的每一端都停在每个弓步的底部。

在完成手臂动作和步伐动作时，要把握好节奏和时机。不要在每次进行到弓步的底部时让你的背部呈圆形，而且应该始终让你的双脚平放在地板上。

③ 头顶侧倾

步骤详解

双脚分开，大约与髋部同宽，将配重板或药球举过头顶，肘部略微弯曲（见图 a）。

动作和指导技巧

将配重板或药球保持在头顶正上方，身体向一侧倾斜，髋部移至另一侧，直到感到轻微拉伸感（见图 b）。反向重复此动作。每侧重复 10 ~ 12 次，每侧交替做此练习。

④ 摆动

步骤详解

双脚分开站立，大约与髋部同宽，双手握住一个配重板或药球，双臂伸直放在身体前面（见图 a）。

动作和指导技巧

髋部向后倾斜，保持膝关节弯曲大约成 160 ~ 175 度。将配重板或药球放在两腿之间，就像要踢开足球一样（见图 b）。一旦你的前臂接触到大腿，就可以迅速向上旋转身体，同时使你的髋部向前推，向上摆动配重板或药球。

最后将配重板或药球放在与眼睛同高或高于头部的位置（如果肩膀没有感到不舒服）。反向完成此动作，动态移动，任何时候都不要暂停。重复做 12 ~ 14 次练习。

平稳且有规律地完成此练习，在每个重复动作的上升和下降阶段，协调你的上半身和下半身。请勿在每次重复动作的底部时让你的背部呈圆形。

自重热身

顾名思义，该练习不涉及任何额外的器械，除了一个垫子（如果你想在地板上做练习）。你可以从以下 3 个热身序列中选择一个开始你的锻炼。

自重热身 1

此热身序列包括下列练习，每一组练习都是连续进行的。

① 手臂画圈

步骤详解

双腿站直，双臂伸出，双脚与髋部同宽（见图 a）。

动作和指导技巧

保持手臂伸直，将手臂动态地向后摆动，然后向上和向四周绕圈，以流畅而又有节奏的动作画圈（见图 a 和图 b）。尽量伸直你的手臂，但不要锁定肘部。尽可能画出最大的圆圈，但不要让自己有任何不适感。执行 10 ~ 12 个向后旋转，以及 10 ~ 12 个向前旋转。

ⓐ ⓑ

② 臀部画圈

步骤详解

双脚分开站立，与肩同宽，双脚指向前方，双手放在髋部上。

动作和指导技巧

保持双腿伸直，转动臀部，尽可能画出最大的水平圆圈，但不要让自己有任何不适感（见图 a 和图 b）。顺时针做 6 ~ 8 次旋转，逆时针做 6 ~ 8 次旋转。

ⓐ ⓑ

③ 原地高踢

步骤详解

双腿站直，双脚与髋部同宽，双臂放在身体两侧（见图 a）。

动作和指导技巧

将右腿向上踢向天空，保持膝关节略微弯曲（见图 b）。同时，将你的左臂伸出，与肩同高。迅速将右腿放回地面，然后将左腿踢向天空，保持膝关节略微弯曲，同时伸出你的右臂，使之与肩同高。然后，将左腿放回地面。继续交替使用双腿做此动作，每次踢腿时伸出另一侧的手臂。保持躯干直立，踝关节始终弯曲。每条腿重复做 4 ~ 6 次练习。

ⓐ ⓑ

④ 穿透式僵尸蹲

步骤详解

双脚分开站立，双脚间的距离略大于肩宽，脚趾向外。双臂从双腿之间穿过，保持膝关节略微弯曲（见图 a）。

动作和指导技巧

挺直身体，同时弯曲你的髋部并蹲下（见图 b）。脚跟平放在地板上，在蹲下时不要让你的膝关节向中线方向下沉。结束此动作时，双臂伸展，与肩同高。返回到起始姿势。每个动作重复做 6 ~ 8次，在重复每次动作时，尽可能地深蹲。对于更高级的变化，可采用同样的方式进行练习，但在每次下蹲的时候应将你的手臂放在与你的躯干等高的直线的上方。

ⓐ

ⓑ

⑤ 开合运动

步骤详解

双脚分开站立，双臂伸直，双手并拢（见图 a）。

动作和指导技巧

当你水平向侧面张开双臂时，双脚跳起，刚好在张开双臂时张开双脚（见图 b）。流畅地做此练习，同时打开和闭合你的双腿与双臂。尽量轻踩地面，减少双脚接触地面的时间。重复此练习 20 ~ 25 次。

ⓐ ⓑ

自重热身 2

此热身序列包括下列练习，每一组练习都是连续进行的。

① 手臂交叉

步骤详解

左侧卧，膝关节和臀部弯曲 90 度以上。伸直右臂，掌心向下（见图 a）。

动作和指导技巧

同时保持左臂和双腿的位置，尽可能向右旋转你的躯干（不施加任何力量），直到你的右手和上背部平放在地板上（见图 b）。保持此动作一两秒，然后回到起始姿势。每侧重复做 6 ~ 8 次练习。切换到另一侧之前，请在这一侧完成所有的重复练习次数。

ⓐ

ⓑ

如果在旋转的时候，手臂无法靠近地板的另一侧，可以用一个小药球或卷起来的毛巾放在两膝之间做这个练习，以获得更大的活动范围。

② 从瑜伽弓步转为同侧躯干旋转和腘绳肌伸展组合

步骤详解

从俯卧撑的姿势开始，手腕在肩膀下方，双脚分开，与髋部同宽。抬起左脚，使其平放在左手外侧的地板上，使你的躯干和右腿形成一条近似的直线（见图 a）。

动作和指导技巧

将躯干与右腿保持在一条直线上，同时将你的左臂伸向天花板（见图 b），将躯干向左旋转。做反向运动，将你的左手放回原处，但现在将其放在地板上，即你的左脚外侧（见图 c）。然后，试着伸直左腿，将你的重心向后移动，同时伸展你的左脚踝（见图 d）。在换另一侧做此练习之前，应先在同一侧重复此动作 4 ~ 6 次，然后将右脚抬起，使其刚好位于右手外侧，完成两侧的切换。

在任何时候，停顿的时间都不要超过一秒，保持过程的流畅性。如果你在向前时无法将脚平放在手旁边，可以通过将手放在一个平台上（例如一个阶梯踏板）来简化锻炼。

③ 臀部画圈囚徒深蹲

步骤详解

双腿站直，双脚之间的距离略大于肩宽，脚向外旋转约 10 度。手指交叉放在脑后，肘部指向两侧。

动作和指导技巧

弯曲膝关节，臀部下坐，呈下蹲姿势（见图 a）。身体下蹲，使大腿几乎与地面平行。不要弓起你的下背部。在蹲下时，膝关节的运动方向应该和脚趾的方向一致。不要让你的脚跟离开地面，也不要让你的膝关节向你身体的中线靠拢。通过伸展腿部和臀部来完成扭转动作，在抬高身体的同时将躯干旋转到身体的另一侧，并通过抬高脚跟并打开脚掌，使另一只脚自由旋转（见图 b）。

同时旋转臀部和肩膀，以同样的速度移动它们。回到起始姿势，重复同样的动作，向后蹲下，然后再旋转到另一边的顶部。每侧重复做 5 ~ 7 次练习，也就是说做 10 ~ 14 次深蹲。

④ 横向弓步 + 僵尸手臂伸展 + 空中划船

步骤详解

双脚分开站立，与髋部同宽，将手臂拉向身体两侧，手掌朝前（见图 a）。

动作和指导技巧

向一侧迈步，同时保持对侧腿伸直，双脚平踩在地面上，身体下降，形成一个侧弓步。当你迈步时，手臂向前伸展至与肩同高（见图 b）。向后退一步，通过将手臂向后拉回到身体两侧来完成反向动作。在另一侧重复此动作。把握好节奏和时间，交替完成此动作，包括在踏步和转身的时候把握好节奏与时间。在做此练习时，看起来不应该是起伏不定的。每侧重复做 4 ~ 6 次练习。

ⓐ ⓑ

⑤ 开合跳

步骤详解

双脚站立，与髋部同宽，双手放在身体两侧（见图 a）。

动作和指导技巧

在将手臂举过头顶时，跳起来，并张开双脚（见图 b）。流畅地完成此练习，在打开或闭合双脚时，移动你的双腿和手臂。脚尽量轻踩地面，减少双脚接触地面的时间。重复做 20 ~ 25 次练习。

ⓐ ⓑ

自重热身 3

此热身序列包括下列练习，每一组练习都是连续进行的。

① 鸽子式动态拉伸

步骤详解

这是一种动态的（更主动的）瑜伽姿势，被称为鸽子式。训练者四肢着地，双手放在肩膀下方，膝盖放在髋部下方。

动作和指导技巧

右腿伸直，与左腿成 45 度（见图 a 和图 b）。在将右腿向后伸直成 45 度时，尽量将臀部向后移动，同时尽量不要将手抬离地面。在向后移动你的臀部时，让你的手臂完全伸展，但要将你的手放在地板上。反转完成此动作，将右膝放回右髋部下方。

将右膝收回后，左腿向后伸展，成 45 度，以完成相同的动作。双腿交替做此练习，肩膀始终与地面平行。平稳地、有控制地完成每一组重复动作，在做动作期间不要有任何停顿。每条腿重复做 6 ~ 8 次练习。

② 下犬式 + 瑜伽弓步 + 反侧躯干旋转的运动组合

步骤详解

从俯卧撑的姿势开始，手腕位于肩膀下方，双脚向两边分开，间距大约为 6 英寸（约 15 厘米），比肩稍宽。

动作和指导技巧

先完成这个练习的下犬式部分，将你的重心向后移动，同时将你的臀部抬起，然后将脚跟放下（见图 a）。在右脚向前迈步的同时转动右脚，将右脚平放在你右手臂外侧的地面上，这样你的躯干现在与你的左腿形成一条直线（见图 b）。将你的躯干向左旋转，并将你的左臂伸向天花板（见图 c）。反转此动作，将你的左手放回地板上，使其位于左肩下方。然后，将你的臀部再次向后移动，回到下蹲的姿势。当你完成这次反转动作时，请将左脚向前迈一步，将其平放在地面上，紧贴在左臂外侧，这样你的躯干现在与右腿形成一条直线。现在，当你的右臂伸向天花板时，身体向右旋转。反转此动作，将你的右手放回地板上，使其位于右肩下方。这是一组动作！重复做 3 ~ 5 组动作，交替双腿完成每一个练习。

任何时候的停顿时间都不要超过一秒，保持动作的流畅性。

如果你在向前迈步时无法将脚平放在手旁边，那么你可以将手放在一个平台（例如，一个阶梯踏板）上，让该练习变得更容易完成。

③ 仰头弓步

步骤详解

站直，双脚略分开，双臂向前伸出，掌心向下（见图 a）。

动作和指导技巧

一条腿向后退一步，双臂举过头顶，身体稍微向后倾斜，形成一个弓步姿势（见图 b）。双脚并拢，回到站立姿势，另一条腿向后退一步，重复上述步骤。每侧重复做 4 ~ 6 次练习，交替双腿完成每组练习。

④ 旋转摆臂

步骤详解

站直，双脚与髋部同宽，双臂伸直放在胸前，手掌朝内（见图 a）。

动作和指导技巧

快速将躯干向左侧旋转，同时带动你的左髋和左臂跟着运动，抬高右脚的脚跟并打开脚掌，使右脚自由旋转。转动你的髋部和肩膀，以同样的速度移动它们（见图 b）。返回到起始姿势，然后向另一侧重复相同的动作。让你的动作快速而又是动态的。每侧重复做 6 ~ 8 次练习。

⑤ 原地高抬腿

步骤详解

站直，双脚与髋部同宽，肘部弯曲，约为 90 度。

动作和指导技巧

将左膝抬高到略高于髋部的位置，同时将右臂抬高，并将左臂向后移动（见图 a 和图 b）。将左脚放回地面并抬高右膝，同时快速反转手臂位置。就像跳绳一样，跳绳需要使用双脚着地，或者右右跳跃，然后左左跳跃。不像原地跑步，只是在原地跳跃，你必须协调你的手臂和双脚。每条腿重复做 20 ~ 25 次练习，躯干始终保持直立。

一旦你能够熟练使用本章中的每一个热身序列，你就可以混合和搭配各种练习，开发出最适合你自己的个性化热身运动。只是要确保热身运动的时间很短，且不会让你感到疲劳。再说一遍，这只是热身运动，而不是锻炼身体。

接下来的 3 章将描述如何进行本书后面的锻炼计划中的各种锻炼，以锻炼肌肉，改善功能和表现能力，减少脂肪，保持身体健康。无论你选择第 10-14 章中的哪个锻炼计划，你在本章中学到的热身运动都会帮助你为后面的运动做好准备！

6 上半身练习

本章涵盖了各种练习，旨在增强和锻炼你的上半身肌肉组织。这些练习包括采用不同姿势和身体位置，在水平、对角或垂直平面（方向）上推拉负荷，同时使用单臂（单侧）和双臂（双侧）动作。虽然将某个东西（比如物体或对手）拉向上半身位置的动作与将某个东西推离身体的动作是相反的，但这两个动作通常是一起使用的，例如在拉锯和拳击（即两个人一组的运动，先一个左直拳，接着是一个右交叉直拳）中。做推拉动作时，躯干肌肉会帮助你保持身体位置和姿势。

本章中的一些练习是通过上半身的几块肌肉共同承担负荷来完成的。例如，前推举练习结合使用了胸部、肩部的肌肉和肱三头肌；拉力练习结合使用了背阔肌、中背部肌肉、肩后部的肌肉和肱二头肌的力量；其他练习更有针对性，为上半身的某些肌肉群提供更高的抗阻挑战。

上半身基本练习：经过完善的练习

本节将提供各种基本的上半身练习，并向你展示如何比普通练习更好地完成这些练习。这会帮助你更聪明、更安全、更有效地进行训练。你需要做的只是一些微小的调整。

坐姿划船

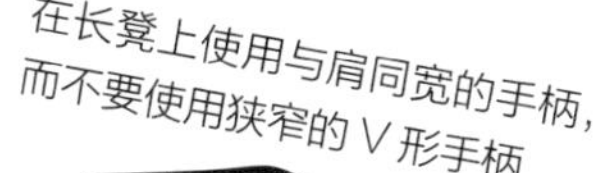

步骤详解

坐在长凳上，双脚牢牢地蹬在踏板上。双手用对握的方式抓住固定在绳索上的手柄，双脚分开，约与肩同宽（见图 a），膝关节微微弯曲，背部挺直。下背部轻微拱起，并保持胸部挺直。

动作和指导技巧

将手柄拉向身体中部，向后推动手肘，直到手柄到达小腹位置（见图 b）。每次完成重复动作时，不要让肩膀前部向前弯曲。在肌肉收缩最强时，将肩胛骨挤压在一起，然后慢慢回到起始姿势。

为何此练习效果更佳

你可以使用与肩同宽的手柄，而不是狭窄的 V 形手柄。这并不是说使用反手窄握的 V 形手柄是不正确的，或者这样做在某种程度上存在固有的危险，而是因为在使用反手窄握的 V 形手柄时，你的手会被限定在一个更窄的位置上，所以活动范围会被缩小到 2 ～ 3 英寸（5 ～ 8 厘米）内。如果你更喜欢反手窄握的方式，那么继续采用这种方式也没有任何问题。使用更宽的抓握方式可以让肌肉进行最大限度的收缩，从而促进中背部肌肉的运用。

益处

- 最大限度地扩大你的活动范围。
- 中背部肌肉完全收缩。

绳索下拉

步骤详解

将自己置于传统下拉式拉杆的后面，并在头顶上方用双手握住拉杆（见图 a）。

动作和指导技巧

将拉杆向下拉至胸部上方，同时保持背部挺直，肘部与身体在同一平面（见图 b）。缓慢地反向运动，让整个运动都处于受控状态。你还可以采用反握方式进行锻炼，手掌朝向自己，双手与肩同宽，从而增加锻炼的多样性。

为何此练习效果更佳

正握且双手分开，双手的距离比肩膀宽几厘米，而不是以非常宽的间距握住拉杆。与较窄的握距相比，采用较宽的握距更能激活背阔肌。虽然这种说法源于健美运动学说，但似乎也有科学依据。一项研究发现，宽握下拉所产生的肌肉活动比窄握下拉所产生的肌肉活动更强。问题在于，这项研究没有比较在不同正握宽度下所产生的肌肉活动。

幸运的是，另一项研究比较了采用 3 种不同的正握（即双手向下翻转握住）宽度下的 6 次最大负荷（6RM）运动和肌肉活动。举重运动员分别采用窄、中、宽握距进行 6RM 拉杆运动，双手间距分别为肩宽的 1 倍、1.5 倍和 2 倍。这项研究发现，除了采用中等握距会更多地运用肱二头肌外，这 3 种握距都激活了背阔肌。

你可以混合采用各种握距，以便为激活背阔肌增加微妙的变化，而不会错过使用较宽握距产生“特殊的”背阔肌优势。也就是说，如果你的目标是在做下拉运动的同时提供一些额外的肱二头肌锻炼，那么中等宽度的握距正是肌肉专家所建议的。

益处

- 没有不方便的握法。
- 更多地运用肱二头肌进行相同的拉伸肌肉运动。

正握，双手的距离比肩膀宽几厘米，而不是以非常宽的间距握住拉杆

ⓐ

ⓑ

斜向绳索下拉

步骤详解

此练习的执行方式与绳索下拉练习相同，但在练习中，你要稍微向后倾斜身体，而不是让身体保持直立。将自己置于传统的下拉式拉杆的后面，并在头顶上方用双手握住拉杆，然后向后倾斜约 25 度（见图 a）。找一个你觉得最舒服的握杆宽度，但要大于你的肩宽。

动作和指导技巧

身体向后倾斜时，将拉杆向下拉至胸部上方，同时肘部与拉线方向保持一致（见图 b），然后缓慢地反向运动，让整个运动处于受控状态。

为了变换形式，你可以采用反握的方式，掌心朝向自己；或者你也可以采用对握方式，将直杆换成手柄，这样手掌就可以彼此相对，双手的间距大约与肩同宽。

为何此练习效果更佳

你应该从直立位置向后倾斜约 25 度。大多数私人教练、力量教练和运动爱好者认为，上半身的推举必须包括某些类型的平面推举动作、某些类型的倾斜推举动作和一些过头顶的推举动作。做这些动作时应保持位置正确，因为每个方向上的按压都会产生稍微不同的负荷刺激。

没有理由并且也不应该将此练习应用于拉动作，就像通过水平拉动作（如划船动作）对水平推动作（如卧推、俯卧撑等）进行补充一样。此外，就像通过垂直拉动作（如引体向上和引体向下）对垂直推动作（如肩部推举）进行补充一样，对角推动作（如斜向推举、斜向杠铃推举）也可以通过以下方式得到补充：比如斜向绳索下拉或单臂半跪式斜向绳索划船等练习，本章后面对这两种练习都有介绍。

益处

- 提供了身体直立时的不同负荷刺激。
- 增加训练种类。

ⓐ

ⓑ

身体向后倾斜，与直立方向成大约 25 度

俯卧撑

步骤详解

双手放在地面上，双手的间距应比肩略宽，肘部伸直。向外转动双手，使手掌指向大约 45 度方向（见图 a）。

动作和指导技巧

放低身体，同时肘部保持在手腕的正上方（见图 b）。当肘部几乎成 90 度时，将身体上推来反向完成此动作，使肘部再次伸直。在每次俯卧撑的顶部，不要将肩胛骨夹在一起，而是应该在保持身体成一条直线的同时拉长（推开）你的肩胛骨。

为何此练习效果更佳

在每次俯卧撑的底部，手臂应与躯干成 45 度，而不是 90 度。从头顶上看，你的手臂会形成一个箭头的形状，而不是与躯干成“T”字形。“T”字形会使此练习更容易，但无法产生较为有效的训练刺激，因为它只需激活较少的胸肌和肱三头肌的肌肉（通过肌电图测量）。另外，在“T”字形中，肩膀水平外展的灵活性有限，所以你无法充分利用可以训练的活动范围。

益处

- 最大限度地扩大你的活动范围。
- 更好地锻炼胸部肌肉和肱三头肌。

俯身杠铃划船

步骤详解

双脚分开站立，大约与髋部同宽。双手握住杠铃，间距略比肩宽。你也可以采用正反握的方式来做俯身划船，许多人认为这种握法不太好。髋部弯曲，保持背部挺直，使躯干与地面大致平行（见图 a）。膝关节弯曲 15 至 20 度。

动作和指导技巧

在肚脐上方，将杠铃拉向你的身体（见图 b）。暂停一秒，在顶部时，肩胛骨向内收紧。在每次重复动作的顶部时，不要让你肩膀的前侧向前转。慢慢地降低杠铃来完成此动作，在任何时候都不要让你的背部拱起。

为何此练习效果更佳

为了确保你可以在整个活动范围内控制住采用的重量，请选择一个你可以在活动范围的向心部分顶部保持几秒的重量（例如将杠铃拉向身体），同时还能保持良好的技巧。如果你不能在顶部保持几秒，则说明重量太重了，你无法完成一整组练习，同时无法在每次重复练习时控制住重量。这与大多数人为这项运动选择重量的方式有很大的出入，这些人通常是根据划船开始（即底部）而不是位于顶部时的感觉来选择重量。

当进行俯身杠铃划船练习时，当肱骨（"肱二头肌"）与地面平行（与躯干呈一条直线）时，杠杆臂最长，机械优势最小。此时应该处于活动范围的向心部分的末端处或非常接近末端。这就是你经常看到举重运动员以良好的姿势将重物拉到一半，然后在做俯身杠铃划船练习和单臂哑铃划船等练习时使重物摇晃的原因。根据你在活动范围内最困难的部分所能移动的重量（而不是像大多数人那样根据在较容易的范围内使用的重量）来选择重量，确保你不只是在移动重量，而且还可以在整个练习范围内控制重量。

益处

- 最大限度地扩大你的活动范围。
- 中背部肌肉完全收缩。

单臂哑铃划船

步骤详解

与传统的举重凳平行站立，左手和左膝放在举重凳上，右手握着哑铃，右脚踩在地面上，右膝轻微弯曲。背部挺直，保持与地面大致平行。稍微向左旋转身体，使你的右肩（握着哑铃的那一边）略低于左肩的高度（见图 a）。

动作和指导技巧

保持右肩略低于左肩，通过将哑铃拉向你的身体来完成划船动作，这样你的右肘在结束动作时大约成 90 度，而你的左肩胛骨会向脊柱方向移动（见图 b）。不要让做划船运动那一侧的肩膀在每组练习的顶部时向前移动。慢慢向地面方向降低哑铃，直到伸直手臂，不要让哑铃接触到地面。

为何此练习效果更佳

将肩膀转向握哑铃的那一侧。不要让你的肩膀与地面平行，而是将它稍微向你握着哑铃的一侧旋转。

当进行单臂哑铃划船时，人们通常以良好的姿势将重物拉到一半，然后通过将躯干转向划船手臂一侧，完成重物拉升的剩下部分。正如前面所讨论的，在划船练习中，当你越来越靠近活动范围的向心端时，你就会变得越来越虚弱，因为重物变得越来越重（杠杆臂变长了）。将你的躯干向上转向划船手臂的一侧是一种“欺骗”，但这可能对你有好处，会减少你的腰背部肌肉的参与。在手持哑铃的同时，保持躯干稍微向握着哑铃的一侧旋转，这样做可以防止这种“欺骗”行为，并确保在整个运动过程中更好地利用你的腰背部肌肉。

益处

- 避免通过活动范围的顶部作弊。
- 改善中背部肌肉的收缩。

将你的肩膀转向
握哑铃的一侧
ⓐ
ⓑ

双臂俯身哑铃划船

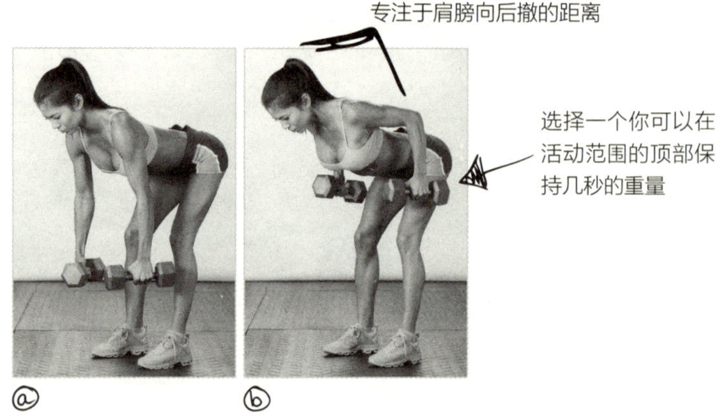

步骤详解

双脚分开站立，与髋部同宽，双手各握一个哑铃。髋部弯曲，保持背部挺直，使躯干大致平行于地面（见图 a）。膝关节弯曲 15 ~ 20 度。

动作和指导技巧

在保持手臂与躯干成 45 度的同时，朝着身体的方向划动哑铃。在划动到顶部时，你的肩胛骨应该靠拢在一起（见图 b）。在每次重复动作的顶部时，暂停一秒，然后慢慢放下哑铃。除非完成整组练习，否则不要让哑铃接触地面。不要在任何时候拱起你的背部。在每次重复动作的顶部，不要让你的手腕弯曲，也不要让你的肩膀向前弯曲。

为何此练习效果更佳

为了确保你能够在整个活动范围内控制重量，请选择一个你可以在活动范围的向心部分的顶部（即将哑铃拉向你的身体的时候）保持几秒的重量，同时保持良好的技巧。如果无法保持几秒，则说明重量太重了，你无法完成一整组练习，同时无法在每次重复练习时控制住重量。这与大多数人为这项运动选择重量的方式有很大的出入，这些人通常是根据划船开始（即底部）而不是位于顶部时的感觉来选择重量。

此外，在进行划船练习的时候，要注意肩膀向后撤的距离。完美的划船动作与你的肘部向后撤的距离没有关系，而与你的肩膀向后撤的距离有关，因为目标背部肌肉控制了你的肩膀。在每次重复练习的向心部分的末端，你的肘部应该弯曲成一个大约 90 度的角度。弯曲得越厉害，做划船动作的时候就越能充分利用肱二头肌的优势，从而减少背部肌肉的负担。

益处

- 增加背部肌肉组织的活动。
- 减少“欺骗”行为。

双手哑铃俯身飞鸟

ⓐ

ⓑ

采用中握方式手持哑铃，双手掌心相对

步骤详解

双脚分开站立，与髋部同宽，双手各握一个哑铃。髋部弯曲，保持背部挺直，使躯干大致平行于地面，膝关节弯曲 15 ~ 20 度（见图 a）。

动作和指导技巧

肘部稍微弯曲，将你的手臂抬高到身体两侧（见图 b）。在每次重复练习的顶部时，你的手臂应该与躯干成 90 度，从而使你的躯干在每个重复练习的顶部时形成 T 形。不要向上摆动哑铃。在每次重复练习的顶部时，暂停一秒，此时你的肩胛骨应该是靠拢在一起的，然后慢慢在躯干前面放下哑铃。不要在任何时候拱起你的背部。

为何此练习效果更佳

采用手掌相对的中握方式握住哑铃，而不是拇指向下握住哑铃，或者采用偏心握法，将哑铃一直握在小指侧。研究表明，与采用拇指向下的握法相比，在进行后肩飞鸟练习时，采用中握方式可以增强三角肌后束的活动。从解剖学的角度来看，采用中握方式也是有一定道理的，因为中握方式比旋前位置更有利于向外部旋转，还因为三角肌后束和冈下肌都是肩膀的外旋肌。将哑铃一直握在小指侧会迫使你抵抗肩膀的内部旋转（通过使用更多的三角肌后束作为外旋肌）。

益处

- 更好地锻炼和应用三角肌后束。
- 更高效。

哑铃臂弯举

步骤详解

双脚分开站立，双脚的间距与髋部同宽。双手各握一个哑铃，靠近髋部两侧（见图 a）。

动作和指导技巧

肘部弯曲，将哑铃向上弯曲至肩部，但不要让肘部向前或向后移动（见图 b）。不要通过过度伸展腰部来增加重量。一旦你的手举到肩膀前面，请通过缓慢将哑铃下放回身体一侧来反转此动作。

为何此练习效果更佳

传统的方法不是从中间抓起哑铃，而是用拇指的一侧将哑铃握住。肱二头肌不仅是肘屈肌，还是腕部和前臂的旋后肌。如果想在哑铃臂弯举时达到最大的肱二头肌收缩，则必须同时进行肘部屈曲和前臂旋后。你可以通过将手柄一直握在拇指一侧来完成此动作。这个微小的变化会带来巨大的不同，因为这种握法会迫使你抵制前臂内旋。肱二头肌被迫充当旋后肌，同时还充当肘屈肌。

益处

- 更好地锻炼和应用肱二头肌。
- 更高效。

站姿哑铃划船

步骤详解

双脚分开站立，双脚的间距与髋部同宽。双手握住一对哑铃，将其放在大腿处（见图 a）。

动作和指导技巧

将哑铃拉向身体外侧，直到肘部达到肩膀的高度（见图 b），然后有控制地将哑铃放回大腿处，以恢复到起始姿势并开始下一次练习。

为何此练习效果更佳

采用较宽握距的方式握住哑铃（而不是杠铃），避免将肘部拉到超过肩高的位置。用哑铃代替杠铃可以增加活动的自由度。在举起重物时，手臂会分开。研究表明，采用更宽握距的握法可以增加三角肌和斜方肌的活动，并减少肱二头肌的活动。除了最大限度地运用我们尝试锻炼的肌肉，还需要考虑练习的安全性，避免将肘部拉到超过肩高的位置。

研究表明，肩关节夹挤现象通常在盂肱关节抬高 70 ~ 120 度时达到峰值。研究建议无此症状的人在做站姿划船练习时将手臂抬高到略低于 90 度（肩高）。其他一些作者也提出了类似的建议，因此至少在这种情况下，不要相信所有的运动建议。

益处

- 增加肩部肌肉的运用。
- 肩关节可能更安全。

哑铃向前肩举

步骤详解

双脚分开站立，双脚的间距与髋部同宽，双手在身体两侧各握一个哑铃（见图a）。

动作和指导技巧

肘部微微弯曲，将手臂举到身体前面，直到肘部刚好高于前额（见图b）。不要摆动哑铃，慢慢地把哑铃放回身体两侧。在每次重复练习的举放过程中，小心地进行控制。

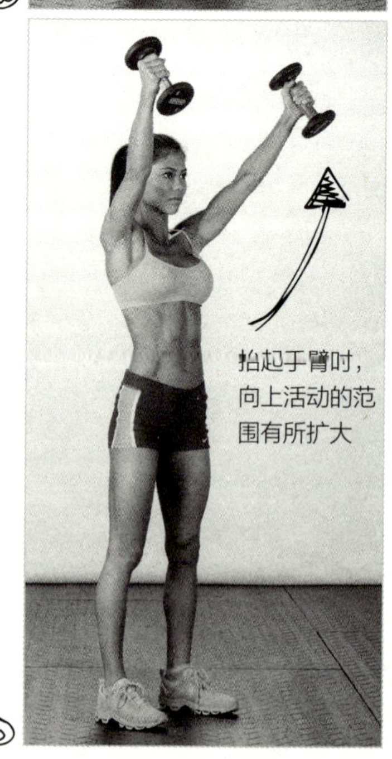

为何此练习效果更佳

在此练习中，当你举起手臂时，可以扩大活动范围。当你的手臂与地面平行时，停止运动，就像当你的前臂与地面平行时会阻止肱二头肌弯曲一样。

许多举重运动员表示，他们在做举起手臂的动作时，手臂不会举过肩部（甚至会略低于肩部），以尽量减少上斜方肌的影响。有趣的是，其中许多人也会做耸肩、站姿划船和其他针对斜方肌的练习。

现在，如果你出于某种原因而要避免进行上斜方肌练习你应该了解一下，在 16 种常见的肩部训练和康复姿势练习（比如坐姿划船、膝盖俯卧撑或手臂弯举）研究中发现，除一项练习外，其他所有练习均显示上斜方肌的活动强度为中等至较少。在这项研究调查的 16 种练习中，没有一种练习要求耸肩或站姿划船。这里提到的一种练习通常被称为“满罐”，也就是你的手臂放在身体一侧做外旋；然后，将你的手臂抬高到肩胛骨平面上（与躯干成 30 度），直到手臂与地面成 90 度为止。简而言之，这很像是肩部侧举。

关键之处在于，不要妄想在你的上半身练习中没有激活上斜方肌。

益处

- 更大的活动范围。
- 更全面的肩部训练。

哑铃侧肩举

步骤详解

双脚分开站立，双脚的间距与髋部同宽，双手在身体两侧各握一个哑铃（见图 a）。

动作和指导技巧

肘部微微弯曲，双臂向身体两侧伸开，直到肘部略高于前额，与躯干成约 30 度（见图 b）。不要摆动哑铃，慢慢地把哑铃放回身体两侧。在每次重复练习的举放过程中，小心地进行控制。

为何此练习效果更佳

与传统方法相比，此练习可以扩大活动范围。将手臂抬高到肩胛骨平面上，与躯干成 30 度，而不是伸向两侧。研究表明，在肩胛骨平面做肩部练习会对肩部肌肉组织产生相同的要求，但会减少对肩袖肌群的不必要压力。

益处

- 肩关节可能更安全。
- 更自然的运动方式。

哑铃过头推举

使手臂与躯干成一定角度，而不是直接向两侧伸展

步骤详解

双脚分开站立，双脚的间距与髋部同宽。双手各握一个哑铃，放在肩膀上方，肘部与躯干成30 ~ 45度（见图a）。

动作和指导技巧

将哑铃直接举过头顶，直到手臂几乎伸直（见图b）。慢慢地进行反向运动，使哑铃回到肩膀外侧的起始位置。在每次重复练习的底部，你的肘部应该位于哑铃下方，你的前臂应该垂直于地面。任何时候都不要让你的手腕向后弯曲。

为何此练习效果更佳

使手臂与躯干成一定角度，位于肩胛骨平面，而不是直接向两侧伸展。就像侧平举一样，在肩胛骨平面做这个练习会在三角肌上产生张力，但会减少关节的压力。

每次将手臂举过头顶时，肩峰上的肩袖都会有一定程度的接触，所以手臂抬高时总会有一定程度的撞击。但你可能不希望它们有过多的接触，因为这会引起刺激和炎症，从而导致肩峰下撞击综合征。在肩胛骨平面上做哑铃过头推举是减少关节压力的一种策略。

益处

- 肩关节可能更安全。
- 更自然的运动方式。

哑铃肱三头肌臂屈伸

双手各握一个哑铃平行举起，而不是双手举起一个哑铃

ⓐ

ⓑ

步骤详解

仰卧在举重凳上，双手各握一个哑铃，双臂伸向天空，伸到肩膀上方（见图 a）。

动作和指导技巧

弯曲肘部，将哑铃朝前额方向放下，同时保持手掌相对（见图 b）。当你的肘部几乎达到 90 度时，请反转此动作，并伸展你的肘部，直到它们再次几乎笔直来完成重复练习。为避免哑铃撞到头部，请在有意识的控制下将其缓慢降低。

为何此练习效果更佳

双手各握一个哑铃平行举起，而不是双手举起一个哑铃。一般而言，举着两个哑铃通常会更舒适一些，肩膀也不那么难受，同时更容易避免肘部向两边张开。

益处

- 减少不适。
- 更自然地保持手臂位置。

绳索面拉

步骤详解

站在一个可调节的绳索柱前面，并在视线水平位置或视线上方连接一根绳子。双手各握住一根绳子的一端，掌心相对，肘部指向两侧（见图 a）。

动作和指导技巧

在双臂分开时，将绳子拉向你的脸，同时不要拱起你的腰背部，让你的手最终能伸到耳朵的外面（见图 b）。在每次重复练习结束时，你的肘部都应该略高于肩膀，而且绳子的中部恰好位于额头的前面。缓慢地将动作反转，回到起始姿势。

为何此练习效果更佳

在此练习中，你是从外面抓住绳子的把手，而不是像往常一样从里面抓住绳子的把手。从外面抓住绳子把手不仅可以减少手腕上的不适，还可以让你在做这个练习的时候有更大的活动范围。

益处

- 扩大活动范围。
- 减少手腕的不适。

其他上半身练习

本节的练习还将重点帮助你最大限度地增强上半身肌肉的力量和发展。做这些练习不需要进行特殊的调整，因此它们不需要像上一节中的练习那样具有相同的描述级别。你还会在这里找到一些不太常见的上半身练习，它们可以帮助你在练习中融入一些变化。

杠铃高拉

步骤详解

双脚分开站立，与肩同宽。拿起一个杠铃，双手的间距比肩宽几厘米。稍微弯曲膝关节，臀部向后移动，将杠铃放在膝关节上方（见图 a）。

动作和指导技巧

向上抬起身体，利用你的胳膊和双腿将杠铃向上拉，直到你的肘部达到肩膀的高度（见图 b）。在开始运动时，请使用下半身而不是手臂的力量。在举起杠铃时，请勿让下背部过度伸展。然后有控制地将杠铃降低到大腿位置，以便重新开始下一个重复练习。

上斜杠铃推接

步骤详解

双脚分开站立，与肩同宽。将杠铃的一端放在角落或 T 杠装置内，并抓住杠铃的另一端（见图 a）。

动作和指导技巧

向上推起杠铃，使其远离你，在距离你的手几厘米的地方（见图 b），然后用另一只手抓住它（见图 c），并在杠铃下降至肩膀的途中控制它（见图 d）。再次推起杠铃，使其位于你手的前面几厘米处，然后用另一只手抓住它，并有控制地将其放低，使其回到原来的一侧，以完成完整的重复动作。每次抓取和推起杠铃时，都可以让躯干稍微旋转一下。

每次抓住杠铃时，就好像抓住的是鸡蛋一样。（略微）弯曲膝关节和手臂，用你的手来抓住跌落的鸡蛋并防止其破裂。

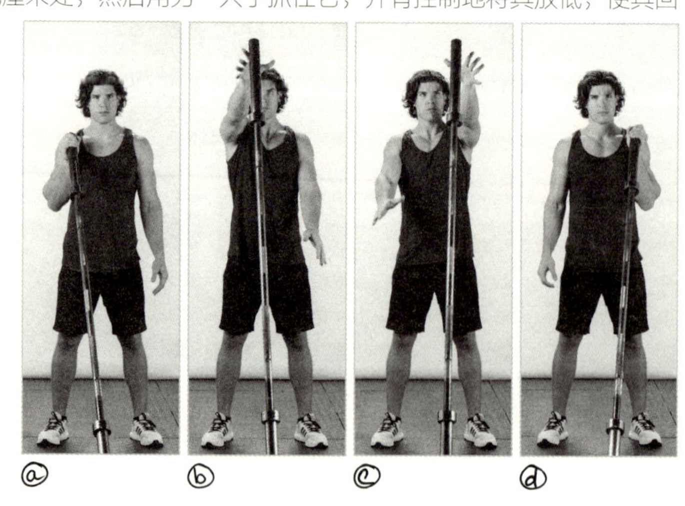

从上斜杠铃肩膀推举过渡到肩膀推举

步骤详解

双脚分开站立，双脚间距比肩稍宽。两只手握住杠铃的一端并叠放在一起，杠铃的一端位于右肩前方（见图 a）。

动作和指导技巧

将杠铃向外推起，使其远离身体，当你的手臂完全伸展时，杠铃应该与身体的中心呈一直线（见图 b）。缓慢地反转此动作，并将杠铃向左肩降低。再次向外推起杠铃，使其最终位于你的身体中央。确保在整个练习过程中，你的肩膀或臀部都不会旋转。

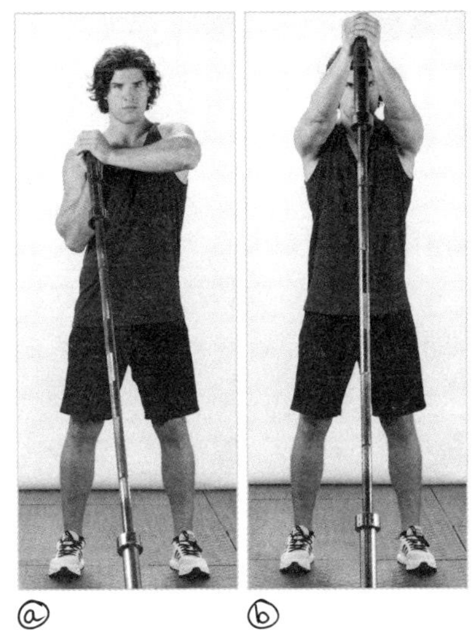

单手上斜杠铃推举

步骤详解

一条腿位于另一条腿的前面，双脚分开站立。将杠铃的一端放在角落或 T 杠装置内，握住杠铃的另一端（见图 a）。如果杠铃在右手，则将右腿作为后腿。

动作和指导技巧

向上推起杠铃，将其推离你的身体，同时保持躯干直立和稳定（见图 b）。不要将杠铃推向身体中线。在向上和向外推起杠铃时，使其与同侧肩膀对齐。缓慢地做反向运动，将杠铃放回肩膀前方。在每次重复动作的底部，你的前臂都应与杠铃成 90 度。任何时候都不要让你的手腕向后弯曲。在整个练习过程中，都要保持手腕伸直。

杠铃过头推举

步骤详解

双脚分开站立，与肩同宽。将杠铃举在颈前，双手间距与肩同宽。

动作和指导技巧

将杠铃举在颈前，略微弯曲膝关节（见图a），然后迅速反转此动作，举起杠铃，用双手和双腿以协调的方式将杠铃举起（见图b）。举起杠铃时，不要让下背部过度伸展。当杠铃完全位于头顶上时，请慢慢反转此动作，以完成完整的重复动作。保持手腕伸直，任何时候都不要让它们向后弯曲。

杠铃过头上举

步骤详解

双脚分开站立，与肩同宽。将杠铃举在颈前，双手间距与肩同宽（见图a）。

动作和指导技巧

将杠铃举过头顶，直到肘部几乎完全伸直（见图b）。将杠铃举过头顶时，不要让下背部过度伸展。当杠铃完全位于头顶上时，请慢慢反转此动作，以完成完整的重复动作。保持手腕伸直。任何时候都不要让它们向后弯曲。

ⓐ

ⓑ

杠铃卧推

ⓐ

ⓑ

步骤详解

躺在举重凳上，双脚平放在地面上，牢牢地踩在地上，以保持身体稳定。双手握住奥林匹克杠铃杆举在胸部上方，双手位于肩膀外侧的位置（见图 a）。

动作和指导技巧

慢慢将杠铃降至胸前，直到手肘刚好到达躯干以下的位置（见图 b）。上臂与躯干大约成 45 度。将杠铃举起到胸部上方。肘部始终位于手腕正下方，而且任何时候都不要让手腕向后弯曲。

上斜杠铃卧推

步骤详解

以大约 45 度躺在举重凳上，双脚平放在地面上，牢牢地踩在地上，以保持身体稳定。双手握住奥林匹克杠铃杆举在胸部上方，双手位于肩膀外侧的位置（见图 a）。

动作和指导技巧

慢慢将杠铃降至胸前，直到手肘刚好到达躯干以下的位置（见图 b）。上臂与躯干大约成 45 度。将杠铃举起到胸部上方。肘部始终位于手腕正下方，而且任何时候都不要让手腕向后弯曲。

ⓐ

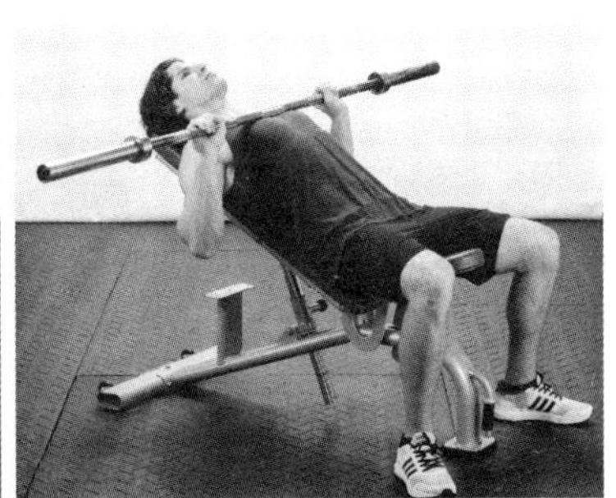

ⓑ

宽握杠铃俯立划船

步骤详解

双脚分开站立，与肩同宽。双手握住杠铃，距离臀部大约1英尺（约0.3米）。髋关节弯曲，保持背部挺直，使躯干与地面大致平行（见图a）。膝关节弯曲15～20度。

ⓐ

动作和指导技巧

把杠铃拉到躯干的中间，刚好位于胸部的下方，使肩胛骨靠拢在一起（见图b）。拉起杠铃时，肘部直接位于手上方，而且不要让手腕弯曲。在每次重复动作的顶部，暂停一秒，使杠铃尽可能靠近胸部的下方，同时不让肩膀的前部向前移动。慢慢降低杠铃，在完成整个动作之前，不要让其与地面接触。请勿在任何时候拱起你的背部。

ⓑ

哑铃高拉

步骤详解

此练习的执行方式与杠铃高拉动作是相同的，不同之处在于哑铃会让你的手臂在开始时更加靠近，然后在每个重复动作的顶部分开。双脚分开站立，与肩同宽。双手各握一个哑铃，放在大腿前面。稍微弯曲膝关节，臀部后移，握住哑铃的手刚好位于膝关节上方（见图a）。

动作和指导技巧

向上伸展身体，利用胳膊和双腿将哑铃稍微向外侧拉起，直到肘部达到肩膀的高度（见图b）。在开始运动时，请使用下半身而不是手臂的力量。

拉起哑铃时，请勿让你的下背部过度伸展。然后有控制地将哑铃放回膝关节上方，以重新开始下一次重复练习。

ⓐ

ⓑ

哑铃卧推

步骤详解

躺在举重凳上，双脚平放在地面上，牢牢地踩在地上，以保持身体稳定。双手各持一个哑铃，手臂伸直（见图 a）。

动作和指导技巧

慢慢将哑铃降至胸前，直到手肘刚好到达躯干以下的位置（见图 b）。将哑铃向上推向肩膀上方的天空。

ⓐ

ⓑ

单手哑铃过头推举

步骤详解

双脚分开站立，双脚间距与髋部同宽。一只手握一个哑铃，放在肩膀上方。

动作和指导技巧

略微弯曲膝关节（见图 a），然后迅速反转此动作，举起哑铃，用手和双腿以协调的方式将哑铃举起（见图 b）。举起哑铃时，不要让下背部过度伸展。当哑铃完全位于头顶上时，请慢慢反转此动作，以完成完整的重复动作。保持手腕伸直，任何时候都不要让它们向后弯曲。

ⓐ ⓑ

哑铃上斜卧推

步骤详解

以大约45度躺在举重凳上，双脚平放在地面上，牢牢地踩在地上，以保持身体稳定。将一对哑铃举过头顶，放在肩膀外侧（见图a）。

动作和指导技巧

慢慢将哑铃降低到身体外侧，与躯干成45度，直到你的肘部刚好低于躯干的高度（见图b）。将哑铃向肩膀上方的天空推起。

ⓐ

ⓑ

单手哑铃过头上举

步骤详解

双脚分开站立，双脚间距与髋部同宽。一只手握一个哑铃，放在肩膀上方（见图a）。

动作和指导技巧

将哑铃举过头顶，但不要让下背部过度伸展（见图b）。在将哑铃完全举过头顶后，慢慢反转此动作，以完成完整的重复动作。保持手腕伸直，任何时候都不要让它向后弯曲。

ⓐ ⓑ

哑铃旋转式肩膀推举

步骤详解

双脚分开站立，双脚间距略比肩宽。在每个肩膀前面举一个哑铃（见图 a）。

动作和指导技巧

将身体旋转到一侧时，将对侧哑铃直接向同侧肩膀上方举起（见图 b）。为了更好地带动臀部旋转，请在旋转身体时将脚跟抬离地面。将身体带回正前方时，以一种平稳的、受控制的方式放下哑铃。然后转到身体的另一侧，用另一只手臂完成重复动作。

ⓐ ⓑ

凳上单手俯身哑铃划船

步骤详解

面向传统的举重凳站立，左手放在凳上，右手持哑铃。背部挺直，与地面大致平行。以稍微交错的姿势站立，右腿放在左腿后面（见图 a）。你也可以采用双脚平行的姿势站立，双脚间距与髋部同宽，膝关节微微弯曲。

动作和指导技巧

将哑铃拉向你的身体，以完成划船动作，这会将你的右肩胛骨推向脊柱，右手肘大约成 90 度（见图 b）。每次结束重复动作时，不要让划船侧的肩膀向前移动。慢慢向地面降低哑铃，直到手臂伸直，但不要让哑铃接触地面。换另一侧进行练习之前，请完成同一侧的所有重复次数。

ⓐ

ⓑ

单手独立式哑铃划船

步骤详解

两腿分开站立，左腿位于右腿前面，双膝略微弯曲。右手持哑铃，保持在一个中立的位置，这样手掌就会朝向身体的另一侧，而你的左手则放在前膝附近。以臀部为轴心，保持背部挺直，使躯干与地面大致平行（见图 a）。保持脚后跟抬离地面，以确保大部分重量都放在前腿上。

ⓐ

ⓑ

动作和指导技巧

通过将哑铃拉向你的身体来完成划船动作，但不要过度旋转你的肩膀和臀部，而是随着手臂的移动，以一种受控制的方式将肩胛骨推向脊柱（见图 b）。每次结束重复动作时，不要让划船侧的肩膀向前移动。慢慢向地面降低哑铃，但不要让哑铃接触地面。保持稳定的脊柱姿势，在整个运动过程中保持背部挺直。换另一侧进行练习之前，请完成同一侧的所有重复次数。

哑铃飞鸟

步骤详解

躺在举重凳上，双脚平放在地面上，牢牢地踩在地上，以保持身体稳定。双手各握一个哑铃，举在肩上方，双臂伸直，掌心相对（见图 a）。

ⓐ

ⓑ

动作和指导技巧

肘部略微弯曲，缓慢地向身体两侧张开双臂，直到肘部略低于你的躯干，并且胸部肌肉有拉伸的感觉（见图 b）。以类似于拥抱大树的姿势向后移动哑铃，以完成反向运动。为了完成其他肌肉张力练习，你可以在每个重复动作的顶部，将哑铃靠拢在一起，暂停 1 ~ 2 秒。

哑铃胸部压举

步骤详解

躺在举重凳上，双脚平放在地面上，牢牢地踩在地上，以保持身体稳定。双手各握一个哑铃，手臂伸直，掌心相对，将哑铃挤压在一起（见图 a）。

动作和指导技巧

在继续用力挤压哑铃的同时，弯曲肘部，然后随着肘部向两侧伸展，将哑铃降低至胸部（见图 b）。在将哑铃在胸部挤压在一起后，举起哑铃完成反向运动。

ⓐ

ⓑ

哑铃 T 杠背部耸肩

步骤详解

双脚分开站立，与髋部同宽。每只手各握一个哑铃。弯曲髋部，保持背部挺直，躯干大致与地面平行（见图 a）。膝关节弯曲 15 ~ 20 度。

动作和指导技巧

让肩胛骨靠拢在一起，同时让肘部略微弯曲（见图 b）。在每次重复动作的底部，暂停 2 ~ 3 秒，然后慢慢反转此动作，以保护你的肩胛骨。任何时候都不要让背部拱起。

ⓐ

ⓑ

单手颈后哑铃臂屈伸

步骤详解

双脚分开站立，与髋部同宽。单手握一个哑铃，举过头顶，肘部直接举过肩膀（见图 a）。

动作和指导技巧

保持肘部高于肩膀，同时弯曲肘部，慢慢地将哑铃降低到头的后面，直到你的肘部完全弯曲（见图 b）。通过伸直肘部，将哑铃举回上方来完成反向运动，并完成整个重复动作。

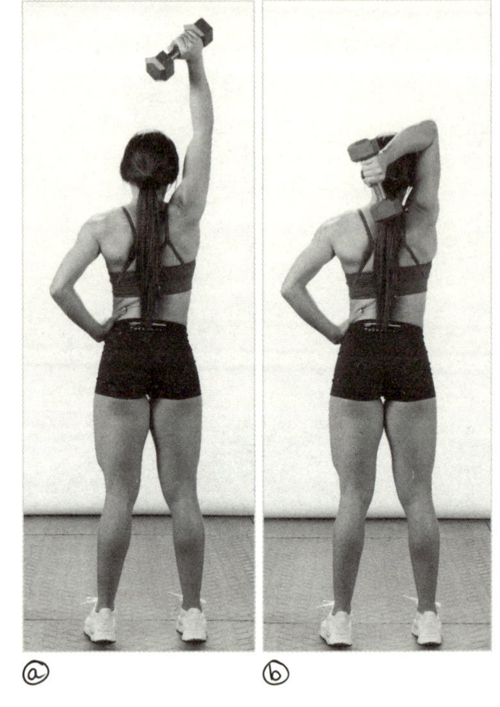

哑铃俯身臂屈伸

步骤详解

双脚分开站立，与髋部同宽。双手各握一个哑铃。弯曲髋部，保持背部挺直，使你的躯干与地面平行。膝关节弯曲 15 ~ 20 度。将哑铃向上拉向躯干，就像在做划船运动，并保持你的肘部弯曲成 90 度（见图 a）。

动作和指导技巧

让你的躯干和肱二头肌骨骼与地面平行，将肘部伸直（见图 b）。暂停一两秒。将你的肘部向后弯曲 90 度，缓慢地完成反向动作，以完成完整的重复动作。

手臂弯曲抬 E-Z 杠铃

步骤详解

双脚分开站立，与髋部同宽，双手在靠近髋部的位置握住 E-Z 杠铃（见图 a）。

动作和指导技巧

将杠铃向上弯举至肩部，肘部弯曲，但不要让肘部向前移动（见图 b）。当你的手移动到你的肩膀前面时，通过慢慢地把杠铃放下来完成反向动作。

ⓐ

ⓑ

E-Z 杠铃牧师凳弯举

步骤详解

要完成这个练习，需要使用一种通常被称为牧师凳的器械。坐在牧师凳上，脊柱直立，双脚分开，与髋部同宽。将你的胸部和手臂靠在垫子上，用反握的姿势双手握住 E-Z 杠铃，双手间的距离大致与肩同宽（见图 a）。

动作和指导技巧

不要让肩膀向前弯曲，通过弯曲肘部，将杠铃上举到肩膀处（见图 b）。

ⓐ

ⓑ

哑铃斜躺弯举

步骤详解

以 45 度躺在举重凳上，双脚平放在地面，牢牢地踩在地上，以保持身体稳定。双手各握一个哑铃放在肩膀下方，保持手臂伸直（见图 a）。

动作和指导技巧

肘部弯曲，将哑铃向上弯举至肩部，但不要让肘部向前移动（见图 b）。当你的手举到肩膀前时，请慢慢地将哑铃放回原处，以反转此运动。你也可以采用双手对握的方式来做这个练习。

ⓐ

ⓑ

哑铃肩部“A”字推举

步骤详解

双脚分开站立，与髋部同宽，双手各握一个哑铃。弯曲髋部，保持背部挺直，使你的躯干与地面平行。手臂垂至肩膀下方（见图 a），膝关节弯曲 15 ~ 20 度。

ⓐ

ⓑ

动作和指导技巧

肘部略微弯曲，手臂向后抬起，刚好位于臀部外侧，拇指指向地面（见图 b）。不要向上摆动哑铃。在每次重复动作的顶部，你的手臂应该与你的躯干成 15 度，这样你的身体就呈现“A”字形状。将你的肩胛骨靠拢在一起，在每次重复动作的顶部，暂停一秒，然后慢慢地将哑铃降至你的身前。任何时候都不要拱起你的背部。在每次重复动作的顶部，都要让你的肩胛骨靠拢在一起。

哑铃肩部“W”字推举

步骤详解

双脚分开站立，与髋部同宽。弯曲髋部，保持背部挺直，膝关节弯曲 90 度。双手掌心向上，各握一个哑铃，手臂向上弯曲，直至抵住躯干（见图 a）。

ⓐ ⓑ

动作和指导技巧

将手臂向身体外侧伸展，拇指指向天空（见图 b）。在每次重复动作的顶部，你的手臂应该呈“W”字形状。在每次重复动作的顶部，暂停一秒，然后慢慢地将手臂放回身体前面。

哑铃肩部“Y”字推举

步骤详解

双脚分开站立，与髋部同宽。弯曲髋部，保持背部挺直，使你的躯干与地面平行，膝关节弯曲 15 ~ 20 度。双手掌心朝里，各握一个哑铃，手臂垂向地面（见图 a）。

动作和指导技巧

肘部微微弯曲，将手臂抬高至肩膀的高度，拇指指向天空（见图 b）。不要向上摆动手臂。在每次重复动作的顶部，你的手臂应该与你的躯干成 45 度，与你的躯干形成一个“Y”字形状。在每次重复动作的顶部，暂停一秒，然后慢慢地将手臂放回身体前面。任何时候都不要拱起你的背部。

ⓐ

ⓑ

哑铃肩部“T”字推举

步骤详解

双脚分开站立，与髋部同宽。弯曲髋部，保持背部挺直，使你的躯干与地面平行，膝关节弯曲 15 ~ 20 度。双手各握一个哑铃，手臂垂向地面，掌心向上（见图 a）。

动作和指导技巧

肘部微微弯曲，将手臂向身体外侧伸展，拇指指向天空（见图 b）。不要向上摆动手臂。在每次重复动作的顶部，你的手臂应该与你的躯干成 90 度，与你的躯干形成一个“T”字形状。在每次重复动作的顶部，应该让你的肩胛骨靠拢在一起并暂停一秒，然后慢慢地将手臂放回身体前面。任何时候都不要拱起你的背部。

哑铃肩部“L”字推举

步骤详解

俯卧在举重凳上，头位于举重凳的上方，双脚放在举重凳的两侧，膝关节弯曲，双腿放松。双手各握一个哑铃，将你的手臂向两侧抬起至肩膀高度，将肘部弯曲 90 度，这样你的手就会指向地面（见图 a）。也可以以站立姿势完成整个练习，弯曲身体，使你的躯干与地面平行。

动作和指导技巧

在不移动肘部的情况下，尽可能地向上旋转手臂，向天花板方向移动直至小臂平行地面（见图 b）。在每个重复动作的顶部，停留 1 ~ 2 秒，然后慢慢地反转此动作，回到起始姿势。

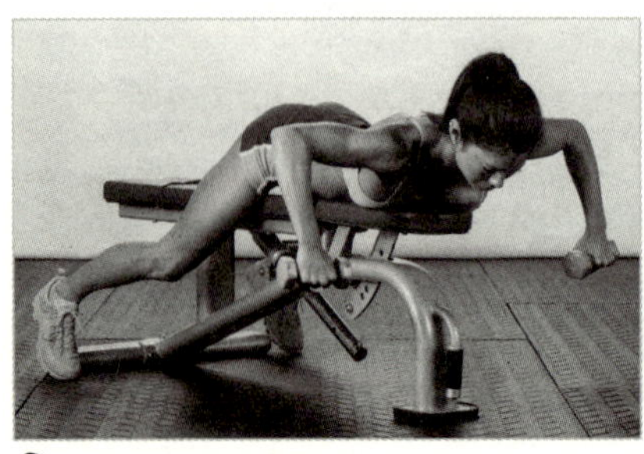

仰卧屈臂上拉

步骤详解

仰卧在举重凳上，双手各握一个哑铃，双臂伸过肩膀，朝向天空，掌心相对（见图 a）。

动作和指导技巧

保持肘部略微弯曲，将你的手臂伸到头顶上方，将哑铃朝地面方向降落，同时让掌心相对（见图 b）。当你的手臂大致与地面平行时，请反转此动作，抬起哑铃，直到手臂几乎再次笔直，以完成重复动作。

ⓐ

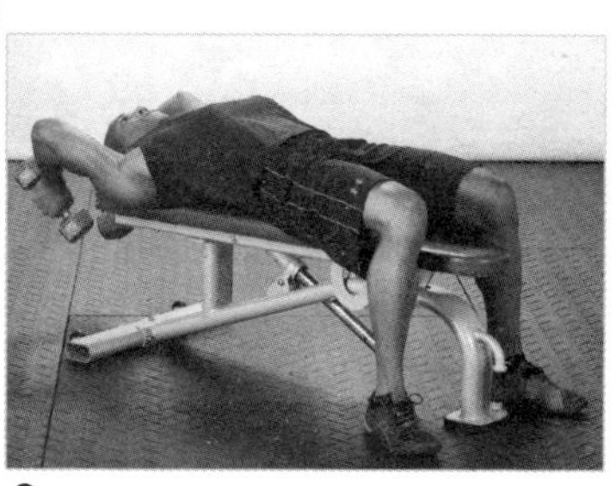

ⓑ

双手对握背部下拉

步骤详解

采用双手对握方式握住与高位下拉器相连的手柄。握住手柄，手臂位于头顶上方，双手间距大致与肩同宽（见图 a）。

动作和指导技巧

将手柄向下拉至胸部上方，同时保持背部挺直，并且肘部运动轨迹为直线（见图 b）。慢慢地反转此动作，有控制地完成整个动作。

ⓐ

ⓑ

双手对握高位斜下拉

步骤详解

这个练习的执行方式与双手对握背部下拉练习的执行方式是一样的，除了身体稍微向后倾斜而不是保持直立。采用双手对握方式握住与高位下拉器相连的手柄，身体从直立位置变为向后倾斜大约25度(见图a)。双臂间距与肩同宽，位于头部上方。

动作和指导技巧

将手柄拉至胸部上方(见图b)，肘部与拉线方向保持一致。慢慢地反转此动作，有控制地完成整个动作。

ⓐ

ⓑ

单手绳索推

步骤详解

面对可调节的复合拉伸机站立，双手握住手柄，大约在肩膀高度。左手握绳索手柄，肘部与身体大约成45度，左腿放在右腿的后面，两腿分开站立(见图a)。保持后脚伸直，后脚脚跟离开地面。

ⓐ

ⓑ

动作和指导技巧

将面前的绳索笔直地向前推出(见图b)，然后慢慢地反转此动作，使手柄回到身边，就像你在做类似划船的动作时，将左臂带回你的身侧，同时伸展另一侧的手臂一样。不要让你的肩膀或臀部旋转幅度过大。身体稍微前倾，以便可以移动更重的负荷。

为了防止绳索接头扎进你的手臂，你可以在手柄和绳索接头之间使用一个延长带(可以在卖攀岩装备的商店里买到)。

站姿绳索推胸

步骤详解

以双腿分开的姿势站立，后脚脚跟抬离地面，放在绳索交叉练习机的中前方。绳索之间的距离越宽，你站在设备前面的距离就需要越远，这样才能正确地完成这个练习。双手握住手柄，保持在与肩同高的位置，两臂伸向身体两侧，肘部弯曲 90 度（见图 a）。

动作和指导技巧

推动手臂，将它们向身体中线处伸直，按压手柄（见图 b）。慢慢地反转此动作，直到手臂撤回身体两侧，肘部回到弯曲状态。如果你需要做这个练习，身体可以稍微前倾，尤其是在使用相对于你的力量水平较重的负荷时。

单手绳索划船

步骤详解

脊柱挺直站立，膝关节微微弯曲，同时面对一个可调节的绳索柱，调整到大约胸部高度。以掌心朝内的姿势用右手握住手柄，双腿分开站立，右腿位于左腿的后面（见图 a）。

动作和指导技巧

将绳索拉向你的身体，向后驱动肩胛骨，使其在划船动作结束时撤回到身侧（见图 b）。在每次重复动作结束时，请勿让划船侧的肩膀向前移动。保持脊柱稳定，不要让肩膀和臀部过度旋转。当你的手臂伸直时，通过让肩胛骨伸展来慢慢地反转此动作。先完成一侧的所有动作，然后再完成另一侧的动作。

骑摩托式单手绳索划船

步骤详解

面对一个绳索柱或一个弹力带直立，该绳索柱或弹力带被固定在一个与身体大致同高的稳定结构或门框内（许多弹力带都附有附件）。右手握住绳索手柄或阻力带手柄。双脚分开站立，与肩同宽，右腿在身后。髋部弯曲，身体前倾，保持膝关节弯曲15～20度，直到你的躯干与地面平行（见图a）。

ⓐ

ⓑ

动作和指导技巧

将右臂收于身体一侧，不要让躯干移动，也不要让肩膀向前转动（见图b）。将手臂伸直，慢慢地反转此动作，从而完成一个完整的重复动作。请先完成一侧的所有重复动作，然后再完成另一侧的动作，并反转你的姿势。

单手绳索复合划船

步骤详解

面对一个可调节的绳索柱站立，将绳索柱调节到与你躯干中部同高的位置。双脚分开与肩同宽，左腿在前，膝关节微微弯曲（见图a）。采用手掌朝内的姿势用右手握住手柄。保持后脚脚跟抬离地面，以确保大部分重量都放在你的前腿上。

动作和指导技巧

以髋部为轴，将右臂伸向前方，朝向绳索的起点（见图b）。在完成一次重复动作时，不要让划船侧的肩膀向前移动。请反转此动作，完成整个划船动作。在完成划船动作时，你的身体应该回到直立姿势。慢慢地反转此动作，收紧臀部并伸出手，把握好节奏和时机。请先完成一侧的所有动作，然后再切换到另一侧。

ⓐ

ⓑ

单手半跪式斜向绳索划船

步骤详解

为了舒适起见，请用垫子或卷起的毛巾放在膝盖下，以保持半跪姿势。将你的右膝放在绳索柱前面的地板上，如果你站立起来，绳索柱应该位于你头顶上方（见图 a）。保持躯干挺直，双膝弯曲 90 度。采用手掌朝内的姿势用右手握住手柄，使你的手臂和绳索与身体成 45 度。

ⓐ

ⓑ

动作和指导技巧

将绳索拉向自己的身体，向身体方向尽可能地压低肘部，同时使前臂保持 45 度（见图 b），通过以上方式完成划船动作。保持脊柱挺直，并且在每次练习结束时，不要让划船侧的肩膀向前移动。通过伸展手臂，并让同侧肩膀向绳索方向稍微旋转，慢慢地反转此动作。先完成一侧的所有重复动作，然后再完成另一侧的动作。

坐姿划船耸肩

步骤详解

这种锻炼通常需要使用专门设计的坐姿划船器械，大多数健身房都备有这种器械。坐在长凳上，双脚分开与髋部同宽，膝关节微微弯曲，背部保持挺直（见图 a）。以正握的姿势双手握住一根长杆，放在距离胸部约 10 英寸（约 25 厘米）的位置。

ⓐ

ⓑ

动作和指导技巧

保持手臂几乎伸直，使肩胛骨靠拢在一起并暂停 1 ~ 2 秒（见图 b）。然后慢慢地反转此动作，让肩胛骨尽可能地分开（伸展），但不要拱起脊柱。

宽握坐姿划船

步骤详解

ⓐ

ⓑ

这种锻炼通常需要使用专门设计的坐姿划船器械，大多数健身房都备有这种器械。你也可以坐在一根调节到较低位置的绳索前的地板上，双脚支撑在两个哑铃上。双脚分开坐立，与髋部同宽，背靠地台或哑铃，膝关节微微弯曲，背部挺直（见图 a）。采用正握方式握住杠铃，将手放在距离胸部 10 英寸（约 25 厘米）的位置。

动作和指导技巧

将杠铃杆拉向胸部位置，使肩胛骨靠拢在一起（见图 b）。在拉动杠铃时，请勿使手腕弯曲；肘部应该始终位于手的正后方。在每一次重复动作的顶部，暂停一秒，使杠铃杆尽可能地靠近你的胸部，但不要让你的肩膀前侧向前移动。然后慢慢地反转此动作。

战士式绳索高位下拉

步骤详解

ⓐ

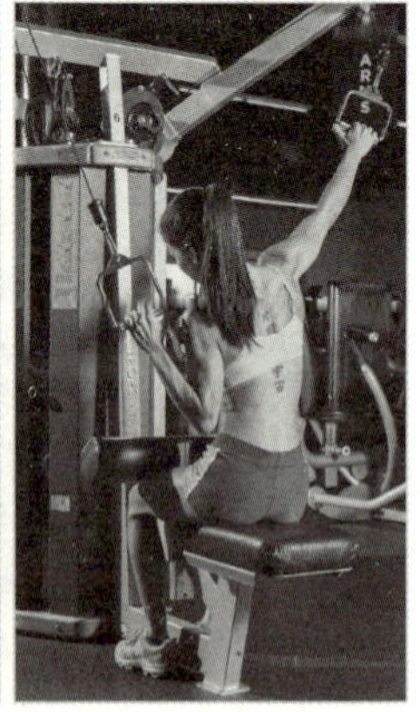

ⓑ

你需要一个可调节的绳索机来完成此次练习。面对绳索机坐立，你的上方有一组手柄。双手各握一个手柄，手臂伸直，与躯干成 45 度（见图 a）。

动作和指导技巧

将一只手臂朝着身体的方向拉，直到将肘部拉至髋骨。将下拉动作和小侧弯动作结合起来完成一个组合动作，类似于一个战士阻挡身体被撞击的动作（见图 b）。手臂伸直后，用另一只手臂重复此动作。请勿让躯干旋转，保持前臂始终垂直于地面。

绳索飞鸟夹胸

ⓐ

ⓑ

步骤详解

站在绳索交叉机的中前方，以双脚分开或平行的姿势站立。双手各握一个与肩同高的手柄。手臂向两侧伸展，肘部轻微弯曲（见图 a）。

动作和指导技巧

将手臂在你面前靠拢，同时保持肘部稍微弯曲，就好像你正在拥抱一棵树一样，直到你的双手在中间位置相互接触（见图 b）。慢慢地反转此动作，直到你的手臂撤回到身体两侧，而肘部恰好位于肩膀后面。

过顶绳索肱三头肌屈伸

ⓐ

ⓑ

步骤详解

你需要一个可调节的绳索柱来做这个练习。绳子应该固定在你的躯干中部上方的位置。站在绳索柱的前面，但你的脸应该远离绳子的固定位置。以双脚分开姿势站立，身体稍微前倾，后脚脚跟抬离地面。双手各握住每一侧的绳子，双臂放在耳旁，肘部弯曲超过 90 度（见图 a）。

动作和指导技巧

保持你的身体处于起始姿势，伸展你的肘部，直至手臂伸直（见图 b）。伸展手臂时，请勿让肩膀向下移动。慢慢地反转此动作并重复练习。

绳索肱三头肌屈伸

步骤详解

站在一个可调节的绳索柱前，在视线上方的位置系一根绳子。双手各握住绳子的一端，肘部弯曲90度以上，掌心相对(见图a)。

ⓐ

ⓑ

动作和指导技巧

膝关节微微弯曲，伸展肘部，直到手臂伸直（见图b）。在每一次的重复动作中，在下压绳索时，不要让肩膀向前移动。慢慢地反转此动作来完成重复动作。始终将手肘放在身体两侧。

低位单手绳索飞鸟

步骤详解

双脚分开，大约与髋部同宽，站在绳索柱旁边，手柄固定在脚踝处。用你的另一只手抓住手柄，离开绳索几英尺（1英尺≈0.3米）远。髋部弯曲，保持背部挺直，躯干与地面大致平行。让握着手柄的手臂越过你的身体朝向绳索的原点，保持你的肘部轻微弯曲（见图a）。

ⓐ

ⓑ

动作和指导技巧

肘部微屈，手处于中立位，将手臂向侧面抬起，直到与地面大致平行，使之与躯干成90度角(见图b)。慢慢地反转此动作，让手臂在每次动作结束时位于身体的对侧。请先完成一侧的所有动作再换对侧。请勿让躯干旋转并始终保护肩膀与地面平行。

绳索复合直臂下拉

步骤详解

站在一个可调节的绳索柱前，双脚分开，大概与髋部同宽，在视线上方的绳索柱上绑一根绳子。双手各握住绳子的一端，掌心相对。髋部弯曲，膝关节略微弯曲，双臂伸直，伸过头顶（见图 a）。

ⓐ

ⓑ

动作和指导技巧

当你将躯干抬高到直立位置时，向下拉绳子，同时保持肘部稍微弯曲，直到手柄刚好接触到臀部外侧（见图 b）。在每次重复动作的顶部，请勿让肩膀向前移动。慢慢地反转此动作，收紧臀部，手臂向后举过头顶，把握好节奏和时机。平稳地完成此练习，手臂随着躯干抬起而向下压，反之亦然。

低位斜向直立划船

步骤详解

站在可调节的绳索柱前方约两英尺（约 0.6 米）远的地方，在膝盖下方的绳索柱上，连接着一个拉式下拉杆。双臂伸直，与身体形成一个小角度，将杠铃的两边分别保持在距离肩膀几厘米的地方，手掌朝下（见图 a）。

ⓐ

ⓑ

动作和指导技巧

以 45 度将杠铃拉向自己，直到肘部刚好超过肩膀的高度，不要让你的下背部拱起（见图 b）。在慢慢地反转此动作之前，先在顶部暂停一两秒。请勿让手腕弯曲，使肘部和前臂始终与绳索保持对齐。

低位单手侧肩举

步骤详解

双脚分开，大约与髋部同宽，站立在与脚踝同高的绳索柱旁边。用另一只手抓住手柄，移动到离绳索几英尺（1 英尺≈ 0.3 米）远的地方，让握着手柄的手臂越过你的身体，朝向绳索的原点（见图 a）。你的肘部应该稍微弯曲。

动作和指导技巧

保持肘部略微弯曲，在身体前将手臂以大约 30 度的角度向一侧抬起，直到肘部恰好位于额头上方（见图 b）。不要过度伸腰或者使身体侧弯慢慢向后放下手柄，使其越过身体回到原处，以完成整个重复动作。先完成一侧的所有重复动作，然后再完成另一侧的动作。

ⓐ ⓑ

绳索胸前弯举

步骤详解

站在可调节的绳索柱的前面，将E-Z杆的手柄连接到膝盖下方的绳索柱上。以双手对握的方式握住手柄的两端，手掌相对。手臂放在身体两侧，肘部稍微弯曲（见图a）。

动作和指导技巧

弯曲肘部，将E-Z杆向上弯举至肩部，但不要让肘部向前移动（见图b）。当双手到达肩膀前面时，请反转此动作，缓慢地放下绳索，直到手臂几乎伸直。

ⓐ

ⓑ

低位单手背对肱二头肌弯举

步骤详解

背对绳索柱站立，双脚分开，大致与髋部同宽，手柄固定在脚踝高度。一手握住手柄，手臂伸直，与躯干平行（见图a）。

动作和指导技巧

弯曲肘部，将手柄向上弯举至肩部，但不要让肘部向前移动（见图b）。不要通过过度伸展下背部来欺骗重心上移。当绳索轻轻触碰到你的前臂时，反转此动作，慢慢地将手柄放下，直到肘部伸直。先完成一侧的所有重复动作，然后再完成另一侧的动作。在整个动作过程中，不要让肘部在躯干的前方或后方漂移。

ⓑ

器械胸部推举

步骤详解

这种锻炼通常需要使用专门设计的坐姿推胸器械，大多数健身房都备有这种器械。该器械可以使锻炼者将手柄水平地推离身体。锻炼者坐直，背靠垫子。手臂弯曲，使肘部位于手柄的正后方（见图 a）。找一个舒适的位置放置脚部，使你能够以适当的技巧完成此练习。

ⓐ ⓑ

动作和指导技巧

不要完全将肘部锁住，推起手柄，使手臂在肩膀前方伸直（见图 b）。缓慢地反转此动作，使手柄回到初始位置。

器械划船运动

步骤详解

这种锻炼通常需要使用专门设计的坐姿划船器械，大多数健身房都备有这种器械。该器械可以使锻炼者将手柄水平地拉向身体。锻炼者坐直，胸部靠近垫子。根据器械允许采用的抓握方式，采用双手对握、上握或下握的方式握住手柄，使其位于肩膀高度左右（见图 a，其中采用的是双手对握的方式）。找一个舒适的位置放置脚部，使你能够以适当的技巧完成此练习。

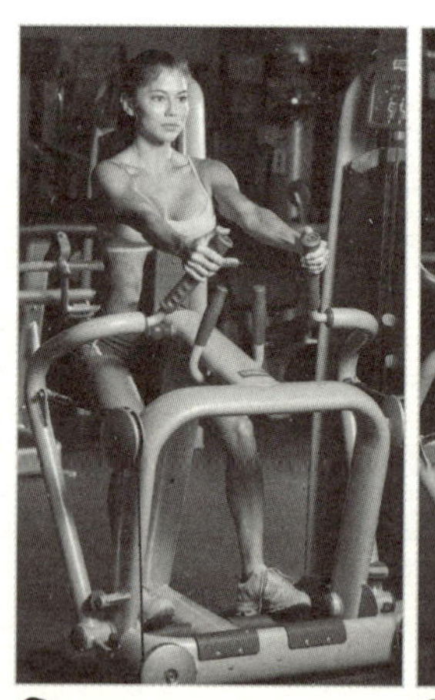

ⓐ

ⓑ

动作和指导技巧

将手柄拉向你的身体，在拉到顶部时，双肩的肩胛骨应该靠拢在一起，不要让你的肩膀前部向前移动（见图 b）。慢慢地反转此动作，直到肘部伸直，完成此重复动作。

器械肩上推举

步骤详解

这种锻炼通常需要使用专门设计的坐姿推肩器械，大多数健身房都备有这种器械。该器械可以使锻炼者将手柄垂直地推离身体。锻炼者坐直，背靠垫子。将手柄保持在与肩同高的位置，肘部直接位于手柄下方，肘部弯曲（见图 a）。找一个舒适的位置放置脚部，使你能够以适当的技巧完成此练习。

ⓐ ⓑ

动作和指导技巧

将手柄直接举过头顶，直到手臂几乎伸直（见图 b）。慢慢地反转此动作，将手柄放回肩膀外侧的起始位置。在每次重复动作的底部，前臂应该保持与地面垂直。任何时候都不要让你的手腕向后弯曲。

器械后飞鸟

步骤详解

这种锻炼通常需要使用专门设计的坐姿夹胸器械，大多数健身房都备有这种器械。该器械可以使锻炼者将手柄水平地拉离身体。锻炼者坐直，胸部靠近垫子。根据器械允许采用的抓握方式，采用双手对握、上握或下握的方式握住手柄，使其保持在与肩同高（见图 a，其中采用的是双手对握的方式）。找一个舒适的位置放置脚部，使你能够以适当的技巧完成此练习。

ⓐ ⓑ

动作和指导技巧

保持肘部略微弯曲，双臂向身体两侧伸开（见图 b）。慢慢地反转此动作。在做这个练习的时候，一定要保持脊柱稳定，尽量减少下背部的拱起。

器械飞鸟

步骤详解

这种锻炼通常需要使用专门设计的坐姿夹胸器械，大多数健身房都备有这种器械。该器械可以使锻炼者将手柄水平地推离身体。锻炼者坐直，背靠垫子。双手握住与肩同高的手柄，手掌朝前（见图 a）。找一个舒适的位置放置脚部，使你能够以适当的技巧完成此练习。

ⓐ

ⓑ

动作和指导技巧

保持肘部略微弯曲，双臂在身体前方合拢，直到手柄接触为止（见图 b）。慢慢地反转此动作，双手向身体两侧打开。在做这个练习时，一定要保持脊柱稳定，尽量减少下背部的拱起。

弹力带踏步和胸部推举

步骤详解

背对重型弹力带，该弹力带被固定在一个与肩部同高的稳定结构或门框内（许多弹力带都附有门框附件）。双膝微微弯曲，双脚分开，与髋部同宽，双手各握一个手柄，双臂与身体两侧成 45 度，前臂与地面平行（见图 a）。弹力带应该产生足够的张力，使你的身体能够稍微向前倾斜。

ⓐ

ⓑ

动作和指导技巧

单腿向前迈步，同时双手、双臂进行胸部前推；保持轻微的身体倾斜，后脚脚跟抬离地面（见图 b）。将前腿放回起始位置，同时让手臂也回到起始位置。交替使用双腿完成每次重复动作。完成每次重复动作时，都会产生一种爆发，就好像你在推搡某人。确保使用能够产生足够张力的弹力带，使你在每次重复动作开始的时候都能保持姿势，而不仅仅是在最后（在伸展手臂时）保持姿势。

弹力带环俯卧撑

步骤详解

将一个弹力带环绕在上背部周围，然后将手指（不包括拇指）套入弹力带环内（见图a）。将手放在地面上，双手距离与肩同宽，肘部伸直（见图b）。向外转动你的手，使手指指向大约45度。

ⓐ

动作和指导技巧

在做俯卧撑时，身体要贴近地面，肘部要保持在手腕的正上方（见图c）。在每个俯卧撑的底部，手臂将弯曲成45度，与你的躯干形成了一个箭头的形状。当肘部几乎成90度时，就可以向上推身体，使肘部再次伸直，从而完成反转动作。在每个俯卧撑的顶部，不要让肩胛骨靠拢在一起；而是应该保持你的身体在一条直线上，同时拉长（推开）你的肩胛骨。从头部到臀部到脚踝，保持你的身体成一条直线；在任何时候，都不要让你的头部或臀部下垂。

ⓑ

ⓒ

弹力带肱三头肌伸展

步骤详解

站在弹力带前面，弹力带固定在眼睛上方的结构或门框内（许多弹力带都附有门框附件）。双手各握一个手柄，肘部弯曲90度以上。膝关节略微弯曲，髋部前屈，躯干大致成45度，同时保持背部挺直（见图a）。

动作和指导技巧

肘部伸向身体两侧，直到手臂伸直（见图b）。在每次重复动作中，当向下按压手柄时，不要让肩膀向前移动。慢慢地反转此动作来完成完整的重复动作。手肘始终放在身体两侧。

ⓐ ⓑ

弹力带过顶肱三头肌伸展

步骤详解

双腿交错站立，背对躯干下方的弹力带，弹力带固定在一个稳定的结构或门框上（许多弹力带都附有门框附件）。双手各握一个手柄，身体前倾，双臂伸直，与头顶成45度，肘部弯曲90度以上（见图a）。

动作和指导技巧

不要让肘部向两侧展开，而是将肘部向身体前方伸展，直到手臂伸直为止（见图b）。慢慢地反转此动作，以完成整个重复动作。

弹力带单手上斜推举

步骤详解

背对重型弹力带，该弹力带被固定在一个较低位置（膝盖以下）的稳定结构或门框内（许多弹力带都附有门框附件）。身体微微前倾，双腿分开站立，左腿在前。右手抓住弹力带的两个手柄（见图a）。

动作和指导技巧

在不转动身体或腰部不会过度伸展的情况下，以45度伸直手臂（见图b）。慢慢地将手臂撤回起始位置，以完成一个重复动作。先完成一侧的所有重复动作，然后再换手臂并反转你的姿势。

弹力带侧肩举

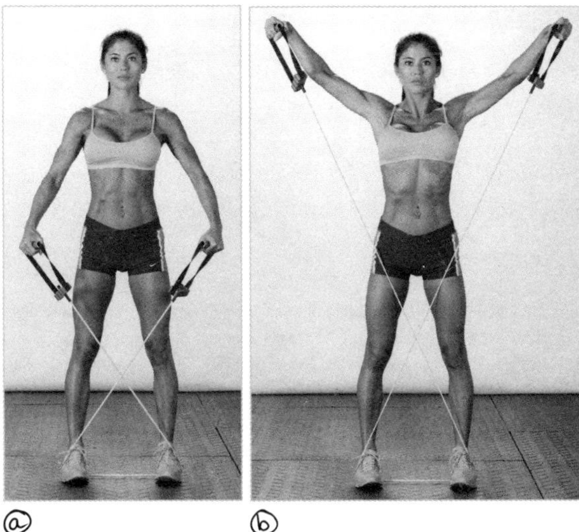

步骤详解

双脚分开站立，与髋部同宽，将弹力带的中部踩在脚掌下。用左手抓住右边的手柄，穿过你身前的弹力带，然后用右手抓住左边的手柄。双手各握一个手柄，肘部稍微弯曲（见图 a）。

动作和指导技巧

肘部微微弯曲，手臂与躯干成约 30 度，双臂向躯干两侧抬起，直到手部略高于前额（见图 b）。不要过度伸展腰部，导致重心抬高。慢慢地将手柄放回身体两侧。

弹力带俯身划船

步骤详解

面对一个弹力带站立，该弹力带被固定在一个较低位置（略高于地面）的稳定结构或门框内（许多弹力带都附有一个此类附件）。双手各握一个手柄，身体成45度倾斜，保持膝盖放松，背部挺直（见图 a）。

动作和指导技巧

将弹力带拉向身体，使手腕靠近肋骨处，确保每次拉动手臂时，都会让肩胛骨靠拢在一起，而不会让肩膀前部向前移动（见图 b）。反转此动作，伸展手臂，同时不要让下背部拱起，或保持姿势。

弹力带单手俯身划船

步骤详解

ⓐ

ⓑ

双腿分开面对弹力带站立，右腿朝前，弹力带被固定在一个较低位置（略高于地面）的稳定结构或门框内（许多弹力带都附有一个此类附件）。左手握住弹力带的两个手柄，身体以45度向前倾斜，保持膝盖放松，背部挺直（见图a）。

动作和指导技巧

将弹力带拉向身体，使手腕靠近肋骨处，确保每次拉动手臂时，都会让肩胛骨靠拢在一起，而不会让肩膀前部向前移动（见图b）。反转此动作，伸展手臂，同时不要让下背部拱起，或保持姿势。先完成一侧的所有重复动作，然后再换手臂并反转你的姿势。

弹力带胸部飞鸟

步骤详解

背对弹力带，弹力带被固定在一个大致与肩部同高的稳定结构或门框内（许多弹力带都附有此类附件）。双脚分开平行站立，双脚间距与髋部同宽，双手各握一个手柄，肘部向外，前臂与地面平行（见图a）。

ⓐ

ⓑ

动作和指导技巧

让手臂在你面前靠拢，同时保持肘部稍微弯曲，就好像你正在拥抱一棵树一样，直到弹力带轻轻触碰手臂外侧（见图b）。慢慢地反转此动作，直到你的手臂撤回身体两侧，而肘部恰好位于肩膀后面。

弹力带肱二头肌弯举

步骤详解

面对弹力带站立，弹力带被固定在较低位置（略高于地面）的稳定结构或门框内（许多弹力带都附有门框附件）。双手各握一个手柄，手臂与弹力带成一条直线，与地面成45度，肘部伸直，手掌朝上（见图a）。

动作和指导技巧

弯曲肘部，将手柄向上弯举到你的肩膀处，但不要让肘部向上移动（见图b）。在将弹力带向上拉向你时，不要让你的下背部过度伸展。当无法再弯曲你的肘部时，请慢慢地反转此动作，直到你的肘部再次伸直。

弹力带环平拉

步骤详解

挺直站立，双手握住弹力带环，双手握在比肩略宽的位置，在身前伸展双臂，保持与肩同高（见图a）。在开始每个重复动作之前，应该稍微绷紧弹力带。

动作和指导技巧

手肘略微弯曲，将弹力带拉开，直到它轻轻接触到你的胸部顶部（见图b）。拉开弹力带时，请勿伸展你的下背部，或者让肩膀向前移动。慢慢地反转此动作，直到双臂间的距离回到开始时的宽度。让弹力带始终保持紧绷状态。

为了减少阻力，你可以先将双手放在较宽的位置，或者握住一层的弹力带，而不是如图所示的两层。

仰卧弹力带“L”字形肩举

步骤详解

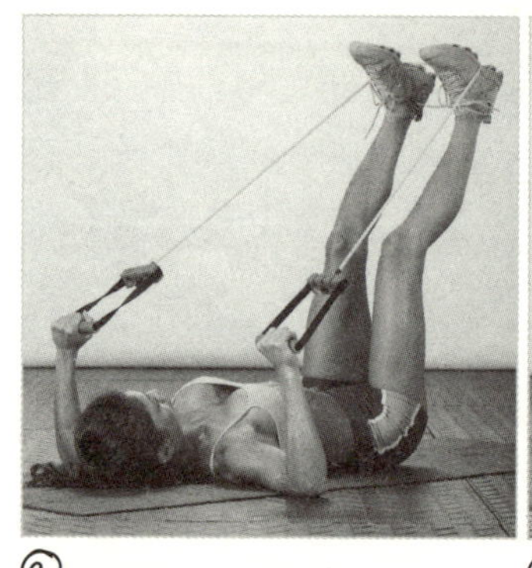

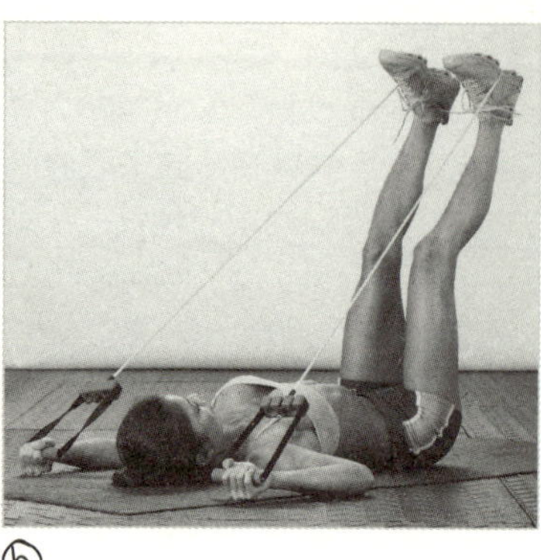

仰卧在地面上，膝关节微微弯曲，双腿向上抬起。把弹力带的中心裹在脚底。双手各握弹力带的一个手柄，手臂向两侧张开，放在与肩同高的位置，肘部弯曲 90 度，肘部和手臂背面与地面接触（见图 a）。

动作和指导技巧

不要移动肘部或让手臂离开地面，向下旋转手臂，尽可能地将手放在地面上（见图 b）。在每次重复动作的底部，停留 1 ~ 2 秒。慢慢地反转此动作，以便回到起始姿势。

弹力带引体向上

步骤详解

采用正握方式握住吊杆，将一只脚放在弹力带环中，该弹力带环被固定在你做引体向上所用的吊杆上（见图 a）。

动作和指导技巧

将自己向上拉，使下巴尽量靠近甚至高于吊杆（见图 b）。不要摇摆你的身体，有控制地慢慢将自己放下来。

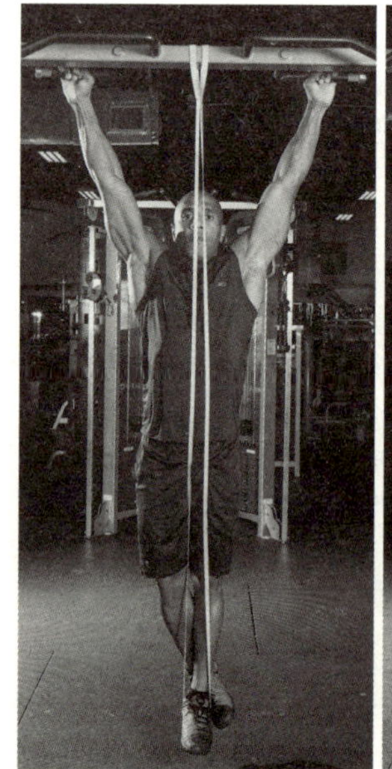

单手俯卧撑

步骤详解

采用单臂平板支撑的姿势，双脚比肩膀宽几厘米（见图 a）。承担身体重量的手臂应该放在同侧肩膀的正下方，手稍微向外伸展，使手指与身体成 45 度。非承担身体重量的手臂应该放在同侧的髋部或背后。

动作和指导技巧

在做单手俯卧撑的过程中，允许躯干旋转几度，远离承担身体重量的手臂，同时该侧的肘部在俯卧撑的过程中应该紧贴你的身体（见图 b）。身体下压向地面，然后回到俯卧撑的顶部，以完成一个完整的重复动作。先完成一侧的所有动作，然后再切换到另一侧的手臂。任何时候都不要让你的下背部下垂。

锁定俯卧撑

步骤详解

从低位俯卧撑姿势开始，双脚分开，与肩同宽，一只手放在药球或平台上，另一只手放在地板上（见图 a）。

动作和指导技巧

一只手放在平台或药球上。在俯卧撑动作的顶部，通过完全伸直放在平台或药球上的手臂来完成锁定（见图 b）。将另一只手臂放在胸部，在每次重复动作的顶部，暂停 1 ~ 2 秒，然后慢慢地降低身体。伸直左臂完成重复动作的一半动作，再伸直右臂完成重复动作的另一半动作。在任何时候都不要旋转你的肩膀或臀部，躯干始终与地面保持平行。

爆发式俯卧撑

步骤详解

双手放在地面上，与肩同宽，肘部伸直（见图 a）。将你的手向外转，使手指指向大约 45 度。

动作和指导技巧

俯身趴在地板上，同时将肘部保持在手腕上方，与躯干成 45 度（见图 b）。在肘部几乎成 90 度时，迅速反转此动作，爆发性地向上推动身体，使双手离开地面（见图 c）。降低身体，轻轻地伏在地板上，以开始下一次重复动作。不要让你的臀部比身体其他部位先抬起，身体始终保持一条直线。

十字交叉俯卧撑

步骤详解

以俯卧撑的姿势开始，双手放在平台上，双脚分开，与肩同宽（见图 a）。

动作和指导技巧

做俯卧撑时，脚不要移动，同时将一只手从平台或药球上移动到地板上（见图 b）。在结束俯卧撑时，将这只手放回平台或药球上。在另一侧重复同样的动作。在任何时候，都不要让你的头部或臀部下垂。

爆炸式十字交叉俯卧撑

步骤详解

以俯卧撑的姿势开始，双手放在平台上，双脚分开，与肩同宽（见图 a）。

动作和指导技巧

双脚无须移动，将一只手从平台或药球上移动到地板上，降低身体，形成俯卧撑姿势（见图 b），同时以最快的速度将身体向上推起并越过平台或药球，形成一个爆炸式俯卧撑（见图 c）。在结束俯卧撑时，将另一只手放回平台或药球上。在另一侧重复同样的动作。在任何时候，都不要让你的头部或臀部下垂。

a

b

c

窄距俯卧撑

步骤详解

以俯卧撑的姿势开始，双手放在平台上，双脚分开，与肩同宽（见图 a）。将你的手向外转，使你的手指指向地板。

动作和指导技巧

做俯卧撑时，将胸部朝平台方向放低，直到肘部与地面成 90 度（见图 b）。在每次俯卧撑的底部时，肘部应该放在身体两侧。然后反转此动作，将你自己推离地面，直到肘部伸直。

a

b

稳定球俯卧撑

步骤详解

采用平板支撑的姿势，双手放在一个（直径55 ~ 65厘米的）稳定球上，手指指向地面（见图a）。

动作和指导技巧

做俯卧撑时，身体靠近稳定球，肘部保持在手腕正上方（见图b）。当肘部的角度略小于90度时，请反转此动作，将身体向上推，使肘部重新伸直。在每个俯卧撑的顶部，不要让肩胛骨靠拢在一起；而是应该让你的身体保持一条直线，同时拉长（推开）你的肩胛骨。在任何时候，都不要让你的头部或臀部下垂。

ⓐ

ⓑ

脚部抬高式俯卧撑

步骤详解

以俯卧撑的姿势开始，双手放在地板上，与肩同宽，双脚抬高放在举重凳或椅子上（见图a）。

动作和指导技巧

做俯卧撑时，身体要贴近地面，肘部保持在手腕正上方（见图b）。在每个俯卧撑的底部，手臂将成45度，与躯干形成箭头形状。当肘部的角度略小于90度时，请反转此动作，将身体向上推，使肘部重新伸直。在每个俯卧撑的顶部，不要让肩胛骨靠拢在一起；而是应该让你的身体保持一条直线，同时拉长（推开）你的肩胛骨。

ⓐ

ⓑ

从头部到臀部再到脚踝，让你的身体保持一条直线；在任何时候，都不要让你的头部或臀部下垂。

史密斯杠铃肱三头肌俯卧伸展

ⓐ

ⓑ

步骤详解

使用史密斯器械，面对一个肚脐高度的杠铃，双手握住杠铃，大约与肩同宽。身体前倾，双臂伸直（见图 a）。

动作和指导技巧

弯曲肘部，将你的前额降低至手腕位置（见图 b）。反转此动作，伸展你的肘部（就像伸展肱三头肌一样），以完成整个重复动作。在整个动作过程中，保持全身挺直。

要增加难度，可以降低杠铃，将你的身体降低到接近地面的位置；你的躯干越接近与地面平行，练习就越困难。要降低难度，可以升高杠铃的位置。

下握史密斯杠铃划船

ⓐ

ⓑ

步骤详解

此练习是悬吊式划船的另一个版本。锻炼者使用史密斯器械，面对一个肚脐高度的杠铃。采用正握的方式双手握住杠铃，双臂伸直到肩膀前方。身体向后倾斜，使你的身体从头到脚保持一条直线（见图 a）。

动作和指导技巧

弯曲肘部，将自己拉向杠铃，同时让肘部靠近身体两侧（见图 b）。执行划船运动，直到躯干中部与杠铃接触。当你抬起身体的时候，应该让身体保持一条直线；不要让臀部引导你的身体。在每次重复动作的顶部，停留一秒，而且不要让肩膀前部向前移动。慢慢降低身体，直到肘部伸直。

要增加难度，可以降低杠铃，使身体更靠近地面，以更大的角度向后倾斜，你可以按这种方式开始练习。

宽距史密斯杠铃划船

步骤详解

此练习是悬吊式划船的另一个版本。锻炼者使用史密斯器械，面对一个肚脐高度的杠铃。采用反握的方式双手握住杠铃，双手放在离肩膀约 5 英寸（约 13 厘米）的地方。身体向后倾斜，使你的身体从头到脚保持一条直线（见图 a）。

a

b

动作和指导技巧

弯曲肘部，将自己拉向杠铃，做划船的动作，肘部向外伸展（见图 b）。在将自己向上拉时，手腕不要弯曲。肘部始终保持在手心正后方。在每次重复动作的顶部，你的肘部应该与你的躯干成 90 度。在顶部停留一秒，然后慢慢降低自己，直到肘部伸直。保持身体成一条直线，不要让臀部引导你的身体。

要增加难度，可以降低杠铃，使身体更靠近地面，以更大的角度向后倾斜，你可以按这种方式开始练习。

宽距史密斯杠铃耸肩

步骤详解

使用史密斯器械，面对一个肚脐高度的杠铃。采用反握的方式双手握住杠铃，双手放在离肩膀约 5 英寸（约 13 厘米）的地方。手臂伸直，伸到肩膀前面。身体向后倾斜，使你的身体从头到脚保持一条直线。

动作和指导技巧

保持手臂伸直，让肩胛骨靠拢在一起，暂停 1 ~ 2 秒（见右侧图）。慢慢地反转此动作，让肩胛骨尽可能地分开（拉长），但不要拱起你的脊柱。

引体向上（下巴过横杠）

步骤详解

采用正握方式悬挂在上拉杆上（见图a），握杆的宽度以让你感觉舒适为准。将脚放在平台上，或者将一只脚放在一个固定在你做引体向上所用拉杆上的弹力带环中，通过这些方式来缓解体重压力，辅助你完成此动作。

动作和指导技巧

将自己向上拉，使你的下巴在不晃动身体的情况下越过拉杆（见图b）。在每次重复动作的顶部暂停一秒，然后再降低自己的身体。有控制地慢慢降低自己的身体。

ⓐ

ⓑ

对握引体向上

步骤详解

采用双手对握方式握住引体向上所用的拉杆，双手分开，与肩同宽（见图a）。将脚放在平台上，或者将一只脚放在一个固定在你做引体向上所用拉杆上的弹力带环中，通过这些方式来缓解体重压力，辅助你完成此动作。

动作和指导技巧

将自己向上拉，使你的下巴在不晃动身体的情况下越过拉杆（见图b）。在每次重复动作的顶部暂停一秒，然后再降低自己的身体。有控制地慢慢降低自己的身体。

ⓐ

ⓑ

引体向上

步骤详解

采用正握的方式握住引体向上所用的拉杆。将脚放在平台上，或者将一只脚放在一个固定在你做引体向上所用拉杆上的弹力带环中（见图 a，其中使用了一个弹力带环），通过这些方式来缓解体重压力，辅助你完成此动作。

动作和指导技巧

将自己向上拉，使你的下巴越过拉杆（见图 b）。不要晃动身体，有控制地慢慢降低自己的身体。

ⓐ

ⓑ

7 下半身练习

本章介绍的练习将利用平行站立、双腿分开站立或单腿站立姿势来挑战你的下半身肌肉（主要由臀大肌、腘绳肌、股四头肌和小腿肌组成）。

其中一些练习会通过下半身和下背部的几块肌肉共同承担负荷，而其他一些练习则只对下半身的某些肌肉群进行更集中的抗阻训练。

寻找最适合你的练习！

本章（以及上半身练习和核心练习）中的练习可用于任何目标。目标决定了这些练习在给定计划中的组合方式与使用方式。

个性化的训练计划不仅关乎你能做哪些练习，还关乎根据你的能力和受伤情况，你不能做哪些练习。寻找适合你自己的练习，而不是试图让自己适合各种练习。正如前面（第2章中）所提到的，大多数人不需要完成特定的练习来提高表现能力。只有训练原则是必须遵守的，有许多的练习应用和变化方式让人们可以遵守这些原则并实现其目标。

试图让人们适应练习而不是让练习适合个人是最大的训练错误之一。例如，许多私人教练和力量教练试图让每个人都按照传统的方式使用杠铃进行硬拉或蹲举。尽管这种做法的出发点是好的，但这样做是不正确的。

每个人的身体状况不尽相同，所以人们不应该用同样的方式做同样的练习。采取千篇一律的方式进行硬拉或任何其他练习，不仅忽略了人与人之间明显的生理差异，而且可能很危险。当然，我们都是人类的一部分，就像所有品牌和型号的汽车都属于我们所说的汽车类别一样。但是就像车辆一样，人们有各种体格和形态。你的体格和形态是由你的身体结构决定的，而结构又决定了功能。一辆小轿车和一辆小型货车都是由相同的基本零件组成，可以执行相同的基本驾驶功能。但你永远不要期望能够像驾驶和操作小型货车那样驾驶和操作小轿车，因为其（相同）基本零件的组装方式是不同的。

这就是为什么期待一个橄榄球跑卫像前锋一样移动是不现实的。当然，二者都可以改变自己的运动水平，比如跑、推、拉、转身等；但是，他们需要根据自己不同的结构以不同的方式进行移动。由于人们的移动方式各不相同，所以没有一种特定的练习能够完全符合所有人的移动要求。

正如我在第 2 章中所说的，抗阻训练只是在关节上施加力量的方法。仅此而已！当你了解这一点后很快就会发现，任何练习都没有什么神奇力量。杠铃、哑铃、绳索、器械和弹力带都只是不同的工具，可以帮助我们在关节上施加力量。选择最适合你的移动方式的各种练习。

基本的下半身练习：经过完善的练习

下面的部分会提供一些基本的下半身练习，并向你展示如何比普通练习更好地完成这些练习。这会帮助你更明智、更安全、更有效地进行训练，你需要做的只是一些微小的调整。

杠铃深蹲

调整站姿，以配合你的身体运动

步骤详解

在肩膀（而不是脖子）上放一个杠铃，双腿分开站立，双脚间距略大于肩宽，脚外转10～15度（见图a）。

动作和指导技巧

弯曲膝关节和髋部，将身体向地面放低；尽可能降低身体，但不要拱起下背部（见图b）。脚后跟不要抬离地面，也不要让膝关节向身体中线方向下沉，让膝关节和脚趾的方向保持一致。身体尽可能低地完成深蹲动作，然后反转此动作，慢慢站起来。

为何此练习效果更佳

你可以调整站姿（调整双脚的距离和脚的位置），以最舒服的姿势配合你的身体和移动方式。尝试使用更宽的站姿，让脚稍微向外转动，这样可以让你在做深蹲时保持下背部的弧度。

许多举重运动员认为正确的深蹲姿势应该是双脚与肩同宽，双脚指向前方。这里的建议是不要采取这种“一刀切”的深蹲姿势。对东西方人群的研究发现，不仅个体的股骨颈角度有着正常的变化，个体的左侧和右侧也存在不对称差异。正常的髋臼解剖结构的变化可能会影响一个人完成深蹲动作的方式。

髋关节结构的正常解剖学变化和一个人的躯干、股骨和胫骨的长度（结构决定了功能）表明，最佳深蹲姿势是非常个性化的，因此可以使用不同的脚部位置、站姿宽度、下蹲深度和躯干前倾角度。

益处

- 更大的活动范围。
- 更安全、更自然的运动方式。

杠铃前蹲

步骤详解

前蹲和后蹲的原理是一样的，唯一的区别在于杠铃的位置。将奥林匹克杠铃置于胸部上方，拇指、食指和中指位于杠铃下方（见图 a）。双脚分开站立，与肩同宽，脚向外转 10 ~ 15 度。笔直站立，挺起胸膛，为杠铃创造一个支架，而不是试图用手臂举起杠铃。如果觉得前蹲会让手腕感到不舒服，或者无法将手腕放在正确位置，可以将腕带绕在杠铃上，紧紧抓住腕带。在做前蹲时，可通过垂直拉腕带来保持腕带向上的张力。

动作和指导技巧

弯曲你的膝关节和髋部，让身体尽可能地向下贴近地面，同时保持下背部的弧度（见图 b）。在下蹲时，请保持肘部向天高举的姿势。当到达你所能控制的最低深度时（不要让脚后跟抬离地面或失去下背部弧度），请反转此动作，伸展双腿回到站立姿势。确保一直保持膝关节之间的距离，脚趾方向也未发生变化；不要让膝关节向身体中线处下沉。

为何此练习效果更佳

除了采取更个性化的方法来找到最佳的深蹲姿势之外（这在杠铃深蹲小节中已经讨论过了），有 3 个地方与人们通常尝试做的杠铃前蹲方式不同。第一个地方是用你的胸部做一个支架来搁放杠铃，而不是用你的手臂举起杠铃。第二个地方是将你的小指和无名指放在杠铃上方，这样你的手腕和双手就不会像试着把所有手指都放在杠铃下方时那样尴尬了。第三个地方是如果你觉得前两个调整会扭到你的手腕或者无法使手腕放到正确的位置，那么你可以使用手腕套。

益处

- 减轻手腕疼痛。
- 将杠铃固定在适当位置，减轻手腕的不适。

用你的胸部作为
搁放杠铃的支架
ⓐ
将你的小指
和无名指放
在杠铃上方
ⓑ

杠铃混合式硬拉

步骤详解

站在杠铃前，双脚分开站立，间距略大于肩宽，双脚向外转15度。背部挺直，下背部保持弓状，髋部弯曲，膝关节弯曲。将躯干降低至45度，然后双手分开握住杠铃，双手间距与肩同宽（见图a）。

动作和指导技巧

保持背部挺直，臀部向前，举起杠铃，直到双腿伸直，将杠铃抬离地面（见图b）。反转此动作，慢慢降低杠铃，使其回到地面上方，以完成完整的重复动作。身体轴心向前，臀部向后移动，但不要向后弯曲。抬起杠铃时，应该伸展你的臀部，而不是过度伸展你的下背部。始终让杠铃靠近你；在每次做重复动作时，杠铃应该触及你的小腿，并贴在双腿的前面。在每次硬拉动作的底部时，你的手臂应该靠近双腿的内侧。

为何此练习效果更佳

这种举重方式结合了罗马尼亚式硬拉和相扑式硬拉姿势，你可以采用更宽的站姿和更笔直的躯干。对许多人来说，混合式硬拉是传统硬拉的一种更明智的替代，原因有二。首先，对于大多数举重运动员来说，更宽的站姿更容易、更自然，同时还能保持姿势一致。其次，与传统的杠铃深蹲姿势相比，该姿势的杠铃起始位置使杠铃更靠近髋关节，提供了比传统杠铃深蹲姿势起始位置更短的杠杆臂。这为你提供了一个更大的机械优势，同时减轻了施加在下背部的整体压力。一项研究对直杆和弯杆（六角）硬拉进行了生物力学分析，研究员发现，弯杆硬拉对腰椎的整体负荷更小，因为它涉及较短的杠杆臂。但是，并非每个人都可以使用菱形杠铃杠杆。

益处

- 更普遍的舒适度和自然度。
- 腰部压力更小。

垫高哑铃斜向反弓步

ⓐ

ⓑ

步骤详解

站在奥林匹克举重板或有氧踏板上，双脚分开与髋部同宽，双手各握一个哑铃，放在身体两侧（见图 a）。你也可以仅使用体重来做这个练习，方法是让你的双手垂在身体两侧，或者手指交叉放在脑后。

动作和指导技巧

左腿向后退一步，将脚尖放在地面上，双膝弯曲，身体向下形成弓步。当你的膝关节弯曲时，髋部也会弯曲，身体前倾大约 45 度，同时保持背部挺直（见图 b）。用另一条腿做同样的练习。

使用一个非常低的平台，使你的后膝关节能够接触到地面。如果需要缩小活动范围，你无须站在平台上也能进行这个练习。

为何此练习效果更佳

当你使用举重板或平台完成每个弓步练习时，身体应该向前倾斜大约 45 度。在这个练习中，升高平台可以扩大你的活动范围。另外，将身体前倾会增加臀大肌和腘绳肌的使用。这样做可以减少膝关节的受力，从而减少股四头肌的激活。身体前倾做弓步对女性特别有帮助，因为女性的股四头肌比男性更有优势，但腘绳肌更弱一些，所以更容易出现膝关节损伤。

益处

- 扩大你正在训练的练习的活动范围。
- 增加臀大肌和腘绳肌的使用。

垫高哑铃反弓步

步骤详解

站在奥林匹克举重板或有氧踏板上，双脚分开与髋部同宽，双手各握一个哑铃，放在身体两侧（见图 a）。你也可以仅使用体重来做这个练习，方法是让你的双手垂在身体两侧，或者手指交叉放在脑后。

动作和指导技巧

保持身体挺直，右腿向后退，将脚尖放在地面上，同时弯曲膝关节，降低你的身体，形成一个弓步（见图 b）。当后膝下降到地面上时，请退回到平台上来完成反向动作。用另一条腿做同样的练习。

为何此练习效果更佳

在更高的平台上做反向弓步可以扩大你的活动范围。平台的高度应该非常低，这样每次做重复练习的时候都可以让你的后膝触地。

益处

- 可以倾斜身体增加对股四头肌的使用。
- 扩大你正在训练的练习的活动范围。

箭步式哑铃斜向弓步

步骤详解

挺直身体，双脚分开，与髋部同宽（见图 a），双手各握一个哑铃，放在身体两侧。你也可以仅使用体重来做这个练习，方法是让你的双手垂在身体两侧，或者手指交叉放在脑后。

动作和指导技巧

向前迈一大步，身体放低，使后膝能够轻轻触地。在弯曲膝关节时，弯曲髋部，身体前倾大约 45 度，同时保持背部挺直（见图 b）。站起来时挺直身体，同时将你的后腿向前迈进，与前腿碰触，然后迈出另一条腿（在上次的重复练习中，位于你身后的那条腿）。在每次做弓步时，不要迈出太大的距离，以免使你无法顺利和有控制地完成这个练习。绕着房间走弓步，重复做这个练习。

为何此练习效果更佳

在每个弓步练习中，你的髋部和身体前倾的角度大约是 45 度。在每个弓步的底部，由于身体向前倾斜，哑铃最终应该位于前脚的两侧，而不是位于髋部位置。

在这个走步式弓步练习版本中，仍会使用股四头肌，但该练习减少了膝关节的受力，并将更多的力量转移到臀大肌和腘绳肌上。

益处

- 减少膝关节的受力。
- 增加臀大肌和腘绳肌的使用。

哑铃斜向保加利亚式箭步蹲

步骤详解

站直身体，双手各握一个哑铃，放于身体两侧，把左脚放在后面的长凳或椅子上（见图 a）。你的前腿应该放在距离长凳足够远的地方。在每次重复练习中，当你的身体下降时，你的小腿几乎保持垂直状态。你也可以仅使用体重来做这个练习，方法是让你的双手垂在身体两侧，或者手指交叉放在脑后。

a

动作和指导技巧

将你的身体朝地面放低，但不要让你的后膝放在地面上。在降低身体时，保持背部挺直，身体前倾约 45 度（见图 b）。脚跟着地，将身体抬高，回到起始姿势，以完成整个重复练习。在切换到另一条腿之前，完成这一侧的所有练习。在整个练习过程中，请保持重心位于前脚位置。

b

为何此练习效果更佳

在弯曲膝关节时，弯曲髋部，身体前倾大约 45 度，同时保持背部挺直。在每个弓步的底部，哑铃应该位于前脚两侧，而不是位于髋部位置。除了会用到臀大肌和腘绳肌之外，将后腿放在膝关节或膝关节以上高度的平台（比如举重凳）上，躯干向前倾斜，还可以防止你的下背部过度伸展。在避免给该部位施加不必要的压力，以保持身体的完全挺直。

益处

- 减少不适，以更自然的方式保持躯干位置。
- 增加对臀大肌和腘绳肌的使用。

低脚保加利亚式分腿蹲

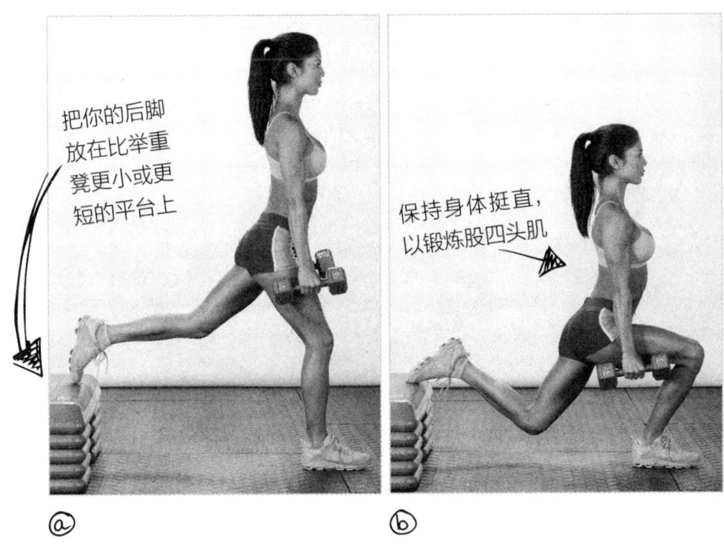

步骤详解

挺直站立，双手各握一个哑铃，位于身体两侧。将你的左脚放在一个小盒子或有氧踏板上，该平台位于你的身后，高度为你小腿的一半（见图 a）。你的右腿应该放在盒子前面足够远的地方，这样在做每次重复练习时，如果你降低身体，小腿可以保持接近垂直。你也可以仅使用体重来做这个练习，方法是让你的双手垂在身体两侧，或者手指交叉放在脑后。

动作和指导技巧

保持身体挺直，朝地面放低身体，不要让你的后膝放在地面上（见图 b）。脚后跟着地，将身体抬高，回到起始姿势，以完成整个重复练习。在切换到另一侧之前，完成这一侧的所有练习。在整个练习过程中，请保持重心位于前脚位置。

为何此练习效果更佳

将你的后脚放在一个比举重凳更小或更短的平台上，凳子的高度大约为你小腿的一半。在这个练习中，以身体直立姿势做保加利亚式深蹲是锻炼股四头肌的有效方法，就像以身体直立姿势做弓步也能够锻炼这些肌肉一样。将你的后脚放在一个比举重凳更小或更短的平台上，可以防止你的下背部过度伸展。在做这个练习时，不应在该部位施加不必要的压力，以保持身体的完全挺直。

益处

- 减少不适，以更自然的方式保持躯干位置。
- 利用斜向弓步版本增加对股四头肌的使用。

单腿深蹲

ⓐ

ⓑ

步骤详解

站在一块 2 ~ 3 英寸（5 ~ 8 厘米）厚的垫子（一叠配重板，盖着一块衬垫，或者锻炼台阶）前面。将身体重心移到左腿上，右脚抬离地面，膝关节弯曲，稍微落后于左腿（见图 a）。将你的双手伸到前面，以起到平衡作用。在做这个练习的时候，你还可以在每个肩膀上举一个哑铃。

动作和指导技巧

弯曲承重腿的膝关节并向后坐在臀部上，慢慢地向地面降低身体，直到你的后膝关节轻触后面的垫子（见图 b）。不要让你的后脚（非承重脚）接触地面。反转此动作，再次站起来。先执行一侧的所有重复练习，然后再换到另一侧。

为何此练习效果更佳

身体向前倾，非承重脚放在身后，而不是身前。这种姿势通常被称为单腿深蹲（pistol squat），但请注意，这并不是说单腿深蹲是一种不好或危险的练习。但是，这种单腿深蹲版本被称为膝盖深蹲，采用了我们在生活和运动中更常见的姿势，这就是这种姿势让人感觉更自然、更舒适的原因。另外，身体前倾会增加肌肉的收缩和腘绳肌的活动，也会使膝关节的锻炼更加放松。

益处

- 减少不适。
- 更普遍的舒适和自然姿势。

45 度髋关节伸展

ⓐ

ⓑ

步骤详解

在这个练习中，需要采用一个专门设计的器械——45 度背部伸展凳。双脚分开，与髋部同宽，大腿靠在位于髋骨下方的垫子上，保持背部挺直（见图 a）。双臂交叉放在胸前。

动作和指导技巧

以臀部为轴，保持背部挺直，向下放低身体（见图 b）。伸展你的臀部来反转此动作，但不要拱起下背部。向上抬起身体时，使你的身体从肩膀到臀部再到脚踝形成一条直线。为了增加练习难度，可以在你的腹部或胸部放置一块配重板。

为何此练习效果更佳

将垫子放低，置于髋关节下方，这样你就可以在不拱起下背部的情况下转动你的臀部。虽然这个练习通常被称为 45 度背部伸展，但此版本的重点是通过伸展髋关节来做伸展运动，因此我们在这里采用了上面这个名称。在利用髋关节做这个动作时，请保持脊柱挺直，以确保最大限度地锻炼臀部肌肉和腘绳肌，而不是锻炼你的下背部肌肉。

益处

- 减轻腰背压力。
- 增加对臀部肌肉和腘绳肌的使用。

哑铃登台阶

步骤详解

面向举重凳站立，左脚放在凳子上（见图 a），双手各握一个哑铃。你也可以仅使用体重来做这个练习，方法是让你的双手垂在身体两侧，或者手指交叉放在脑后。

动作和指导技巧

抬起你的左膝（见图 b）做出登台阶的动作。当你站在凳子上时，可以让右脚轻轻接触凳子来帮助你保持平衡，然后用你的右脚踩回地面来反转此动作。将你的左脚放在地面上，右脚放在凳子上，重复上述动作。切换双腿，将之前的活动腿（即做登台阶动作的腿）放在地面上，而不是放在凳子上。

流畅、有控制地完成练习，避免以身体前倾的姿势开始每一个动作。在做练习期间，身体可以稍微前倾，同时将大部分体重放在前腿上。

为何此练习效果更佳

在地面上而不是在凳子上换腿，在做登台阶动作时，身体稍微前倾。当身体向前倾的时候，应该将你的后脚脚跟抬离地面，将臀部向前移动，这样你的肩膀、臀部和小腿就会形成一条直线，大约与地面成 45 度角。大多数人在做登台阶动作时，会在凳子上换腿。这样做是有问题的，会导致你用同一条腿上下移动，这可能会让你感到困惑，从而导致你的锻炼不平衡。在地面上换腿更容易进行计数和跟踪。

这个练习通常无须调整身体姿势就能进行，由于你会使用后腿来做大部分的工作，用后腿动力来推动你自己，所以很容易作弊（即使是在试图不这么做的时候）。涉及此版本的登台阶动作的身体姿势会迫使你平稳地、有控制地进行移动，因此你不必急着通过身体前倾来完成每个重复动作。

益处

- 更好地利用腿部和臀部肌肉。
- 防止作弊。

身体稍稍向前倾

在地面上换腿，而不是
在凳子上换腿

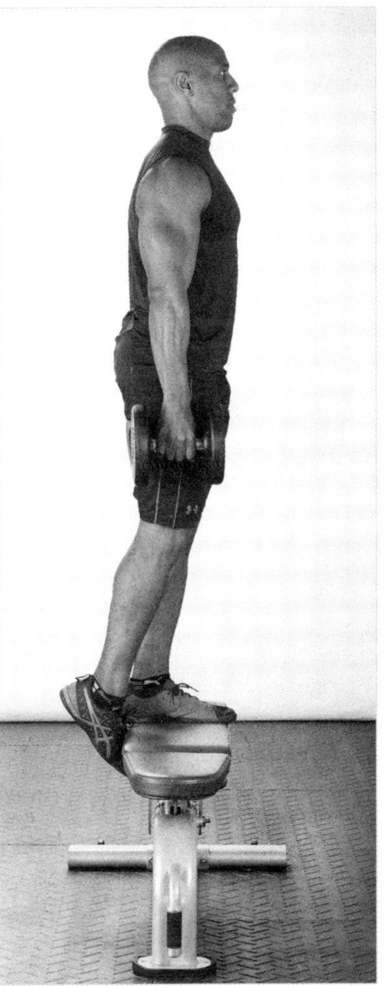

哥本哈根式髋内收

步骤详解

侧躺在地面上，右手肘部在右肩正下方，右腿伸直，左腿弯曲 90 度。将左膝盖和小腿放在 17 ~ 20 英寸（43 ~ 51 厘米）高的长椅上或卧推箱子上，而右腿则放在长椅或卧推箱子平台的下面（见图 a）。你需要在左腿和右肘下方放一块卷起的毛巾或垫子，让身体保持舒适。

动作和指导技巧

保持右腿伸直，身体从左膝到髋部再到肩膀形成一条直线，在平台上按下你的左腿，同时将右髋部抬离地面，并抬起你的右腿，使右大腿内侧紧贴左大腿内侧（见图 b）。在顶部暂停一两秒，然后反转此动作，将右腿和髋部降低到地面上，以完成一次重复动作。完成同一侧的所有重复练习，然后再切换到另一侧，将你的右腿放在平台上完成此练习。

为何此练习效果更佳

在第 2 章“功能和表现能力”中，讨论了通过这样的练习来加强内收肌的重要性。在做这种练习时，通常是由一个训练伙伴把你的腿固定在膝盖和脚的下面。如果没有训练伙伴，请保持你的右腿伸直，并将右脚放在平台或卧推箱子的末端，这会使你的膝关节承受额外的侧向力，而在训练伙伴固定你的膝盖时，侧向力会大大减小。在这里，你不需要训练伙伴，因为将膝盖放在平台上可以让你获得同样的好处，同时还能为膝关节提供更多的支持。

益处

- 减少膝关节不必要的压力。
- 无须训练伙伴来辅助你做练习。

其他下半身练习

本小节中的练习还着重帮助你最大限度地增强下半身肌肉的力量和发展你的下半身肌肉。做这些练习无须做特殊的调整，因此它们与上一小节中的练习的描述级别是相同的。你可能还会在这里找到一些不太常见的下半身练习，它们可以帮助你在锻炼中融入一些变化。

摆臂下蹲跳

步骤详解

双脚分开站立，双脚间距大致与肩同宽。

动作和指导技巧

蹲下身体，弯曲膝关节和髋部，使大腿与地面平行。手臂放在臀部后方，肘部略微弯曲（见图a）。向上跳跃，同时伸展双腿，双臂在身体上方摆动（见图b）。尽量轻柔地降落，然后回到起始姿势。

每次下蹲时，保持膝关节和脚趾在同一条线上；双膝在任何时候都不应向对方靠拢。在起跳之前，不要在下蹲时拱起你的背部，而且在每一次重复练习的时候，应该尽量跳高一些。

ⓐ ⓑ

硬拉跳

步骤详解

双脚分开站立，大致与肩同宽，双手放在腿前。

动作和指导技巧

髋部弯曲，身体前倾（见图a）。保持背部挺直，膝关节弯曲15～20度。手臂挨着膝关节垂在身体前面，肘部略微弯曲。

同时伸展髋部和膝关节，垂直向上跳（见图b）。尽量轻柔地落地，然后回到起始姿势。在每次重复动作的时候，不要拱起你的背部。

每次准备下一次跳跃时，膝关节和脚趾应该保持在同一条线上。双膝在任何时候都不应该向对方靠拢。在做每次重复动作时，尽可能跳高一些。

ⓐ ⓑ

立定跳远

步骤详解

双脚分开站立，与肩同宽，髋部弯曲，身体前倾（见图 a）。保持背部挺直，膝关节弯曲 15 ~ 20 度。手臂放在臀部后面，肘部略微弯曲。

ⓐ ⓑ

动作和指导技巧

将重心前移。在感觉要跌倒之前，尽量向前跳跃，同时伸展你的髋部和膝关节，摆动你的手臂（见图 b）。尽可能轻地落地。重新摆好你的姿势，以便进行下一次重复动作。如果你在一个很小的空间里运动，在每次重复动作后，请转身跳回原来位置，而不是继续往同一个方向跳。

每次进行下一次跳跃时，不要拱起你的背部，应该让你的膝关节和脚趾保持在同一直线上。在任何时候，你的双膝都不应该向对方靠拢。

板凳剪式跳跃

步骤详解

面对举重凳，双脚分开站立，与髋部同宽，双臂放于身体两侧。将右脚放在板凳上，后脚脚跟抬离地面，从而将大部分重量放在前腿上（见图 a）。

动作和指导技巧

弯曲髋部使身体前倾，并通过猛地伸直你的右膝登上前面的板凳（见图 b），让身体尽可能高地跃到空中，同时双腿形成剪刀形状（见图 c 和图 d），这样你就可以在同一位置落地，但此时是另一只脚放在板凳上。

尽可能安静和轻巧地落地，利用每次落地来准备下一次跳跃。每次身体下降时，稍微弯曲髋部，身体略微向前倾。让膝关节和脚趾保持在同一条线上；在任何时候，你的双膝都不应该向身体中线靠拢。再跳一次，重复这个动作。在身体猛地跳起时，摆动你的手臂，帮助推动每一次的跳跃。

ⓐ ⓑ ⓒ ⓓ

横向板凳剪式跳跃

步骤详解

将板凳放于身体左侧，双脚分开站立，与髋部同宽，双臂放在身体两侧。将左脚放在板凳上，并将大部分重量放在左腿上（见图a）。从侧面看，你的右脚（在地面上）在左脚（在板凳上）的后面。

动作和指导技巧

猛地伸直你的左膝登上前面的板凳（见图b），让身体尽可能高地跃到空中并越过板凳，同时双腿形成剪刀形状（见图c和图d），这样你就可以在同一位置落地，但此时是另一只脚放在板凳上。

尽可能安静而轻巧地落地，利用每次落地来准备下一次跳跃。每次身体下降时，稍微弯曲髋部，身体略微向前倾。让膝关节和脚趾保持在同一条线上。在任何时候，你的双膝都不应该向身体中线靠拢。再跳一次，重复这个动作。在身体猛地跳起时，摆动你的手臂，帮助推动每一次的跳跃。

侧向弹跳

步骤详解

用右腿保持平衡。左腿抬离地面，膝关节弯曲，脚后跟向后抬起（见图a）。蹲下身体，并让左臂越过身体。

动作和指导技巧

向你的左边猛地弹起，跳跃到最远（见图b）。以单腿下蹲的姿势用左腿轻柔落地，并让右臂越过你的身体（见图c）。每次落地时，应该让膝关节和脚趾保持在一条直线上。在任何时候，都不要让你的双膝向身体中线靠拢。

放松膝关节以单腿下蹲姿势落地，以确保最大限度地吸收力量，并在下一次跳跃的时候产生最大的力量。重复这个动作，跳回右侧，在做每一次重复动作时都全力以赴。

六角杠蹲举

步骤详解

虽然有些人将此练习称为硬拉，而不是蹲举，但在此练习中，躯干和髋部的姿势更像是杠铃蹲举，而不是杠铃硬拉。

在这个练习中，你需要使用六角杠。站在六角杠内，抓住手柄，双脚分开站立，与肩同宽（见图 a）。

动作和指导技巧

慢慢降低自己的身体，使得你放在六角杠上的配重板能够接触到地面。下蹲时，双脚平放在地面上，膝关节与脚趾保持在一条直线上（见图 b）。站直身体，使你的手直接伸到髋部外侧。

罗马尼亚式杠铃硬拉

步骤详解

双脚分开站立，与髋部同宽，双臂伸直，在大腿前握住一个杠铃；双手在髋部外侧的位置握住杠铃（见图 a）。

动作和指导技巧

保持背部挺直，髋部弯曲，身体前倾，膝关节弯曲 15 ~ 20 度（见图 b）。身体前倾时，臀部会向后移动，但不要拱起背部。当你的躯干与地面大致平行时，则反转此动作，将臀部前移，推向杠铃方向，但不要过度伸展你的下背部。始终让杠铃靠近你；在执行每次重复动作时，杠铃应该触及你的小腿底部并紧贴在双腿的前面。

杠铃架上硬拉

步骤详解

站在健身房的杠铃架内，双脚分开，与髋部同宽，膝关节顶着与膝关节同高的杠铃。保持背部挺直，髋部弯曲，身体前倾；保持膝关节弯曲15～20度（见图a）。身体前倾时，臀部会向后移动，但不要拱起背部。双手在髋部外侧的位置握住杠铃。

动作和指导技巧

保持背部挺直，将杠铃从架子上拉起时，臀部会向杠铃方向移动（见图b）。反转此动作，慢慢地将杠铃放到架子上。始终让杠铃靠近你；在执行每次重复动作时，杠铃应该触及你的小腿底部并紧贴在双腿的前面。

罗马尼亚式单腿斜角杠铃硬拉

步骤详解

把杠铃的一端放在角落里，或者放在你右边的T杠装置里。与杠铃平行，分腿站立，右脚置于左脚后。保持你的右脚跟离开地面。将左脚的中间部分放在杠铃的负重一端的下方。保持背部挺直，髋部弯曲，身体前倾；保持膝关节弯曲15～20度（见图a）。身体向前转动时，将大部分重心放在左腿上，臀部向后。不要让你的背部拱起。用右手抓住杠铃的末端，拇指保持在杠铃顶端。

动作和指导技巧

保持背部挺直，抬起杠铃并站直身体，同时臀部朝杠铃方向移动，但不要过度伸展下背部（见图b）。左脚踩到地面并抬起杠铃，同时身体向右倾斜，使自己朝杠铃的固定锚点方向移动，因此，在每个重复动作的顶部，你的身体可能会稍稍倾斜。确保你的臀部朝着杠铃的固定锚点移动，不要只是倾斜肩膀来完成此动作（见图c）。反转此动作，将杠铃慢慢放低至起始位置。始终让杠铃靠近你。请完成一侧的所有重复练习，然后再做另一侧的练习。

哑铃酒杯深蹲

步骤详解

双脚分开站立，双脚之间的距离仅比肩宽一点点，脚向外转动 10 ~ 15 度。双手握住哑铃的一端。将哑铃放在胸部上方的位置，用手肘夹住哑铃的下端底部（见图 a）。

动作和指导技巧

弯曲膝关节和髋部，尽可能低地将身体朝地面下压，但要保持下背部的弧度，或者不要让脚后跟抬离地面（见图 b）。有控制地完成尽可能深的深蹲动作，然后反转此动作，伸展双腿并返回站立姿势，从而完成完整的重复动作。让膝关节和脚趾的方向保持相同，不要让膝关节朝身体中线方向下沉。

稳定球靠墙深蹲

步骤详解

双脚分开站立，与肩同宽，脚尖向前，身体靠在置于腰背部墙上的直径为 22 ~ 26 英寸（56 ~ 65 厘米）的稳定球上（见图 a）。你的双脚应该位于臀部前面 12 ~ 20 英寸（30 ~ 51 厘米）的地方，膝关节略微弯曲。双手各握一个哑铃，置于髋部两侧。你也可以仅利用体重来做这个练习，方法是让你的双手垂在身体两侧，或者手指交叉放在脑后。

ⓐ

ⓑ

动作和指导技巧

保持身体直立，弯曲膝关节和髋部，尽可能低地将身体朝地面下压，但要保持下背部的弧度，或者不要让脚后跟抬离地面（见图 b）。有控制地完成尽可能深的深蹲动作，然后反转此动作，伸展双腿并返回站立姿势，从而完成完整的重复动作。让膝关节和脚趾的方向保持相同，不要让膝关节朝身体中线方向下沉。

罗马尼亚式哑铃硬拉

步骤详解

双脚分开直立，与髋部同宽（见图 a），将哑铃放在大腿前方。

动作和指导技巧

保持背部挺直，髋部弯曲，身体前倾，膝关节弯曲 15 ~ 20 度（见图 b）。身体前倾时，臀部向后移动，但不要拱起背部。当你的躯干与地面大致平行时，则将臀部向哑铃方向移动，反转此动作，再次挺直身体，但不要过度伸展下背部。始终让哑铃靠近你；在每次动作的底部，哑铃应该触及你的小腿；在每次做重复动作时，哑铃应该紧贴在双腿的前面。

罗马尼亚式哑铃横向弓步硬拉

步骤详解

双脚分开直立，与髋部同宽（见图 a），双手各握一个哑铃。

动作和指导技巧

横向迈出一步，一条腿刚好位于肩膀外侧。保持左膝弯曲 15 ~ 20 度，右膝几乎笔直。当你的脚踩到地面时，你的重量将转移到右脚上，向后弯曲臀部，使哑铃沿着两条腿的一侧移动（见图 b）。在你的躯干变得与地面平行且背部挺直时，请不要在每个弓步的底部拱起你的背部。通过返回起始姿势来反转此动作，让身体回到直立姿势。然后，通过使用另一条腿向另一侧横向迈步，执行相同的练习动作。保持良好的节奏和时机；执行横向迈步并保持髋部的弯度，使动作平稳且协调。在此练习过程中，在任何时候都不要让哑铃接触地面。

哑铃战士弓步

步骤详解

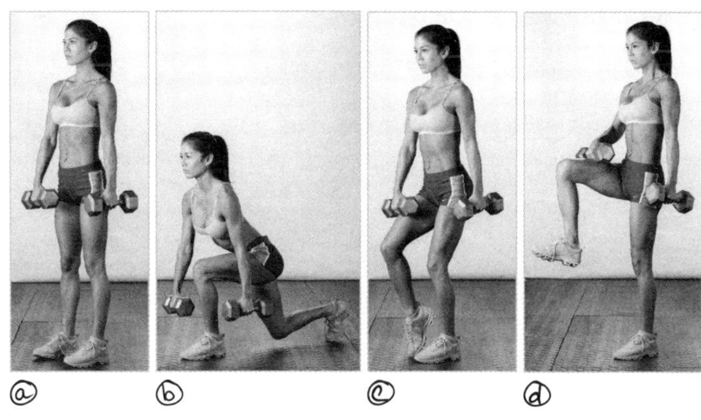

这项运动之所以得名，是因为它的动作类似于一名拳击手用膝盖撞击对手的动作。双脚分开站立，与髋部同宽（见图 a）。双手各握一个哑铃，左手的哑铃应该在左髋外侧，右手的哑铃应该在右大腿前面。

动作和指导技巧

通过右脚向后退来完成反向弓步蹲动作，让右膝盖稍微向前倾斜，轻轻触碰地面（见图 b）。当你回到站立姿势时，让你的右大腿碰触到哑铃的中心手柄（见图 c）。你的大腿应该轻轻地碰触哑铃。用撞击方式碰触哑铃会让此练习使人感到不适。

将哑铃放在右大腿中间位置，弯曲髋部，将膝关节抬高到与地面成 90 度的位置。当你弯曲髋部时，将膝关节抬高至髋关节上方（见图 d）。右腿再次后退，然后重复上述动作。先完成一侧的所有重复练习，然后再切换到另一侧。

哑铃箭步蹲前行

步骤详解

双脚分开直立，与髋部同宽（见图 a），双手各握一个哑铃，置于身体两侧。

动作和指导技巧

保持躯干挺直，向前迈出一大步，降低身体重心，使后膝轻轻接触地面（见图 b）。站直身体，使后腿向前进，与前腿会合，用另一条腿向前迈步（上一次重复动作时，位于你身后的那条腿）。绕着房间走弓步，重复做这个练习。

哑铃罗马尼亚式硬拉箭步前行

ⓐ ⓑ

步骤详解

双脚分开直立，与髋部同宽（见图a），双手各握一个哑铃，置于身体两侧。

动作和指导技巧

单腿向前迈，保持前膝弯曲15～20度，后膝伸直或略微弯曲。在前脚着地时，髋部弯曲，身体前倾，后脚脚跟抬离地面（见图b）。躯干应该不低于平行于地面的水平，并保持背部挺直。在每次弓步的底部，不要拱起你的背部。挺直身体，然后将后腿向前移动，与前腿会合，然后用另一条腿向前迈步（上一次重复动作时，位于你身后的那条腿）。绕着房间走弓步，重复做这个练习。

保持良好的节奏和时机；执行迈步并保持髋部的弯度，使得反转此动作顺利完成。在任何时候都不要让哑铃接触地面。

单腿单臂罗马尼亚式哑铃硬拉

ⓐ

ⓑ

步骤详解

左腿承重，右脚脚尖着地，用另一侧的手握住哑铃，置于大腿位置（见图a）。

动作和指导技巧

保持背部和握哑铃的手臂伸直，髋部弯曲，身体前倾；保持承重膝关节弯曲15～20度。弯曲承重腿时，非承重腿不应抬高，大腿前侧应该与你的躯干保持在一条直线上，同时还要保持髋部和肩膀平展，请勿使其旋转（见图b）。在弯曲你的髋部时，不要让你的背部拱起，并降低身体。当你的躯干和非承重腿与地面大致平行时，则可以反转此动作，使臀部前移，再次回到直立姿势，这样就完成了完整的重复动作。完成同一侧的所有重复练习，然后再切换到另一侧。

单腿哑铃臀部上举

步骤详解

坐在地面上，肩膀抬起放在举重凳或椅子上。将右臂放在长凳的一侧，左手在左髋部前握住一个哑铃。将哑铃放在髋部上，这会让你感觉舒适一些。将你的双腿膝关节弯曲成 90 度，双脚就位于膝关节的正下方。保持右膝弯曲 90 度，将右膝抬高到髋部上方，然后抬起臀部，使身体从左膝到鼻子成一条直线（见图 a）。

动作和指导技巧

保持右腿抬起，将臀部降低，直到你的臀部轻轻接触地面，或无法继续降低为止（见图 b）。使臀部回到顶部位置，确保从臀部而不是从后腰位置进行伸展，从而完成整个重复动作。在每次重复动作时，都不要推动你的脚后跟；在动作的顶部时，不要让脚后跟抬离地面。在每次重复动作的顶部，暂停一两秒。

单腿臀部上举

步骤详解

坐在地面上，肩膀抬起放在举重凳或椅子上。双臂向两边伸开，越过板凳。将你的双腿膝关节弯曲成 90 度，双脚就位于膝关节的正下方。保持右膝弯曲 90 度，将右膝抬高到臀部上方，然后抬起臀部，使身体从左膝到鼻子成一条直线（见图 a）。

动作和指导技巧

保持右腿抬起，将臀部降低，直到你的臀部轻轻接触地面，或无法继续降低为止（见图 b）。使臀部回到动作开始位置，确保从臀部而不是从后腰位置进行伸展，从而完成整个重复动作。在每次重复动作时，都不要推动你的脚后跟；在动作开始时，不要让脚后跟抬离地面。在每次重复动作的顶部，暂停一两秒。

单腿臀桥

步骤详解

仰卧在地面上，膝关节弯曲，脚后跟着地。将右膝抬高到髋部上方，使膝关节位于肋骨和胸部上方（见图 a）。

动作和指导技巧

保持右腿抬起，臀部尽量抬高，但不要过度伸展下背部（见图 b）。在动作开始位置暂停 2 ~ 3 秒，然后将自己慢慢降至地面。完成同一侧的所有重复练习，然后再切换到另一侧。

a

b

单腿配重板提胯

步骤详解

双腿并拢仰卧，膝关节弯曲 15 度，双脚放在举重凳或椅子上。将一条腿从凳子或椅子上抬起，弯曲髋部和膝关节，使其略大于 90 度（见图 a）。双手握住一块配重板，将其放在弯曲腿的胫骨上。

动作和指导技巧

弯曲右腿，臀部尽可能地向上抬高，同时保持右腿的膝关节略微弯曲（见图 b）。在任何时候，都不要过度伸展下背部；在做练习的过程中，不要让你的臀部旋转。慢慢地反转此动作，使你的臀部轻轻接触地面。完成同一侧的所有重复练习，然后再切换到另一侧。

a b

单腿提胯

步骤详解

双腿并拢仰卧，膝关节弯曲 15 度，双脚放在举重凳或椅子上。将一条腿从凳子或椅子上抬起，弯曲髋部和膝关节，使其略大于 90 度（见图 a）。手臂放在地面上，或者采用一个舒适的姿势。

ⓐ

动作和指导技巧

弯曲左腿，臀部尽可能地向上抬高，同时保持右腿的膝关节略微弯曲（见图 b）。在做练习的过程中，不要过度伸展下背部，也不要旋转你的臀部。慢慢地反转此动作，使你的臀部轻轻接触地面。完成同一侧的所有重复练习，然后再切换到另一侧。

ⓑ

单腿 45 度罗马尼亚式绳索硬拉

步骤详解

这项练习与单腿单臂罗马尼亚式哑铃硬拉练习完全相同，不同之处在于此练习是在较低的位置使用了一根绳索柱将阻力角度更改为 45 度。单腿直立，用另一侧的手握住绳索手柄（见图 a）。你也可以用一条固定在较低位置（不高于脚踝高度）的弹力带来完成此练习。

ⓐ

ⓑ

动作和指导技巧

保持背部和手臂伸直，髋部弯曲，身体前倾，使承重腿膝关节弯曲 15 ~ 20 度（见图 b）。在弯曲髋部并降低躯干时，不要拱起你的下背部。在身体前倾时，抬起非承重腿的脚后跟，使其与躯干在一条直线上。在底部位置时，保持臀部和肩膀平展，不要使其旋转；非承重腿的脚应该指向地面。当你的躯干和非承重腿与地面成 45 度时，可以反转此动作，让臀部前移，再次回到站直姿势，从而完成完整的重复动作。完成同一侧的所有重复练习，然后再切换到另一侧。

使用绳索时的活动范围比使用哑铃时的活动范围要小，因为你承受的力量要大得多。哑铃会将你拉向地面，而绳索会以 45 度将你拉向锚点。

单腿绳索髋内收

步骤详解

身体直立，站在距离固定在较低位置的绳索柱几英尺（1 英尺≈ 0.3 米）远的地方。该绳索柱应该位于你的左侧，而且脚腕套附件应围在你的左脚踝上（见图 a）。左手扶住接地的定位杆或绳索柱以保持平衡。你也可以使用一个固定在较低位置的弹力带（不高于脚踝高度）来完成此练习。

ⓐ

ⓑ

动作和指导技巧

保持膝关节略微弯曲，将左脚抬离地面，并在不失去平衡或直立姿势的情况下，让左腿尽可能越过身体前面（见图 b）。缓慢地反转此动作，使你的左腿尽可能地向绳索的原点方向移动，再次保持平衡并回到站立姿势。完成同一侧的所有重复练习，然后切换到另一侧。

弹力带环混合硬拉

步骤详解

先将你的左脚放在弹力带环的一端，将右脚放在弹力带环的顶部（见图 a）。站立时，双脚分开，与肩同宽，并向外旋转 15 度。抓住位于右脚外侧的弹力带环的另一端，将其拉到右脚上方，然后就像在第一步中所做的那样，将末端缠绕在左脚上（见图 b）。将躯干降低至大约与地面成 45 度角，抓住弹力带环的中部，双手间距与肩同宽。保持背部挺直，同时弯曲你的膝关节和髋部（见图 c）。

动作和指导技巧

保持背部挺直，伸直双腿并向前移动你的髋部，以快速完成此练习（见图 d）。确保髋部得到伸展，但不要过度伸展下背部。反转此动作，慢慢地让自己回到起始姿势，以完成一个完整的重复动作。

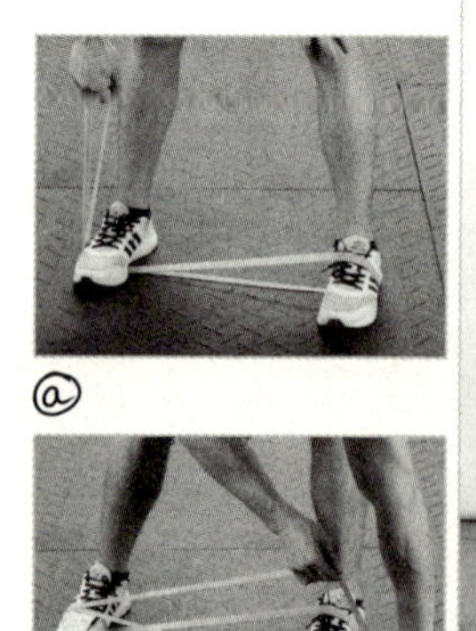

ⓐ ⓑ

ⓒ

ⓓ

弹力带迷你环低位横向迈步

步骤详解

在膝关节上方的双腿周围环绕一个弹力带迷你环。双手放在髋部上，双脚分开，与髋部同宽，下蹲，直到大腿几乎与地面平行（见图 a）。

动作和指导技巧

向左侧横向迈出一小步，保持弹力带迷你环的张力（见图 b），然后向右侧后退。不要让膝关节受阻于弹力带迷你环并下降至身体中线处，也不要让你的躯干左右摇摆。始终让膝关节与双脚方向保持一致。

中距平台器腿举

步骤详解

在此练习中，需要使用一种通常被称为腿举的器械。挺直身体坐着，双脚平放在平台上，双脚距离大致与肩同宽（见图 a）。

动作和指导技巧

尽量弯曲你的膝关节和髋部，同时将双脚平放在平台上，在开始做练习的时候，保持双脚对齐（见图 b）。在有控制的情况下最大限度地弯曲双腿，然后反转此动作，伸展你的双腿，完成每次重复动作，但不要锁死你的膝关节。

在弯曲膝关节的时候，让你的膝关节和脚趾保持在同一方向上。在做这个动作的时候，不要让你的膝关节向身体中线下沉。

高距平台器腿举

步骤详解

此版本的腿举练习通过调整你的双脚在平台上的位置来改变做这个练习时的肌肉焦点。将双脚放在较高的位置会对臀大肌和腘绳肌产生更大的压力，而将双脚放在较低的位置（如前一腿举版本中所述）则会对股四头肌产生更大的压力。

ⓐ

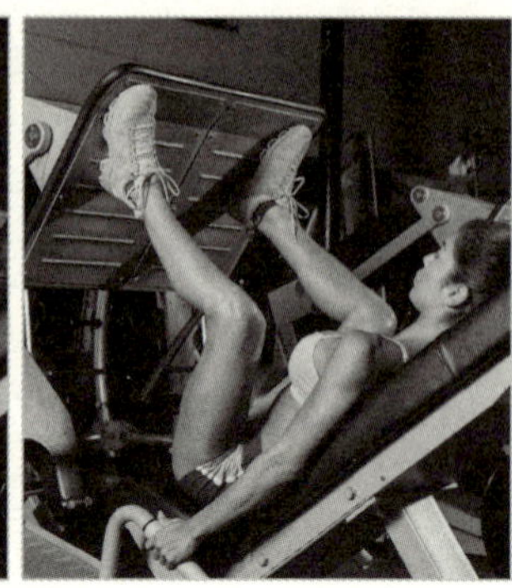
ⓑ

在此练习中，需要使用一种通常被称为腿举的器械。挺直身体坐着，双脚平放在靠近平台顶部的位置（见图 a）。

动作和指导技巧

尽量弯曲你的膝关节和髋部，同时将双脚平放在平台上，在开始做练习的时候，保持双脚对齐（见图 b）。在有控制的情况下最大限度地弯曲双腿，然后反转此动作，伸展你的双腿，完成每次重复动作，但不要锁定你的膝关节。

在弯曲膝关节的时候，让你的膝关节和脚趾保持在同一方向上。在做这个动作的时候，不要让你的膝关节向身体中线下沉。

训练器坐姿腿弯举

步骤详解

在此练习中，需要使用坐姿腿弯举机。挺直身体坐着，将你要推动的垫子放在小腿的底部。双腿分开，与髋部同宽并伸直，使膝关节的后部与坐垫保持接触（见图 a）。

ⓐ

ⓑ

动作和指导技巧

握住手柄，弯曲膝关节，使小腿靠在垫子上，尽量弯曲你的小腿，直到机器允许的最大距离（见图 b）。有控制地慢慢反转此动作，以完成完整的重复动作。不要将你正在移动的配重板部分转移到配重板的其他部分；相反，在每次重复动作的结尾部分，允许让其轻轻接触配重板的其余部分。

训练器卧姿腿弯举

步骤详解

在此练习中，需要使用一种通常被称为卧姿腿弯举机或卧姿腿部屈曲机的器械。脸朝下躺下，双腿伸直，髋关节放在垫子的顶端（见图 a）。调整你要推动的垫子，使之位于小腿的底部。

ⓐ

动作和指导技巧

握住手柄，双腿分开，与髋部同宽，拉动脚后跟尽可能地朝臀部方向移动（见图 b）。有控制地慢慢反转此动作。不要将你正在移动的配重板部分转移到配重板的其他部分；相反，在每次重复动作的结尾部分，允许让其轻轻接触配重板的其余部分。

ⓑ

器械腿部伸展

步骤详解

在此练习中，需要使用一种通常被称为腿部伸展机的器械。挺直身体坐立，将伸展双腿所用的垫子放在低至小腿的高度，双腿间距与髋部同宽，使膝关节的后部与垫子接触（见图 a）。

ⓐ

动作和指导技巧

握住手柄，将小腿置于垫子下方，伸展双腿，保持脚踝向后弯曲，直到膝关节完全伸直（见图 b）。只在每次重复练习的结尾部分，才允许其轻轻接触其余部分。

需要注意的是，器械腿部伸展练习经常受到批评，许多教练认为它是“无功用的（即无益的）”，一般情况下甚至存在危险。但是，从科学和怀疑的角度来看，这些理念更多地建立在猜想的基础上。

ⓑ

器械髋内收

ⓐ ⓑ

步骤详解

在此练习中，需要使用一种通常被称为（坐式）髋关节内收机的器械。坐直身体，将垫子放于双腿内侧，在确保不会感到不适的前提下，将双腿打开尽可能宽的范围（见图 a）。

动作和指导技巧

握住手柄，将大腿内侧紧贴垫子，并驱动你的双腿，使其并拢，直到垫子外侧相互接触，或大腿彼此大致平行为止（见图 b）。慢慢地反转此动作，以完成完整的重复动作。不要将你正在移动的配重板部分转移到配重板的其他部分。只在每次重复练习的结尾部分，才允许其轻轻接触其余部分。

此练习就像器械腿部伸展练习一样，经常受到不公正的批评。在第 2 章“功能和表现能力”中，讨论了关于使用器械髋内收等练习的一些错误认知。

僵尸蹲

ⓐ ⓑ

步骤详解

双脚分开站立，与肩同宽，脚向外旋转约 10 度（见图 a）。向前伸展你的手臂，伸到肩膀的高度。在每次重复动作中降低你的身体时，将双臂伸直，伸展到肩膀高度可以帮助你保持平衡，从而使身体保持挺直。

动作和指导技巧

屈膝蹲坐，臀部向后坐。降低身体，使大腿几乎与地面平行，但不要拱起你的下背部（见图 b）。蹲下时，不要让脚后跟离地，也不要让膝关节向身体中线靠拢。膝关节的运动方向应该与脚趾一致。反转此动作，站直身体，以完成完整的重复动作。

侧卧髋内收

步骤详解

左侧卧，头靠左臂（上臂）上，左臂在地面上伸展，与身体成大约45度。保持左腿（小腿）伸直，与躯干保持一条直线。弯曲你的右腿（大腿），并将其抬起，直到你的右脚平放在下侧大腿前面的地上（见图 a）。

动作和指导技巧

保持膝关节伸直，脚踝弯曲，在不让髋部弯曲的情况下，将左腿尽可能高地抬离地面（见图 b）。你的左侧小腿应该与躯干成一条直线，在任何时候，都不要滚动你的躯干；保持肩膀和髋部垂直于地面。在动作的顶部暂停 2 ~ 3 秒。慢慢地反转此动作，让你的左腿回到地面上。请完成同一侧的所有重复练习，然后再切换到另一侧。

北欧腿弯举

步骤详解

此练习需要一个训练伙伴或合适的健身器械来固定你的小腿。双腿分开跪立，与髋部同宽，小腿固定（见图 a）。

动作和指导技巧

保持臀部和背部挺直，通过伸展膝关节，慢慢地让自己降低到地面上。在无法有控制地降低自己的身体时，允许身体倒在地上，用双手控制你的降落和落地位置，身体看上去就像是在做跪式俯卧撑（见图 b）。用双手将自己推离地面（见图 c），帮助你反转前面的动作，使你回到跪立姿势，从而完成完整的重复动作。

不要让你的臀部向身后过度漂移。从膝关节到肩膀，始终保持近乎成一条直线。

稳定球腿弯举

步骤详解

仰卧在地面上，双腿分开，与髋部同宽，脚后跟放在一个直径为 22 ~ 26 英寸（56 ~ 66 厘米）的稳定球上，手臂向两侧伸展，以保持平衡。将臀部抬离地面，直到你的身体形成一条直线（见图 a）。

动作和指导技巧

将脚后跟朝身体方向拉，同时将臀部朝天空抬起，直到你的双脚位于身体下方（见图 b）。在每次重复动作的顶部，从肩膀到膝关节，你的身体应该形成一条直线。慢慢反转此动作，并在不让臀部贴在地面上的情况下进行重复练习。

在任何时候，都不要过度伸展你的下背部。如果在进行一组练习时，你的双脚落到了稳定球上较低的位置，你可以根据需要调整双脚的位置。

单腿稳定球腿弯举

步骤详解

仰卧在地面上，双腿分开，与髋部同宽，脚后跟放在一个直径为 22 ~ 26 英寸（56 ~ 66 厘米）的稳定球上，手臂向两侧伸展，以保持平衡。将臀部抬离地面，直到你的身体形成一条直线，然后将一条腿抬离稳定球，略微弯曲髋部和膝关节，形成一个略大于 90 度的角度（见图 a）。

动作和指导技巧

弯曲你的另一条腿，将贴在球上的脚后跟朝身体方向拉，同时将臀部朝天空抬起，直到脚位于你身体的下方（见图 b）。在每次重复动作的顶部，从肩膀到膝关节，你的身体应该形成一条直线。慢慢反转此动作，并在不让臀部贴在地面上的情况下进行重复练习。完成一侧的所有重复动作，然后再切换到另一侧。在任何时候，都不要过度伸展你的下背部。如果在进行一组练习时，你的双脚落到了稳定球上较低的位置，你可以根据需要调整双脚的位置。

8 核心练习

核心练习一直是一个热门话题。有数百种不同的练习可供选择，而且你很难知道哪种练习最有价值。在本章中，我们将展示各种由科学提供支持的练习来消除人们的困惑，帮助你最大限度地缩短练习时间。

在接下来的两节中，首先介绍一些关于核心练习的流行观念，即使高级培训师和教练也认为这些观念是正确的。接下来展示如何执行针对核心区域的各种练习来结束本章。

核心困惑：关于蹲举和硬拉的真相

一些研究表明，与杠铃蹲举和硬拉等多关节、自由重量运动相比，本章后面介绍的更有针对性的核心练习（包括稳定球卷体、哑铃平板支撑划船等）能更好地激活核心肌肉。这些研究让很多培训师、教练、运动员和运动爱好者错误地认为，你无须进行那些以增强腹肌和腹斜肌为重点的运动，因为蹲举和硬拉可以更有效地胜任这项工作。事实上，当你查阅科学证据时就会发现，声称（沉重的）杠铃蹲举和硬拉就是你加强腹肌和腹斜肌所需全部练习的说法是没有道理的。让我们来回顾一些科学知识，让你自己清楚地了解真相。

最常引用的两项科学"证据"之一是，蹲举和硬拉对增强腹肌和腹斜肌有更好的效果，其标题为"对体育锻炼期间的核心肌肉活动的系统评价"。本文旨在"系统地回顾健康成年人在体育锻炼过程中 3 种核心肌肉（多裂肌、腹横肌和腰方肌）的肌电图（Elec tromyogram，EMG）活动的文献"。（科学侦探型的人会注意到，当作者说"核心肌肉"时，并不是指腹直肌和腹斜肌。）

这项研究综述的主要发现如下。

- 没有关于体育锻炼过程中的腰方肌肌电活动的研究。

- 中等水平的证据表明，与稳定球 / 器械练习相比，进行自由重量练习时，腰部多裂肌的肌电活动更多一些，而在核心稳定性和稳定球 / 器械练习中，腰部多裂肌的肌电活动是类似的。
- 在核心稳定性和稳定球 / 器械练习中，腹横肌的肌电活动也是类似的。

显然，这项研究综述的结果当然无法证明，与针对核心肌肉的练习相比，蹲举和硬拉能更有效地激活腹直肌和腹斜肌。但是，这些发现确实告诉我们，如果你进行蹲举和硬拉等练习，就不会忽略深层（局部）核心稳定肌肉，比如腹横肌和多裂肌。

研究人员得出了这样的结论，“现有证据表明，力量和健身专家应该专注于多关节、自由重量的练习，而不是专注于针对核心的练习，以便充分训练运动员和客户的核心肌肉”。现在，如果你只看结论，而不关心这项研究的研究人员关注的是哪块核心肌肉，那么你可以清楚地看到这项研究是如何被曲解的，因为这项研究表明，蹲举和硬拉比针对特定肌肉的核心训练更能激活腹部肌肉。

核心训练对于运动员表现能力而言是一种被高估的训练

核心训练已经达到了近乎神话的地步，如果某个潜在的功能和表现能力训练计划没有强调核心的重要性，许多人都会非常担心。

2015 年进行的一项系统评价和综合分析（即一项研究或多项研究）得出了这样的结论：躯干肌肉力量对于经过训练的个体的身体素质和运动表现能力仅起次要作用。该论文的作者指出：“与不进行或只进行常规训练相比，核心肌肉的力量仅与有限的体能和运动表现能力指标有关。”当然，这并不意味着躯干（即核心）肌肉组织不是重要的训练领域。如果不是，它就不会出现在本章的练习列表中。这仅意味着躯干肌肉增强对运动表现能力的益处经常被误解，并被许多培训师和教练夸大。因此，尽管核心训练仍然应该作为训练计划的组成部分，但没有必要将核心训练视为功能和表现能力训练的专有内容，也不必将核心训练特别强调为加强上半身和下半身的训练。

另一项经常被曲解的研究是“稳定球和自由重量练习期间的躯干肌肉活动”。在这项研究中，杠铃蹲举和硬拉的负荷大约为受试者 1RM 的 50%、70%、90% 和 100%（即一个重复上限）。受试者还完成了 3 项稳定球练习：鸟狗式练习（俯卧在稳定球上，同时伸出一只胳膊和另一条腿）、臀桥（仰卧，脚后跟放在稳定球上并使臀部抬离地面）和稳定球背部伸展（卧倒在稳定球上，同时将躯干向天空伸展）。

该研究的主要发现如下。

- 在任何练习中，均未观察到腹直肌和腹外斜肌的明显差异。
- 在进行蹲举和硬拉时，躯干肌肉的活动大于或等于稳定球练习时产生的活动。
- 蹲举和硬拉可以增加背部伸展肌的力量和体积。

再次声明，如果你读到第二点就停止阅读，那么你会错误地认为这项研究表明，如果做蹲举和硬拉，就不需要做有针对性的腹部练习。然而，这项研究表明，与其他针对后核心肌群的练习相比，蹲举和硬拉会引起后核心肌肉（即后伸肌，如第三点中重点说明的那样）的高度激活。但研究人员并没有将蹲举和硬拉与本章中介绍的激活前核心肌肉组织（腹肌和腹斜肌）的练习进行比较。

综上所述，到目前为止的研究表明，杠铃蹲举和硬拉等练习可以有效地激活后核心肌群（即腰椎稳定肌、后伸肌）。但是，这并不表明它们能够比专注于前部的练习更好地激活前部核心肌肉（如腹肌、腹斜肌）。确实，这个事实应该是显而易见的，因为蹲举和硬拉会尝试驱动躯干向前倾，这会不断激活后伸肌来抵抗这种力量，并保持脊柱对齐。

因此，蹲举和硬拉可能无法提供足够的刺激来训练前核心部分。问题是，哪项或哪些运动对锻炼这些前核心肌肉（如腹肌、腹斜肌）最有利？答案就是本章所强调的那些练习！在接下来的几段内容中，我们会告诉你原因。

由于存在各种各样的腹部锻炼方式，以及各种不同的观点和相互矛盾的信息，即使是最有经验的锻炼者或健身专家也会感到困惑，不知道哪些腹部练习可以带来最大的益处。研究可以帮助我们解除这些困惑，了解哪种腹部练习对激活肌肉最有效。

一项针对各种传统和非传统腹部练习的肌肉活动的研究发现，稳定球收腹练习和稳定球屈体练习是激活腹部肌肉（腹直肌以及腹内外斜肌）的最有效练习，另外，这些练习还创造了腰背肌肉和髋屈肌的最低 EMG 活性。

值得重点注意的是，稳定球收腹练习和稳定球屈体练习都涉及肩部和髋部，因为另一项研究发现，腹部练习能够最大限度地激活腹部肌肉，而且还会使用到肩部或髋部肌肉组织。这为判断所有以腹部为中心的练习的潜在效果提供了指导原则。正如你将看到的，本章重点介绍的所有练习都涉及肩部或髋部。

腹部肘撑平板的有效性

腹部肘撑平板是一种静态运动，锻炼者用前臂支撑在地面上，身体悬停在手臂上方。在受伤康复的早期阶段，教练可以使用腹部肘撑平板来帮助入门级客户在静态姿势中建立最佳身体姿势的意识，因此腹部肘撑平板练习非常有意义。但是，当始终使用腹部肘撑平板练习，而不进而采用更有活力和更有挑战性的练习时，就会出现问题。

如果你可以在 30 秒左右的时间内完成基本的平板支撑，此时就该停止这项练习，因为它已经让你感到无聊。接下来，你应该采用更有趣的平板支撑练习版本，进行具有挑战性的腹部练习（还包括更大限度地涉及肩部或臀部的练习），就像本章中介绍的那些练习。

基本核心练习：经过完善的练习

下面的部分提供了基本的核心练习，这些练习可以创建或对抗躯干弯曲和扭转，同时也会向你展示如何比普通练习更好地完成这些练习。这会帮助你更聪明、更安全、更有效地进行训练，你需要做的只是一些微小的调整。

反向卷腹

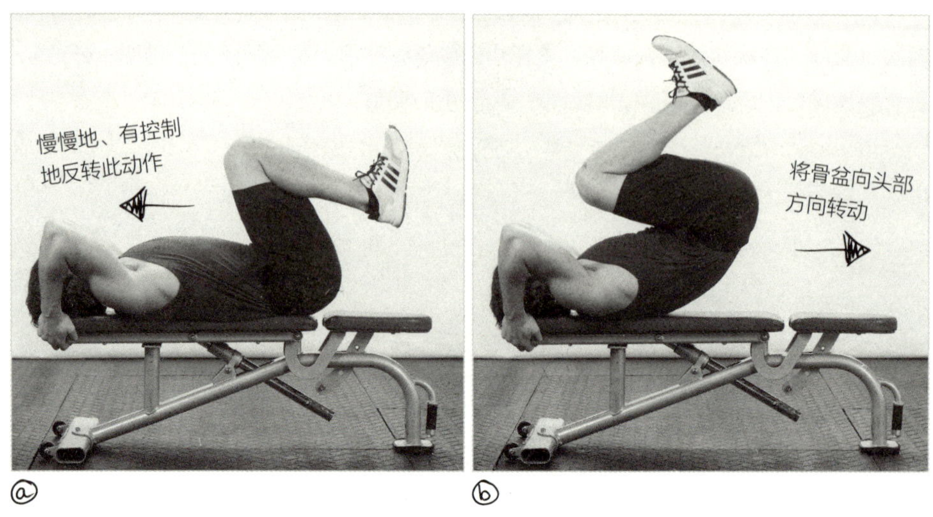

步骤详解

仰卧在举重凳上，弯曲膝关节，髋部向腹部弯曲（见图 a）。肘部弯曲，抓住头顶后方的凳子。如果你躺在倾斜的长凳上，那么你的头所在的位置会比腿高，这会使练习变得更加困难。

动作和指导技巧

平稳地、有控制地完成一个反向的仰卧起坐，将你的下背部从长凳上卷曲起来，让膝关节朝下巴方向靠近（见图 b）。慢慢地反转此动作，将脊柱朝着长凳放低，一节一节地慢慢降低身体。在任何时候，都不要伸展双腿，也不要将头部抬离长凳。

为何此练习效果更佳

此练习消除了动量的使用，避免身体猛地向上抬起。这是通过朝头部方向转动骨盆，然后慢慢地、有控制地反转此动作来实现的。在做这个练习的时候，大多数人会利用动量，通过踢腿来带动身体的上下运动。消除动量会迫使锻炼者采用腹部肌肉完成相应的动作，这也是此练习的主要目的。

益处

- 减少作弊。
- 更注重采用腹部肌肉来完成动作。

悬垂抬腿

步骤详解

这实际上是反向卷腹的一个更高级版本。如果你无法像之前描述的那样在长凳上做反向卷腹，那么你不太可能有力量像这里描述的那样做悬垂抬腿。

双手分开握住拉杆，悬吊在拉杆上，双手略宽于肩。弯曲髋部，并弯曲膝关节，将其保持在臀部上方和躯干的前面（见图 a）。

动作和指导技巧

平稳地、有控制地将躯干向上卷动，使膝关节朝向下巴方向（见图 b）。慢慢地反转此动作，但不要放松膝关节，使其脱离身体。在这个练习中，在任何时候都不要使用动量或者剧烈运动。

为何此练习效果更佳

先将双腿弯向身体，然后将躯干向上卷。此练习的完成方式如下：双腿下垂，弯曲髋部，主要是做髋关节屈曲运动。当然，虽然此动作涉及腹部，但腹部肌肉的使用程度比做这个练习版本时要小得多。这是因为将骨盆收拢可以让你更好地锻炼腹部肌肉组织。

益处

- 通过减少动量的使用来减少作弊。
- 增加对腹部肌肉的挑战。

绳索侧弯

步骤详解

用左手抓住固定在脚踝处的绳索（或弹力带）的手柄。双脚分开站立，与肩同宽，绳索位于左侧（见图 a）。站在离绳索或弹力带足够远的地方，使绳索或弹力带与地面成 45 度。

动作和指导技巧

在不旋转身体的情况下，将躯干向左侧弯曲，直到感觉到躯干右侧有轻微的拉伸感（见图 b）。反转此动作，通过将躯干稍微向右弯曲来抵抗阻力，完成整个动作。请完成一侧的所有重复练习，然后再切换到另一侧。

为何此练习效果更佳

使用一根与身体成 45 度的绳索，而不是握着两个哑铃。在做这个练习时，大多数人会在身体两边各握一个哑铃。一个典型的不符合生物力学原理的运动是一边做侧弯，一边双手各握一个哑铃。当然，哑铃的重量抵消了另一侧的重量，与在一侧握着一个哑铃进行这项练习相比，双手各握一个哑铃做侧弯无法有效地使用躯干的侧屈肌。即使是在身体一侧握着一个哑铃做侧弯，由于涉及作用力角度，也无法像这个版本那样有效地锻炼外侧核心肌肉，所以侧核心肌肉会抵抗并导致侧躯干弯曲。使用哑铃时抗阻不大，不像使用绳索时抗阻那么大。哑铃非常靠近你的身体，在重量方面给你带来了机械优势。你必须承受非常重的重量（可能超过你的握力），才能产生通过绳索用更低的负荷带来的相同训练效果。

益处

- 在活动范围内产生更一致的抗阻。
- 更有效地锻炼外侧核心肌肉。

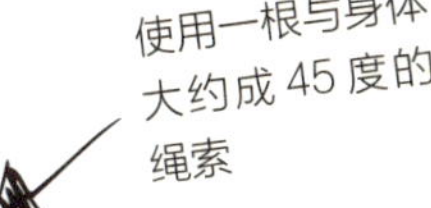
使用一根与身体
大约成 45 度的
绳索

侧平板支撑外旋

步骤详解

将左前臂放在地面上，肘部直接放在肩膀下方。将右脚放在左脚前面，髋部和膝盖离地，与躯干保持一条直线。如果有必要，请在肘部下面垫一块垫子或卷起来的毛巾，这会让你感到舒适一些。用上侧的手握着一个哑铃，肘部弯曲成 90 度，使哑铃位于腹部前方（见图 a）。

动作和指导技巧

保持侧平板支撑的姿势，肘部弯曲成 90 度，同时通过将哑铃尽量向上举来激活外部肩部旋转肌，但不要将肘部抬离身侧（见图 b）。慢慢地反转此动作，以完成一个完整的重复动作。

为何此练习效果更佳

前平板支撑和侧平板支撑练习都是很无聊的练习。哑铃肩外旋转增加了新的挑战，在你移动哑铃时，需要保持侧平板支撑的姿势，这使练习变得更有趣。另外，你在健身房做的许多练习都包括使用内部肩部旋转肌。几乎所有的推举练习，以及许多的拉举练习，都会让你的肩膀内部旋转。但是，大多数训练计划并不以外部肩部旋转肌为目标。

益处

- 为侧平板支撑练习增加新的挑战。
- 训练经常被忽视的外部肩部旋转肌和侧核心肌肉，让这两种肌肉能够同时得到训练。

由低到高绳索砍劈

步骤详解

垂直于左边的绳索柱（或弹力带）站立。双手握住放于最低位置的手柄，手臂伸向绳索的起点。双脚分开，比肩略宽。下蹲，并将身体的大部分重量转移到左腿上，同时，你的手臂应该朝绳索起点方向向下倾斜（见图 a）。

动作和指导技巧

挺直身体，将重心移向右腿，并沿着对角线方向拉动绳索，使其向上越过你的身体。当绳索轻轻碰到你的前臂时，将手臂置于头顶右侧（见图 b）。请完成一侧的所有重复练习，然后再切换到另一侧。

为何此练习效果更佳

躯干应该几乎垂直于绳索柱。当你到达活动范围的顶部时，躯干离开绳索柱形成的角度不应太大。在进行此练习时，通常会沿着各个方向完全旋转你的躯干，从而大大减少躯干肌肉的旋转张力。换句话说，这种调整使躯干肌肉能够保持更恒定的张力，从而产生抗力并对抗旋转，帮助你充分利用你的训练时间。

益处

- 使躯干肌肉的张力更一致。
- 当你从臀部开始旋转时，可提高躯干肌肉控制旋转的能力。

臀部移位绳索转体

步骤详解

将绳索连接到最高处，垂直于左侧的绳索柱站立。双手握住手柄，手臂向绳索的起点伸出。双脚稍稍分开，比肩稍宽，将重心移向左腿，肩膀直接位于臀部上方（见图 a）。

动作和指导技巧

让臀部随着你的肩膀移动，在水平移动你的手臂时，将身体重量转移到右腿，向右拉动手柄，使其越过身体，直到两只手臂都位于右肩外侧（见图 b）。当绳索轻轻触及你的前臂时，停止旋转臀部和肩膀。慢慢地反转此动作，回到起始姿势，并完成一次重复动作。完成一侧的所有重复练习，然后再切换到另一侧。

为何此练习效果更佳

此变化可以进行 4 种调整。更宽的站姿；旋转时的重心转移；减小旋转的活动范围；使臀部和肩膀旋转，而不仅仅是肩膀旋转。更宽的站姿可以为你提供更好的支撑基础，使你能够移动更重的负荷，并为躯干肌肉提供更大的力量来完成此练习。让你的躯干与绳索几乎垂直，这样可以让躯干肌肉保持较高的旋转张力，从而帮助你更好地利用训练时间。臀部和肩膀以相同的方向和速度移动，这类似于我们在运动中产生高水平爆发力和力量的方式。

益处

- 增加核心肌群的锻炼。
- 更好的姿势，从而能够提供更大的力量进行运动。

a

更宽的站姿可以为你提供更好的支撑基础

臀部和肩膀以相同的方向和速度移动

b

由高到低绳索砍劈

ⓐ

ⓑ

步骤详解

垂直于左边的绳索柱（或弹力带）站立。双手握住放于最高位置的手柄，手臂伸向绳索的起点（见图 a）。双脚分开，比肩略宽。

动作和指导技巧

将手臂置于头顶上方的左侧，将大部分身体重量转移到左腿上，然后将臀部稍微向后倾斜，将绳索斜向向下越过身体，然后将重量转移到右腿上（见图 b）。当绳索接触到你的手臂时，请慢慢反转此动作，以完成一次重复动作。完成一侧的所有重复练习，然后再切换到另一侧。在整个练习过程中，脊柱都应保持在中立位置，躯干应该几乎垂直于绳索柱。当你到达活动范围的底部时，请勿让躯干远离绳索柱形成的角度过大（这样做会大大减少躯干肌肉的旋转张力）。

为何此练习效果更佳

和之前的（由低到高绳索砍劈）练习一样，这个练习也包括躯干应该几乎垂直于绳索柱。当你到达活动范围的底部时，躯干离开绳索柱形成的角度不应太大。在进行此练习时，通常会沿着各个方向完全旋转你的躯干，从而大大减少躯干肌肉的旋转张力。换句话说，这种调整使躯干肌肉能够保持更恒定的张力，从而产生抗力并抵抗旋转，帮助你充分利用你的训练时间。

益处

- 使躯干肌肉的张力更一致。
- 当你从臀部开始旋转时，可提高躯干肌肉控制旋转的能力。

弹力带腹轮

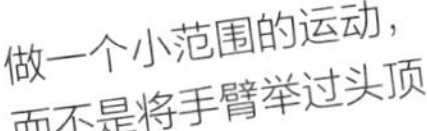

ⓐ

ⓑ

步骤详解

在地面附近的一个牢固物体（如举重凳）上固定一个弹力带，将弹力带的两端分别钩在腹轮的手柄上。双手放在腹轮的手柄上，手腕位于肩膀下方，手臂伸直（见图 a）。为了舒适起见，你可以在膝盖下面放垫子、枕头或折叠好的毛巾。

动作和指导技巧

伸展臀部和手臂，将手臂伸过头顶（类似跳入泳池的动作），使腹轮远离你（见图 b）。将腹轮推过你的头顶，不要让下背部下垂，也不要让下背部感到任何压力。在控制之下尽你所能地做此练习，慢慢反转此动作，将腹轮拉回到起始位置。在结束练习时，腹轮应该位于你的躯干中间。

为何此练习效果更佳

将一个弹力带绑在腹轮上，通过在较小的活动范围内移动，而不是在将腹轮从身边推开的时候，将手臂完全伸展到你的头顶，与躯干成一条直线。许多人在使用腹轮时感到很困难，甚至会弄伤自己的背部，就是因为他们将腹轮推得太远，超出了他们所能控制的范围。在腹轮上绑一根弹力带会让你的腹肌从一开始就更加用力，因此你无须将腹轮推太远就能对腹肌产生相同或更多的有效阻力挑战。

益处

- 增加腹部的张力。
- 缩小活动范围，减少背部感到紧张的风险。

稳定球配重板卷体

步骤详解

在一个直径为 22 ~ 26 英寸（56 ~ 66 厘米）的稳定球上仰面躺下，稳定球位于腰部拱起之处。在胸部正上方举起一个配重板，双臂伸展（见图 a）。

动作和指导技巧

做一个卷体动作，保持将配重板举向天空的姿势（见图 b）。在每次重复动作的顶部暂停 1 ~ 2 秒，不要一直坐着（身体垂直于地面），这样做可能会消除腹肌的紧张感。慢慢地反转此动作，让腹肌在稳定球的上方伸展。在底部的时候，不要让脖子过度伸展，应该让脖子保持中立位置。

为何此练习效果更佳

在做稳定球卷体动作的时候，要专注于你的腹肌（即正确地使用腹肌），稳定球不会在你的下方移动。相反，应该始终保持膝关节弯曲成 90 度，在控制稳定球的同时弯曲和伸展脊柱。当完成每次的卷体动作时，一定要把配重板举过肩膀，手臂伸向天空。在做卷体动作时，稳定球来回滚动很常见，因为你主要是用膝关节（弯曲和伸展）在驱动动作，而不是用你的腹肌。

值得注意的是，虽然一些训练师和教练声称脊柱屈曲练习（比如稳定球卷体）实际上比等距腹部练习更加危险或效果低下，但研究表明，脊柱屈曲练习不仅可以帮助将养分输送到椎间盘，还可能提供更强壮的肌肉和更好的表现能力。

据说，与其他任何类型的运动一样，对某些在做此运动过程中感到疼痛以及有脊柱疾病（比如腰椎间盘突出症）的人而言，一些运动（例如稳定球卷体）可能是禁忌。然而，对于那些脊柱健康的人而言，成功的组合是同时使用等距和动态腹部练习，因为每种练习都有其独特的优势。换句话说，脊柱屈曲练习与其他抗阻训练没有什么区别。所有运动都会带来压力，从而让组织产生适应。对于你的背部来说，负重通常可以增强组织的弹性，但总有一个临界点，越过这个临界点，就会超出你的承受能力。这就是训练的个体特性，也就是所谓的“智能训练”！

益处

- 比仰卧起坐更能拉伸腹部肌肉。
- 在卷体运动中不能让稳定球移动，使腹部保持一致的张力。

保持膝关节弯曲大约成90度，不要让球移动

ⓐ

ⓑ

稳定球弧线运动

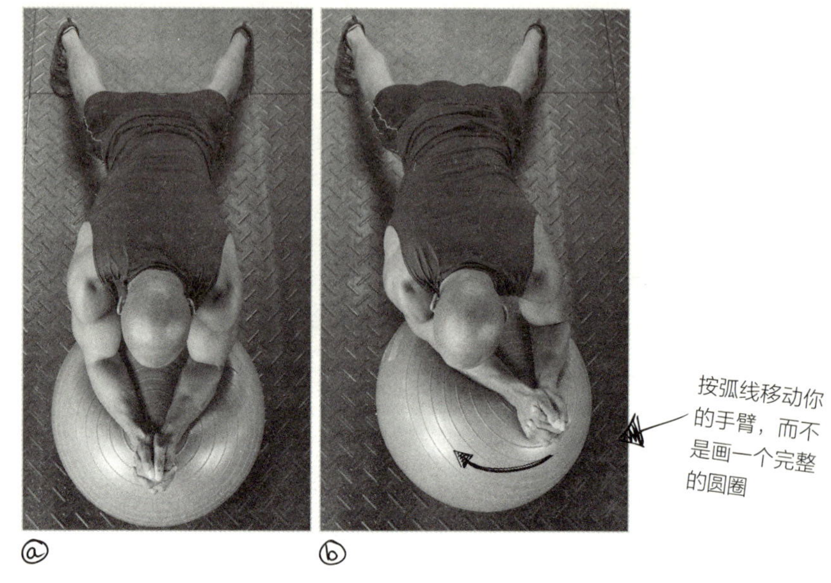

步骤详解

将两个前臂放在直径为 22 ~ 26 英寸（56 ~ 66 厘米）的稳定球的顶部，并做出平板支撑姿势，使整个身体成一条直线，双脚分开，比肩略宽（见图 a）。收缩臀部，然后将髋骨前侧向头部方向移动，将尾骨向脚部方向移动，使骨盆向后旋转。换句话说，如果你将骨盆想象成一桶水，那么骨盆后倾会导致水桶倾斜，使水从后部溢出；而骨盆前倾则会使水从前部溢出。

动作和指导技巧

按照很小的弧度移动你的手臂，使肘部从躯干左下方位置开始移动，直到伸到头顶上方，伸直双臂，再将手臂重新移动到躯干右下方（见图 b）。按照一定弧度从左到右和从右到左交替进行划动，不要让你的头部或臀部垂向地面。在每条弧线上移动时，每次伸出手臂时，都紧紧挤压臀部。尽量伸展你的手臂，但不要使腰部感到不适。

为何此练习效果更佳

按弧线移动你的手臂，而不是画一个完整的圆圈，就好像你在一个大锅中进行搅拌一样。双臂合十时，画出完整的圆圈是不必要且笨拙的。当手臂完全位于你的下方时，移出圆环的底部会占用一些练习时间，此时你会感到腹肌很轻松，但肩膀肌肉很酸痛。

益处

- 让腹部产生更持久的紧张感。
- 做练习的时候不那么尴尬。

对抗弹力带仰卧放腿

ⓐ

ⓑ

步骤详解

平躺在地板上，膝关节弯曲，髋部弯曲超过 90 度，并且伸出手臂，伸到躯干上方，正好位于略低于肩膀的位置（见图 a）。每只手握住一根弹力带的手柄，弹力带离地面约 12 英寸（约 30 厘米），固定在稳定的结构上或你身后的门柱上。

动作和指导技巧

保持手臂对弹力带的张力，缓缓将双腿放低至地面上（见图 b）。保持膝关节弯曲，不要让你的下背部离开地面。当脚后跟轻轻接触地面时，请反转此动作，使膝关节回到髋部上方。

要使此练习更有挑战性，只需在将双腿放低至地面时把腿伸得更远即可。你的腿伸得越远，此练习的难度就越大；脚后跟离臀部越近，练习就越容易完成。

为何此练习效果更佳

此练习版本不会让你的双腿几乎保持笔直并随意降落到地面上或刚好接触到地面，同时让你的下背部从地板上拱起，这会迫使你更好地利用腹肌来抵抗双腿的重量，从而使脊柱得到伸展（拱起下背部，使其离开地面）。另外，此练习版本更加个性化，允许你控制腿的伸展程度和腿的高度，而不会使下背部弯曲，这会提高你的力量水平。此外，此练习版本还会进一步增强腹肌。

让下背部从地面上拱起，可能会减少使用腹部肌肉来抵抗脊柱伸展，并对下背部施加更多的压力，最终可能导致不适，并增加受伤的风险。

益处

- 下背部可能更安全。
- 更持久的腹肌张力。

斜角杠铃推

步骤详解

把杠铃的一端置于墙角或放入 T 杠装置内。身体直立，双手握住杠铃的另一端，双脚距离略比肩宽（见图 a）。

动作和指导技巧

按照类似彩虹的弧线，将杠铃从一侧移动到另一侧，即从一个肩膀移动到另一个肩膀，同时要保持脊柱挺直，肘部略微弯曲（见图 b）。移动杠铃所用的力量应该来自肩膀，而不是来自肘部。避免躯干出现任何旋转；当你左右移动杠铃时，躯干应该始终朝向杠铃的固定端。

为何此练习效果更佳

不要转动你的臀部和肩膀（在其他练习中可以转动），包括在手臂运动时，避免出现任何的躯干运动，并保持面向杠铃的锚点。保持一个僵硬且稳定的身体姿势，因为你将杠铃移动到身体的一侧，这会迫使你的躯干肌肉组织产生抵抗侧弯的力量。

益处

- 为了保持你的姿势和位置，增强了对抵抗躯干横向运动的注意力。
- 可以通过缩小活动范围来轻松实现调整，以便最适合你的运动能力。

配重板快速劈砍

步骤详解

下蹲并旋转臀部和躯干，同时在左膝外侧握住一块重 10 ~ 45 磅（5 ~ 20 千克）的配重板（见图 a）。

动作和指导技巧

站起身，快速向右旋转，握住配重板，按对角线模式将其从身体一侧移动到另一侧，最后将其放在头顶右上方（见图 b）。在没有停顿的情况下快速反转此动作，沿着举起配重板时所用的相同对角线，将其沿对角线向下滑过整个身体。完成一侧的所有重复练习，然后再切换到另一侧重复该练习。

做这个练习时动作要快，但要平稳，并保持一致的节奏，以便在每次重复练习的举起和下降阶段，能够协调好你的上半身和下半身。

为何此练习效果更佳

较小的活动范围会迫使你以较快的速度进行运动。加快动作的速度不仅需要你以更大的力量举起重物，还会迫使你减慢举起配重板的速度，并将配重板拉回原位，从而增加对肌肉的需求。

益处

- 更多的运动。
- 增加肌肉的激活。

稳定球收腹

步骤详解

跪在一个直径为 22 ~ 26 英寸（56 ~ 66 厘米）的稳定球旁边的地面上，双膝分开，与髋部同宽，手臂伸直，手掌分开，与肩同宽（见图 a）。

动作和指导技巧

将手臂伸到头顶上方，形成一个类似跳水的动作，将球从你身边推开（见图 b）。将球推到尽可能远的地方，但不要让你的头部或下背部下垂到地面上。尽你所能地推开稳定球，或者使你的手臂完全与躯干形成一条直线，然后反转此动作，手臂向下拉动稳定球，使其回到起始位置，在此期间不要拱起你的臀部。

为了使这个练习变得更加困难，可以使用一个小一点的稳定球。用更大的稳定球会使这个练习变得更容易。

为何此练习效果更佳

在做这个练习时，应该伸直手臂，最初是双手触球，而不是肘部弯曲，让前臂触球。保持手臂伸直，通过将稳定球向自己的方向拉回去，可以更好地刺激肩部肌肉的结合使用，从而增加肩部和腹部肌肉的使用。

益处

- 更好地结合使用肩部肌肉。
- 增加腹部肌肉的锻炼。

稳定球屈体

步骤详解

从俯卧撑姿势开始，双手直接放在肩膀下面，双脚分开，放在一个直径为 22 ~ 26 英寸（56 ~ 66 厘米）的稳定球的上方，与髋部同宽（见图 a）。

动作和指导技巧

用腹肌来抬高你的臀部，同时保持双腿几乎笔直。抬起臀部，在臀部越过肩膀之前停止肩膀上方为止（见图 b）。慢慢降低臀部，回到起始姿势，身体保持笔直。在将臀部向后伸展回到起始姿势时，不要让你的臀部或头部下垂。

为了使练习变得更加轻松，可以先将稳定球放在靠近肚脐的位置开始。

为何此练习效果更佳

在此练习中，应该在臀部越过肩膀之前停止，而不是在屈体动作的顶端，让你的臀部直接位于肩膀上方。让你的臀部在越过肩膀之前就停止运动，比让你的臀部直接位于肩膀上方更能保持腹部肌肉的恒定张力。当你的臀部正好位于肩膀正上方中，为了保持这个姿势，你的张力会集中在肩膀上，而不是集中在腹肌上。

益处

- 腹肌保持持续紧张。
- 更专注于腹肌。

稳定球屈体展体

步骤详解

此练习将稳定球屈体和稳定球展体结合成一个腹部练习。保持俯卧撑的姿势，双手位于肩膀的下方，双脚分开，与髋部同宽，放在一个直径为 22 ~ 26 英寸（56 ~ 66 厘米）的稳定球的上方（见图 a）。

动作和指导技巧

双腿伸直，将臀部向天花板方向推动，同时保持背部几乎是平的，以此完成稳定球屈体动作（见图 b）。在稳定球屈体运动中，将臀部抬高，直到刚好到达肩膀上方为止。

伸直臀部，回到起始姿势，然后在稳定球上将身体向后伸展，直到手臂在你的前方完全伸展，双腿在你的身后完全伸展，完成此练习的稳定球展体部分（见图 c）。在伸展手臂进入此练习的展体部分时，不要让你的臀部或头部垂向地面。反转此动作，然后重复上述练习。

为了使练习变得更加轻松，可以先将稳定球放在靠近肚脐的位置开始。

为何此练习效果更佳

通过在稳定球上将身体向后推，直到手臂在你的前方完全伸展，你可以在运动结束时增加一个展体动作。此练习的展体部分通过扩大活动范围来增加另一种动力，然后增加了对腹部和肩部的挑战。

益处

- 将有效的腹部练习融入一项综合练习中。
- 增加对腹部肌肉的需求。

将身体向后推，直至双臂伸直

其他核心练习

本节中的练习还着重于帮助你最大限度地增强腹肌的力量和发展，但是并没有对这些练习进行独特的调整，因此，没有像描述上一节中的练习那样描述它们。你可能会在这里找到一些不太常见的核心练习，它们可以帮助你在锻炼中融入一些变化。

稳定球屈膝内收

步骤详解

保持俯卧撑的姿势，双手放在肩膀的正下方，双脚和小腿放在一个直径为 22 ~ 26 英寸（56 ~ 66 厘米）的稳定球上（见图 a）。双脚分开，与髋部同宽。

动作和指导技巧

将膝关节收于胸前（见图 b）。反转此动作并重复上述练习，在有意识的控制下平稳地做练习。请不要让你的头部或下背部下垂。

配重板绕体旋转

步骤详解

挺直身体，双脚分开，大约比肩宽 6 英寸（约 15 厘米）。双手拿一个 2.5 ~ 25 磅（1 ~ 11 千克）的配重板，举在头顶上方（见图 a）。

动作和指导技巧

保持手臂伸直，肘部略微弯曲，同时用你的身体画一个最大的圈（更像是画一个水平椭圆形），你可以绕着你的身体画圈（见图 b 和图 c）。从身体的外侧移动到地面上方，再移动到身体另一侧，最后移动到头顶，完成一次重复动作。在画圈时，在此动作的底部，你应该弯曲你的膝关节和髋部，将重心转移到配重板的同一侧，同时伸出你的手臂，使其尽量远离你，而脊柱应该保持中立位置。此外，在这个练习的顶部，应该将配重板高高举向天空。请完成同一方向的所有重复动作，然后再做反向的画圈练习。

做这个练习时动作要快，但要平稳，并保持一致的节奏，以便在每次重复练习的举起和下降阶段，能够协调好你的上半身和下半身。

哑铃平板支撑划船

步骤详解

以俯卧撑的姿势开始，双手紧握放在地面上的哑铃（见图 a）。双脚分开，与肩同宽，手腕位于肩膀的正下方。为了确保哑铃不会滚动，请将手直接放在肩膀下方。

动作和指导技巧

从俯卧撑的姿势开始，左手拿起哑铃，将其向身体的方向划动（见图 b）。慢慢将其降低到地面上，并用右手重复此动作。继续交替使用双手做此练习。

单手平板支撑

步骤详解

以俯卧撑的姿势开始，双手分开，与肩同宽，双脚分开，比肩略宽几厘米（见图 a）。

动作和指导技巧

将一只手臂抬离地面，但不要让肩部或臀部旋转，也不要让头部或腹部下垂（见图 b）。换手做此练习之前暂停几秒。要使此练习变得更加困难，可以用肘部做此练习。如果这样做，请在你的肘部下方放一块垫子、枕头或折叠好的毛巾来保护自己。你还可以通过将自由手臂伸展到身体的一侧，使手臂与地面平行，从而增加此练习的难度。

手臂行走

步骤详解

双膝跪地，双手平放在肩膀前方的地面上，双臂伸直，放在肩膀下方（见图 a）。为了舒适起见，你可能还需要在膝盖下面放一块垫子、枕头或折叠好的毛巾。

动作和指导技巧

尽量将手臂向前伸，但不要让下背部感到不适，并保持身体成一条直线（见图 b）；不要让臀部或头部下垂。每次将手远远伸过头顶时，都应紧紧挤压臀部肌肉。反转此动作，用手向后走，使它们刚好回到你的肩膀前面。

药球手臂行走

步骤详解

双膝跪地，将双手放在一个用橡胶或沙子填充的 2 千克或 4.4 磅（约 2 千克）的药球上，药球位于你肩膀前方的地面上，保持手臂伸直（见图 a）。为了舒适起见，你可能还需要在膝盖下面放一块垫子、枕头或折叠好的毛巾。

动作和指导技巧

双手交叉走动，将药球尽可能向前滚，但不要让下背部感到不适，同时保持身体成一直线（见图 b）。不要让臀部或头部下垂。每次将手远远伸过头顶时，都应紧紧挤压臀部肌肉。反转此动作，用手向后走，使它们刚好回到你的肩膀前面。

如果你用的是橡胶药球（大多数健身房中都可以找到这种药球），请选择一个充气充足、足够大（至少 8 磅，约 4 千克）、可以放下你的双手的橡胶药球。如果你用的是用沙子填充的药球，则可以使用一个较重的药球来增加难度。

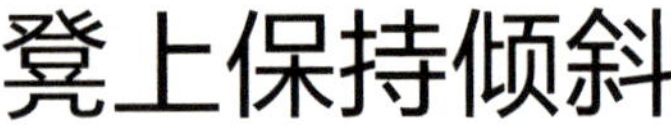

凳上保持倾斜

步骤详解

坐在举重凳的中间位置，两条腿放在凳子的两边。将身体向右转，这样你的躯干就会和凳子保持在一条直线上。膝关节弯曲大约 90 度，稍微向右侧倾斜，同时将右脚跟和左脚趾钩在板凳垫下面（见图 a）。你的左腿将成为位于上方的腿。

动作和指导技巧

当将双脚牢固、舒适地钩在带软垫的举重凳的下面时，你就可以尽可能地降低躯干，但不要将躯干的重量放在举重凳上进行休息。保持脊柱挺直，直到将躯干降低到最低位置，都请保持这个姿势（见图 b）。然后，通过将躯干向左旋转（右腿将成为位于上方的腿），在另一侧执行相同的动作，同时将右脚趾和左脚跟钩在带软垫的举重凳的下面。

迷你弹力带环平板支撑踏步

步骤详解

从俯卧撑的姿势开始，在脚周围绑一个弹力带环，双腿分开，与髋部同宽，手腕直接位于肩膀下方（见图 a）。

动作和指导技巧

将脚向鼻子方向拉动，身体保持几乎笔直的状态，弯曲脚踝，弯曲一侧的髋部，将膝盖朝头部方向拉动，直到髋部弯曲超过 90 度，但脚不能触碰地面（见图 b）。反转此动作，将脚放回起始位置，然后用另一条腿重复相同的动作。

交叉平板支撑

步骤详解

以俯卧撑的姿势开始，手腕位于肩膀下方，双脚分开，与肩同宽（见图 a）。

动作和指导技巧

不要让头部或臀部下垂，同时将右脚和左手抬离地面。将右侧膝关节尽量靠近左侧肘关节，保持左手与下巴接触（见图 b）。暂停两三秒，然后反转此动作，换至另一侧完成此练习，让左膝盖接触右肘。在任何时候，都不要让臀部或肩膀发生旋转。

触肩平板支撑

步骤详解

以俯卧撑的姿势开始，手腕位于肩膀下方，双脚分开，与肩同宽（见图 a）。

动作和指导技巧

不要让头部或臀部下垂，同时左手抬离地面，触摸到你的右肩。暂停 1 ~ 2 秒，然后反转此动作，换至另一侧完成此练习，让右手触摸到左肩。不要让臀部或肩膀发生旋转（见图 b）。

快手平板支撑

步骤详解

从俯卧撑的姿势开始，双手分开，比肩略宽几厘米，双脚分开，比肩略宽几厘米（见图 a）。

动作和指导技巧

在不让肩膀或臀部发生旋转，或者头部或腹部不下垂的情况下，以最快的速度，将一只手抬离地面并轻拍另一只手的手背（见图 b）。然后，将抬起的手放回地面，用另一只手重复此动作。尽可能快但有控制地完成每次重复动作。

9 体能练习

本章介绍的体能练习可以提高耐力，帮助你保持良好的身材。这些练习对力量训练进行了补充，本书后面的训练计划章节中采用了这些练习来完成锻炼的抗阻训练部分。这些体能练习和综合练习为你的锻炼提供了一个艰巨的新陈代谢挑战，会让你的心跳加速，肌肉酸痛。

基本体能练习：经过完善的练习

下面的基本体能练习已经过完善，所以你可以比普通练习更好地完成这些练习。这会帮助你更聪明、更安全、更有效地进行训练，你需要做的只是一些微小的调整。

25码短跑

步骤详解

将两个锥筒分开大约25码（约23米）的距离放置。

动作和指导技巧

慢跑到第一个锥筒，然后以最快的速度冲向另一个锥筒。不要采用短促、混乱的步伐，而是大步向前跑。在短跑时，肘部弯曲约90度，用手臂驱动身体。通过第二个锥筒后，先慢跑几步，然后再停下来。走回到起始锥筒，并重复上述步骤。

为何此练习效果更佳

你不是从静止状态在起跑线上开始冲刺，而是慢跑到起跑线，在到达起跑线后开始冲刺。许多力量和体能训练专家及运动理疗师发现，如果运动员在开始冲刺前进行“快速起跑”，经常会伤到腿筋。请牢记这一点，慢跑到起跑线是一种预防措施，可以减轻快速起跑所造成的潜在伤害风险。

需注意的是，如果运动员要针对某个特定的（组合型）比赛进行训练，而该比赛要求从静止状态开始冲刺，那么运动员肯定要采用快速起跑方式进行训练。在这种情况下，没有理由不将慢跑和短跑结合起来，同时努力减少快速起跑可能带来的任何潜在伤害。

益处

- 可能更安全。
- 更适用于更广泛的人群。

300码折返跑

步骤详解

将两个锥筒分开大约25码（约23米）的距离放置。

动作和指导技巧

慢跑至第一个锥筒，然后在两个锥筒之间以最快的速度往返冲刺6次，总计冲刺距离大约300码（约274米）。在每次反转方向时，都应在身体直立（可控制）的情况下进行转身，然后朝另一个锥筒奔跑。

为何此练习效果更佳

除了通过慢跑到起跑线来减轻前面练习中所讨论的受伤风险外，还可以在每次反转方向时保持身体直立，而不是向下触摸锥筒，这也有助于减少转向时受伤的风险。

与25码（约23米）短跑一样，如果某个人正在为参加某个特定的（组合型）比赛而训练，而该比赛要求每个人必须在过渡阶段碰触每个锥筒，那么运动员肯定必须为此进行训练。

益处

- 可能更安全。
- 更适用于更广泛的人群。

猩猩波比跳

步骤详解

双脚分开，略比肩宽，双臂伸直，放在身体前方（见图 a）。

动作和指导技巧

弯曲膝关节并向前弯曲髋部，使躯干向前倾斜。将双手放在地面上，手腕正好位于肩膀下方（见图 b），然后向后跳，做出俯卧撑姿势（见图 c）。确保你的身体成一条直线，并且在做俯卧撑时不要让臀部下垂。双脚跳回起始位置，位于双手外侧（见图 d），然后回到挺直站立的姿势，以完成重复练习动作（见图 e）。

为何此练习效果更佳

在开始的时候，双脚之间的距离比肩宽略微宽一点，而不是像平常做瑜伽那样，让双脚靠得更近一些。然后，在这个练习版本中，你主要通过膝关节和髋部的弯曲和伸展来降低和升高你的躯干，这更加注重下半身的锻炼。波比跳通常按照以下方式进行：从下背部进行弯腰，双手放在脚前的地面上，这样可以减少下半身的负担，并增加下背部的压力。

益处

- 让下半身更多地参与到练习中。
- 减少下半身不必要的压力。

其他体能练习

本节中的练习还着重于帮助你最大限度地提高你的体能，但在做这些练习时不需要进行特别的调整，因此它们不需要像上一节中的练习那样具有相同的描述级别。你可能还会在这里找到一些不太常见的体能练习和顺序，它们可以帮助你在锻炼中融入一些变化。

一英里全速跑

步骤详解

你可以在户外或跑步机上做此练习。如果是在户外跑步，那么开始的时候应该在平坦的地面上跑步，比如在没有山丘的街道或小径上跑步。如果使用跑步机跑步，则不应让跑步机有任何倾斜。

动作和指导技巧

这里所说的是一英里（约 1.6 千米）全速跑，而不是“慢跑”一英里。在尽可能短的时间内跑完一英里——就像你上学的时候那样奔跑。此练习也可以被称为“一英里赛跑”，而不是“一英里长跑”，因为它可以帮助人们更好地了解完成一英里跑的速度快慢，而不仅仅是让自己在整个过程中处于游玩状态。跑步时，尽可能快地摆动双腿和双臂来跑完一英里。不要采用短促、混乱的步伐，而是每一步都要大步迈出。

高抗阻直立自行车冲刺

步骤详解

直立式或 Airdyne 自行车为间歇训练提供了绝佳的选择，因为它可以提供较低影响力但极富挑战性的体能训练。调整座椅，当你站在它旁边时，它应该与你的髋关节对齐。按照 1 ~ 10 的比例对抗阻进行划分，其中 10 是你所能承受的最大抗阻，把自行车的阻力设定在 6 或 7 左右的水平。

动作和指导技巧

在本书的锻炼计划中，你可以在规定的时间内尽可能快地蹬踏。在两次练习之间要进行充分休息，不要踩踏自行车或完全下车。

配重板推移

步骤详解

将一块重达 35 ~ 45 磅（16 ~ 20 千克）的配重板放在毛巾上，使其能够在地上或草地上滑行。对于其他挑战，你还可以在配重板内放置一组哑铃［25 ~ 35 磅（11 ~ 16 千克）］。做出俯卧撑姿势，将双手放在配重板上。

动作和指导技巧

通过将膝盖尽量拉向胸部来驱动双腿，先抬起一条腿的膝盖（见图 a），然后再抬起另一条腿的膝盖（见图 b）。迅速在地面上推动配重板，在 20 ~ 25 码（18 ~ 23 米）的距离内来回移动，总计移动距离为 40 ~ 50 码（37 ~ 46 米）。确保你是大步前进的，而且臀部始终不会高于肩膀。

哑铃农夫走组合练习

农民走（farmer’s walk）组合练习是由一系列的哑铃练习组成，中间穿插着几组携带哑铃的农夫走练习。这个组合练习中的练习可连续进行，无须休息（采用循环练习模式），直到完成组合练习中的所有练习。

首先，该练习会用一套较重的哑铃来练习农夫走部分，然后再采用一套较轻的哑铃来练习其他部分。重量较轻的哑铃应该是重量较重的哑铃重量的 35% ~ 40%。例如，如果你使用的重量较重的哑铃是 80 磅（约 36 千克）的，那么重量较轻的哑铃应该是 30 磅（约 14 千克）的。

为了详细讲解这个组合练习，首先要指定一个房间的两端，相隔 20 ~ 25 码（18 ~ 23 米）。将两个哑铃放在房间的两端。如果健身房不够大，那么你可以将哑铃放在集体健身房内，或者在天气适合的情况下，在户外进行锻炼。连续完成下面所有的练习，以完成所指示的一组复杂的练习。

① 哑铃农夫走

步骤详解

站在房间的一端，双手各握一个沉重的哑铃，手掌靠近髋部，朝向身体（或者肩膀）。

动作和指导技巧

走到房间的另一端（见右图），然后回到你的起点，完成一次完整的练习，总计行走路程为 40 ~ 50 码（37 ~ 46 米）。采用正常的步伐，尽快但不失控制地进行移动。在携带重物行走时，保持高大、直立的姿势。

② 哑铃旋转推肩

步骤详解

身体直立，双脚分开，大致与肩同宽，在每个肩膀前面举起一个哑铃（见图 a）。

动作和指导技巧

在身体旋转到一侧时，对侧手将哑铃直接举向同侧肩膀的上方（见图 b）。为了更好地让臂部旋转，请在转动身体时将脚后跟抬离地面。在使身体回到面向正前方的姿势时，以一种平稳、可控制的方式放下哑铃。然后身体转向另一侧，用另一只手臂做同样的重复动作。每侧做 6 ~ 8 次重复练习。

ⓐ ⓑ

③ 哑铃农夫走

正如练习 1 所述，站在房间的一端，每只手各握一个沉重的哑铃，手掌朝向身体（或肩膀），靠近髋部。步行到房间的另一端，然后回到起点，完成一次完整的练习，总共步行 40 ~ 50 码（37 ~ 46 米）。采用正常的步伐，尽快但不失控制地进行移动。在携带重物行走时，保持高大、直立的姿势。

④ 哑铃前蹲

步骤详解

身体直立，双脚分开，大致与肩同宽。在肩膀上各握一个重量较轻的哑铃（哑铃的后端位于你的肩膀上），手肘直接位于哑铃手柄的下方（见图 a）。

动作和指导技巧

弯曲膝关节，臀部向后坐（见图 b），尽量蹲得低一些。请不要让脚后跟离地，也不要让下背部拱起。另外，不要让膝关节向身体中线方向倾斜，保持膝关节和脚趾的方向一致。反转此动作，回到直立姿势，以完成一个完整的重复动作。完成 10 ~ 14 次重复练习。

ⓐ ⓑ

⑤ 哑铃农夫走

如前所述，站在房间的一端，每只手各握一个沉重的哑铃，手掌朝向身体（或肩膀），靠近髋部。步行到房间的另一端，然后回到起点，完成一次完整的练习，总共步行 40 ~ 50 码（37 ~ 46 米）。采用正常的步伐，尽快但不失控制地进行移动。在携带重物行走时，保持高大、直立的姿势。

⑥ 霹雳舞俯卧撑

步骤详解

以俯卧撑姿势开始，双手和双脚分开，与肩同宽（见图 a）。

动作和指导技巧

做俯卧撑练习，在顶部时，将整个身体向左侧旋转，驱动右膝靠近左肘，同时将左手放在下巴附近（见图 b 和图 c）。反转此动作，执行另一次俯卧撑，并在相反的一侧重复此动作，使左膝接触到右肘。确保以相同的速度一起旋转臀部和肩膀，同时不要让头部和臀部下垂。总计完成 10 ~ 16 次重复练习。

⑦ 哑铃农夫走

如前所述，站在房间的一端，每只手各握一个沉重的哑铃，手掌朝向身体（或肩膀），靠近髋部。步行到房间的另一端，然后回到起点，完成一次完整的练习，总共步行 40 ~ 50 码（37 ~ 46 米）。采用正常的步伐，尽快但不失控制地进行移动。在携带重物行走时，保持高大、直立的姿势。

⑧ 硬拉跳

步骤详解

双脚分开站立，大致与肩同宽，手臂放在大腿上。

动作和指导技巧

双脚分开站立，与肩同宽，弯曲髋部，身体前倾（见图 a），保持背部挺直，膝关节弯曲 15 ~ 20 度。让你的手臂垂在身体前方，肘部略微弯曲，同时伸展髋部和膝关节直线向上跳（见图 b）。尽量轻柔地落地，然后回到起始姿势。在每次重复动作的底部，不要让你的背部拱起。

每次准备下一次跳跃时，应该让膝关节和脚趾保持在同一条线上；在任何时候，两个膝关节都不应向对方靠拢。在做每次重复动作时，尽量跳到最高。做 10 ~ 14 次重复动作。

单边农夫走组合练习

这个组合练习的执行过程和之前的哑铃农夫走组合练习的执行过程是相同的，只是在这里，需要按照以下方式完成两圈单边农夫走组合练习：一圈用右手握着哑铃，另一圈用左手握着哑铃。

要完成这个复杂的练习，可以选用一个较重的哑铃来练习农夫走部分，然后再采用一个较轻的哑铃来练习其他部分。重量较轻的哑铃应该是重量较重的哑铃重量的35% ~ 40%。例如，如果你使用的重量较重的哑铃是 80 磅（约 36 千克）的，那么重量较轻的哑铃应该是 30 磅（约 14 千克）的。

为了详细讲解这个组合练习，首先要指定一个房间的两端，相隔 20 ~ 25 码（18 ~ 23 米）。将两个哑铃放在房间的两端。如果健身房不够大，那么你可以将哑铃放在集体健身房内，或者在天气适合的情况下，在户外进行锻炼。连续完成下面所有的练习，以完成所指示的一组复杂的练习。

① 单臂哑铃旋转推肩

步骤详解

身体直立，双脚分开，大致与肩同宽，在一个肩膀前面举起一个哑铃（见图 a）。

动作和指导技巧

在身体旋转到一侧时，对侧手将哑铃直接举向同侧肩膀的上方（见图 b）。为了更好地让臀部旋转，请在转动身体时将脚后跟抬离地面。在使身体回到面向正前方的姿势时，以一种平稳、可控制的方式放下哑铃。然后开始做下一个动作，每侧做 6 ~ 8 次重复练习。

ⓐ ⓑ

② 单臂哑铃农夫走

步骤详解

站在房间的一端，左手握着一个沉重的哑铃，手掌朝向身体（或肩膀），靠近髋部。

动作和指导技巧

走到房间的另一端（见右图），然后回到你的起点，完成一次完整的练习，总共步行 40 ~ 50 码（37 ~ 46 米）。换手握哑铃，再走一圈。采用正常的步伐，尽快但不失控制地进行移动。在携带重物行走时，保持高大、直立的姿势。

③ 哑铃肩上举单腿反弓步

步骤详解

双脚分开站立，大致与髋部同宽。左手握一个较轻的哑铃放在左肩上（见图 a）。哑铃的后端应该完全靠在肩膀上。

动作和指导技巧

左脚向后退一步，同时让身体下降，使你的膝盖轻轻接触地面（见图 b）。保持背部挺直，躯干居中。不要让身体向一边倾斜。从弓步姿势中退出来，把后面的脚向前伸，这样你就回到了起始姿势。用这条腿向后退，进行一系列的反弓步练习。每侧做 10 ~ 12 次重复练习。

ⓐ ⓑ

④ 单臂哑铃农夫走

正如练习 2 所述，站在房间的一端，左手握一个沉重的哑铃，手掌朝向身体（或肩膀），靠近髋部。步行到房间的另一端，然后回到起点，完成一次完整的练习，总共步行 40 ~ 50 码（37 ~ 46 米）。换另一只手握住哑铃，再走一圈。采用正常的步伐，尽快但不失控制地进行移动。在携带重物行走时，保持高大、直立的姿势。

⑤ 单手平板支撑

步骤详解

从俯卧撑姿势开始，双手分开，与肩同宽；双脚分开，比肩略宽几厘米（见图 a）。

动作和指导技巧

将一只手臂抬离地面，不要让肩膀或臀部发生旋转，也不要让头部或腹部下垂（见图 b）。在换手前暂停几秒。为了给这个练习增加困难，你可以用肘部来完成此练习。如果这样做，请在你的肘部下方放置一块垫子、枕头或折叠好的毛巾来保护自己。你还可以通过在身体的一侧伸展自由手臂，使手臂与地面平行来增加难度。每侧保持 12 ～ 20 秒的时间。

ⓐ

ⓑ

⑥ 单臂哑铃农夫走

如前所述，站在房间的一端，左手握一个沉重的哑铃，手掌朝向身体（或肩膀），靠近髋部。步行到房间的另一端，然后回到起点，完成一次完整的练习，总共步行 40 ～ 50 码（37 ～ 46 米）。换另一只手握住哑铃，再走一圈。采用正常的步伐，尽快但不失控制地进行移动。在携带重物行走时，保持高大、直立的姿势。

⑦ 斜向单腿前蹲剪式跳跃

步骤详解

采取单腿前蹲姿势，双腿分开，与髋部同宽，后脚脚跟离地，这样你的大部分重量就会落在前腿上（见图 a）。

动作和指导技巧

身体前倾，弯曲髋部，手臂向下伸，位于脚趾前方。剪式跳跃时，尽量跳得高一些（见图 b 和图 c），这样你就能以同样的姿势落地，但应该是另一条腿位于前方（见图 d）。再跳一次，重复此动作。落地时应尽量轻柔，每次落地时，都应为下一次跳跃做好准备。每次落地时，髋部都应向前弯曲，并保持脊柱挺直。每次完成练习后，都应抬高你的躯干。做 16 ～ 20 次重复练习（每条腿做 8 ～ 10 次重复练习）。

8 单臂哑铃农夫走

如前所述，站在房间的一端，左手握一个沉重的哑铃，手掌朝向身体（或肩膀），靠近髋部。步行到房间的另一端，然后回到起点，完成一次完整的练习，总共步行 40 ~ 50 码（37 ~ 46 米）。换另一只手握住哑铃，再走一圈。采用正常的步伐，尽快但不失控制地进行移动。在携带重物行走时，保持高大、直立的姿势。

哑铃组合练习

在这个组合练习中，会用到两个哑铃，每只手各一个。当你完成了此组合练习中的两次双臂哑铃摆动练习和其余练习的一次重复练习后，请让你的身体回到正确姿势，然后开始第一个练习，并重复此步骤。在这个组合练习中，你将做 15 ~ 20 次这样的重复练习。

① 双臂哑铃摆动

步骤详解

双脚分开，与肩同宽，双手各握一个哑铃，放在髋部前面。

动作和指导技巧

保持背部和手臂伸直，从两腿之间抬起哑铃，就像远足去踢足球一样，向前弯曲髋部，使膝关节弯曲 15 ~ 20 度（见图 a）。当前臂接触到大腿时，则向前推动髋部并向上摆动哑铃，将其摆动到大致与眼睛齐平的高度，然后爆发式地反转此动作，以完成一次完整的重复动作（见图 b）。做 2 次重复动作。

ⓐ ⓑ

当身体前倾的时候，一定要确保臀部是向后移动的，不要拱起背部。同样，在每次摆动的底部时，让你的前臂接触到大腿内侧。用你的臀部力量将手臂推离你的大腿，从而使哑铃在每次重复动作时向上摆动。可以通过重点使用你的腿部和臀部肌肉，而不是仅使用你的手臂来举起哑铃，确保你的练习是正确的。

② 下蹲式猩猩波比跳

步骤详解

双脚分开，比肩略宽，将哑铃放在髋部前面，手臂伸直，使哑铃悬挂于双脚之间。

ⓐ ⓑ

动作和指导技巧

弯曲膝关节并向前弯曲髋部，将哑铃放在双肩正下方、双脚之间的地面上（见图a）。向后跳，最终你将做出俯卧撑姿势，身体成一条直线，同时不要让你的臀部下垂（见图b）。保持该姿势，然后进行下一个练习。执行1次重复练习。

③ 哑铃俯卧撑

ⓐ

ⓑ

步骤详解

把哑铃直接放在肩膀下方，双手分别握住每个哑铃的手柄。

动作和指导技巧

将身体向地面降低，同时肘部始终保持在手腕上方，以完成俯卧撑动作（见图a）。当你的肋骨碰到了哑铃时，就可以反转此动作，向上推动身体（见图b）。确保始终不会让头部或臀部垂向地面。执行1次重复动作。

④ 哑铃平板支撑划船

ⓐ

ⓑ

步骤详解

以俯卧撑的姿势开始，双手分别握住放在地面上的哑铃（见图a）。双脚分开，与肩同宽，手腕位于肩膀正下方。为了确保哑铃不会滚动，请将手直接放在肩膀下方。

动作和指导技巧

一只手拿起哑铃，将其拉向身体，但在做这一系列动作时，不要让头部或臀部下垂，或者旋转躯干（见图b）。慢慢放下哑铃，在另一侧重复此动作。每侧各执行1次重复动作。

⑤ 上跳式猩猩波比跳

步骤详解

保持上次练习时的俯卧撑姿势（见图 a）。

动作和指导技巧

跳起双脚（见图 b），然后站直身体。执行 1 次重复动作。

ⓐ ⓑ

⑥ 哑铃深蹲和肩推

步骤详解

双脚分开站立，略比肩宽。双手各握一个哑铃，放在肩膀上，肘部正好位于手柄下方（见图 a）。

动作和指导技巧

弯曲膝关节，臀部向后坐，尽可能低地向下蹲，同时不要让脚后跟抬离地面，或让下背部拱起（见图 b）。反转此动作，站直身体，并将哑铃举过头顶，这样你的膝关节和手臂就能在大致相同的时间伸直（见图 c）。

ⓐ ⓑ ⓒ

执行 1 次重复动作，然后从双臂哑铃摆动开始重复这一系列的动作。

配重板组合练习

下面的练习要求你握住 25 磅（约 11 千克）、35 磅（约 16 千克）或 45 磅（约 20 千克）重的奥林匹克配重板的两端，这些配重板是大多数健身房常见的传统配重板。下面的配重板组合练习是动态的，需要锻炼者具备良好的协调能力和运动能力。完成所有 3 种练习，从而完成指定的一组组合练习。

① 配重板快速劈砍

步骤详解

下蹲，旋转臀部和躯干，同时在左膝外侧附近握住一块重 10 ~ 45 磅（5 ~ 20 千克）的配重板（见图 a）。

动作和指导技巧

站起身，身体迅速向右旋转，然后沿对角线将配重板划过你的身体，最后停在头顶右上方（见图 b）。不要做任何停顿，快速反转此动作，沿与你抬起配重板的对角线将配重板向下划过整个身体。完成一侧的所有重复动作，然后换另一侧完成所有的重复动作。每侧做 14 ~ 16 次重复动作。

快速、平稳且有规律地完成此练习，在每次重复动作的抬起和降低阶段，都要协调好你的上半身和下半身。

② 配重板中速劈砍

步骤详解

双脚分开站立，略比肩宽（见图 a）。双手握住一个配重板。

动作和指导技巧

保持背部和手臂伸直，将配重板放在两腿之间，就像远足去踢足球一样，向前摆动髋部（见图 b）。膝关节弯曲 15 ~ 20 度。当你的身体向前摆动时，臀部向后移；不要拱起你的背部。当前臂接触到你的大腿时，可以向前推动你的臀部并向上摆动配重板，将其摆动到大致与眼睛齐平的高度，然后爆发式地反转此动作，以完成一次完整的重复动作。每组完成 14 ~ 16 次重复动作。

快速、平稳且有规律地完成此练习，在每次重复动作的抬起和降低阶段，都要协调好你的上半身和下半身。

③ 配重板推移

步骤详解

将一块重达 35 ~ 45 磅（16 ~ 20 千克）的配重板放在毛巾上，使其能够在地上或草地上滑行。对于其他挑战，你还可以在配重板内放置一组哑铃［25 ~ 35 磅（11 ~ 15 千克）］。做出俯卧撑姿势，双手放在配重板上。

动作和指导技巧

通过将膝盖尽力拉向胸部来驱动双腿，先抬起一条腿的膝盖（见图 a），然后再抬起另一条腿的膝盖（见图 b）。迅速在地面上推动配重板，在 20 ~ 25 码（18 ~ 23 米）的距离内来回移动，总共移动 40 ~ 50 码（37 ~ 46 米）。确保你是大步前进的，而且臀部始终不会高于肩膀。

双腿自重组合练习

应该快速且有控制地完成此组合练习。完成此组合练习的完整一轮练习所需的所有重复练习。

① 手臂驱动下蹲跳

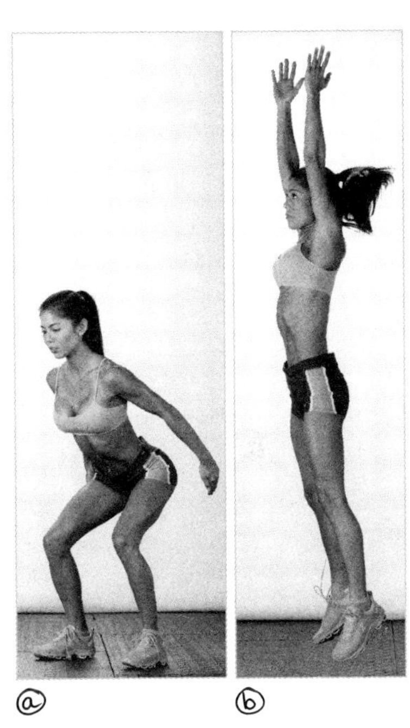

步骤详解

双脚分开站立，大致与肩同宽。

动作和指导技巧

弯曲膝关节和髋部蹲下，同时确保膝关节与脚趾保持在同一直线上（见图 a）。在任何时候，你的膝关节都不应相互靠近。将手臂伸到臀部后面，肘部略微弯曲。向上跳起，同时伸直双腿，双臂在身体上方摆动（见图 b）。尽可能轻柔地落地，然后返回起始姿势。在完成每次重复练习时，都应尽量跳到最高。完成 10 ~ 12 次重复练习。

② 斜向单腿前蹲剪刀跳

步骤详解

双腿分开站立，与髋部同宽，后脚脚跟离地，这样就可以将大部分体重放在前腿上（见图 a）。

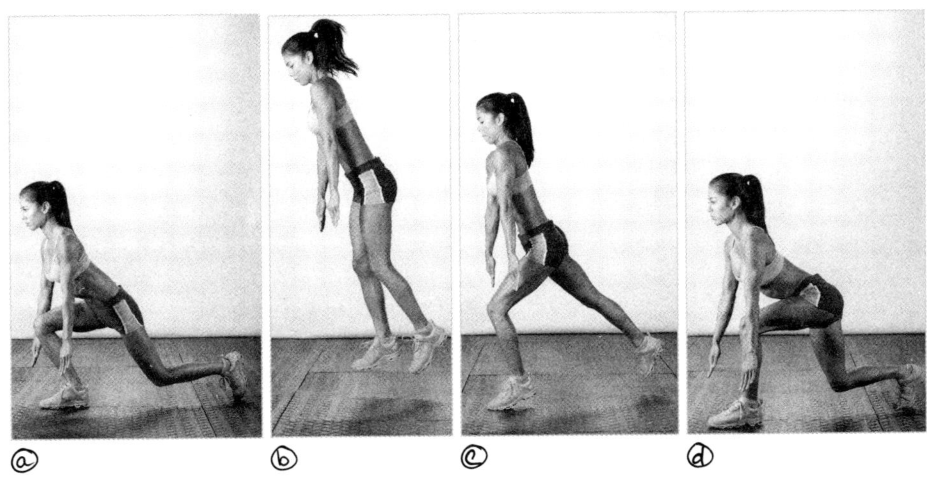

动作和指导技巧

身体前倾，弯曲髋部，手臂向下伸，位于脚趾后方。剪式跳跃时，尽量跳得高一些（见图 b 和图 c），这样你就能以同样的姿势落地，但应该是另一条腿位于前方（见图 d）。再跳一次，重复此动作。落地时应尽量轻柔，每次落地时，都应为下一次跳跃做好准备。每次落地时，髋部都应向前弯曲，并保持脊柱挺直。每次完成练习后，都应抬高你的躯干。做 20 ~ 24 次重复练习（每条腿做 10 ~ 12 次重复练习）。

③ 反弓步

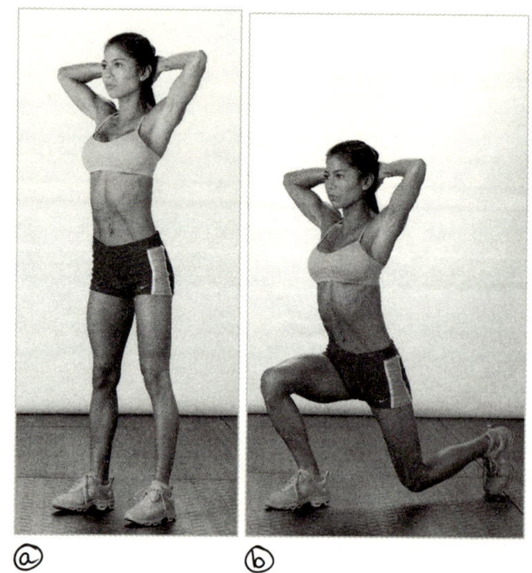

ⓐ ⓑ

步骤详解

双脚分开站立，与髋部同宽，手指交叉放在脑后（见图 a）。

动作和指导技巧

左脚向后退一步，脚尖着地，同时让身体下降，使你的双膝弯曲，形成一个弓步姿势（见图 b）。在后膝轻轻接触地面后，请反转此动作，退回到起始姿势。做同样的动作，用另一条腿向后退。每一次的重复动作中交替使用双腿，尽快但有控制地完成每次重复动作。总计完成 20 ~ 24 次重复练习（每条腿做 10 ~ 12 次重复练习）。

④ 僵尸蹲

ⓐ

ⓑ

步骤详解

双脚分开站立，略比肩宽，脚向外旋转约 10 度。双臂伸直，伸到与肩同高的位置（见图 a）。

动作和指导技巧

弯曲膝关节，臀部向后坐（见图 b）。双膝的运动方向应该与脚趾相同。下蹲，使你的大腿几乎与地面平行，但不要拱起你的下背部。尽快但有控制地完成每次重复动作。完成 20 ~ 24 次重复练习。

两分钟自重组合练习

完成以下 4 种练习，以完成此组合练习的完整一轮练习。每次练习 30 秒，在两组练习之间没有休息时间。

① 快速手支撑平板

步骤详解

从俯卧撑姿势开始，双手和双脚分开，比肩略宽几厘米（见图 a）。

动作和指导技巧

在不让肩膀或臀部发生旋转，或者不让头部或腹部下垂的情况下，以最快的速度将一只手抬离地面并轻拍另一只手的手背（见图 b）。然后，将这只手放回地面，用另一只手重复上述动作。在 30 秒内尽快但有控制地完成每次重复动作。

② 猩猩波比跳

步骤详解

双脚分开，比肩略宽，双臂伸直，放在身体前方（见图 a）。

动作和指导技巧

弯曲膝关节并向前弯曲髋部，使躯干向前倾斜。将双手放在地面上，手腕正好位于肩膀下方（见图 b），然后向后跳，做出俯卧撑姿势（见图 c）。确保你的身体成一条直线，并且在做俯卧撑时不要让臀部下垂。双脚跳回起始位置，位于双手外侧（见图 d），然后回到挺直站立的姿势，以完成重复动作（见图 e）。

③ 手臂驱动下蹲跳

ⓐ ⓑ

步骤详解

双脚分开站立，大致与肩同宽。

动作和指导技巧

弯曲膝关节和髋部（见图 a）。确保膝关节与脚趾在同一直线上。在任何时候，你的双膝都不应该向对方靠拢。手臂放在臀部后面，肘部稍微弯曲。向上跳起，同时伸直双腿，双臂在身体上方摆动（见图 b）。尽可能轻柔地落地，然后返回起始姿势。在完成每次重复练习时，都应尽量跳到最高。在 30 秒内有控制地完成尽可能多的重复动作。

④ 开合运动

步骤详解

双脚分开站立，双臂伸直，与肩同高，双手并拢（见图 a）。

动作和指导技巧

当你水平向侧面打开双臂时，双脚跳起，刚好在打开双臂时打开双脚（见图 b）。流畅地做此练习，同时打开和闭合你的双脚和双臂。尽量轻踩地面，减少双脚接触地面的时间。在有控制的情况下，尽可能快地完成每次重复动作。

ⓐ

ⓑ

自重和弹力带组合练习

这个组合练习涉及使用弹力带，该弹力带被固定在一个稳定的结构或门框内，大约在肩部的高度（许多弹力带都附有方便固定的附件）。快速但有控制地执行以下练习，以完成此组合练习的一组完整练习。

① 弹力带双手交替划船

步骤详解

双腿分开站立，右脚向前，膝关节微微弯曲。面对绑在大约胸部高度的弹力带，双手各握一个手柄。

动作和指导技巧

在用一只手臂将弹力带拉向身体时，让另一只手臂伸直，但你的躯干和臀部不要过度旋转（见图 a）。快速交替手臂，确保划船手臂的肘部会越过你的躯干（见图 b）。尽可能快但有控制地完成每次重复动作。每个姿势完成 20 ~ 25 次的练习。当完成了右脚在前的所有重复练习后，则改变姿势，将左脚切换到前面，完成左脚在前的相同重复练习次数。

② 弹力带双手交替推胸

步骤详解

背对绑在肩部高度或大致与肩同高的弹力带。双手各握一个手柄，手肘偏向两侧，前臂与地面平行。双脚分开站立，左脚向前，膝关节略微弯曲。

动作和指导技巧

当用一只手臂水平地将弹力带推离身体时，让另一只手臂弯曲，但你的躯干和臀部不要过度旋转（见图 a）。快速交替手臂，确保推胸所用手臂的肘部会越过你的躯干（见图 b）。尽可能快但有控制地完成每次重复动作。每个姿势完成 20 ~ 25 次的练习。当完成了左脚在前的所有重复练习后，则改变姿势，将右脚切换到前面，完成右脚在前的相同重复练习次数。

ⓐ ⓑ

③ 弹力带髋部转换紧缩旋转

步骤详解

双脚分开，与肩同宽，膝关节微微弯曲，弹力带的手柄位于肩膀的右侧。握住右侧的手柄，肘部略微弯曲。双脚分开，比肩略宽，重心移向右腿，肩膀直接越过髋部（见图 a）。

动作和指导技巧

让髋部随着肩膀移动，水平移动手臂，同时将重心转移到你的左腿，将手柄向左拉，越过身体，直到两只手臂都位于左肩外侧。当弹力带轻轻触碰你的前臂时，停止转动臀部和肩膀（见图 b）。此练习的活动范围很小，大约与肩膀的宽度相同。尽量减少髋部的旋转，髋部的运动方向和速度应该与肩部相同。尽可能快地完成每个重复练习，但每侧的重复练习次数控制在 10 ~ 15 次。先完成一侧的所有重复次数，然后再转换到另一侧。

④ 猩猩波比跳

步骤详解

双脚分开，比肩略宽，双臂伸直，放在身体前方（见图 a）。

动作和指导技巧

弯曲膝关节并向前弯曲髋部，使躯干向前倾斜。将双手放在地面上，手腕正好位于肩膀下方（见图 b），然后向后跳，做出俯卧撑姿势（见图 c）。确保你的身体成一条直线，并且在做俯卧撑时不要让臀部下垂。双脚跳回起始位置，位于双手外侧（见图 d），然后回到挺直站立的姿势（见图 e），以完成重复练习。尽快但有控制地完成每次重复练习。完成 15 ~ 20 次重复练习。

第 3 部分

制定计划

10 一般初学者锻炼计划

本章将为刚起步的人或有一段时间没有进行常规力量训练的人提供初学者锻炼计划。完成这些初学者锻炼计划后，或者在定期进行中等强度的力量训练时，你可以从第 11 章中的健身锻炼计划开始。尝试执行第 12 ～ 14 章中的任何锻炼计划之前，至少应花 6 ～ 8 周的时间完成本章中的这些练习。

一般初学者锻炼计划的基础

本章将重点介绍在健身房完成的一些锻炼计划，但是由于人们可能无法始终在健身房锻炼，而且初级训练需要借助一些器械来完成，所以本章还提供了两个家庭或酒店健身锻炼计划，以及两个仅借助体重和弹力带即可完成的锻炼计划。当你在旅途中或者无法使用任何健身器械时，就可以采用这两种锻炼计划。

本章提供了这些锻炼计划的使用指南。其中一些指南对于本书中所有包含锻炼计划的章节都是通用的，但其他一些指南会因你所执行的锻炼计划类型的不同而有所不同。让我们看看你应该记住的初学者锻炼计划的一些要点。

- 练习 a 和练习 b 成对进行练习。在进行下一组练习前，请完成成对练习组合中所有指定的组数和重复次数。当完成成对练习中的所有练习时，休息时间可以比两组练习之间的休息时间多一会儿（如果有必要），在良好的控制下完成指定的重复次数。完成成对练习中的一轮练习之后，才可以认为是完成了一组练习。
- 在下面两个小节的锻炼计划中，重复次数范围（即 10 ～ 15 次）会被列在每个练习的旁边。在每组练习中采用相同的重量时，因为疲劳累积，你可能会在第一组练习中做 15 次重复练习，在第二组练习中做 12 次重复练习，在第三组练习中做 10 次重复练习。或者，你可以减轻后续每组练习中使用的重量，以达到每组后续练习中给定重复次数范围的上限。这两种方法都能有效地帮你取得进步。

- 当某个锻炼计划要求休息几天时，这并不意味着你在休息的日子里不用做任何练习。在休息的日子里，你可以做一些低强度的运动，如散步、远足、骑自行车或游泳。同时，瑜伽也是进行积极休息的好选择。
- 本章中的各种锻炼计划的主要作用是让你的身体熟悉进行基本练习的要求。采用这些锻炼计划时，尤其是在第 1 阶段，你的主要关注点不是达到运动疲劳，而是改善做练习时的技巧和肌肉意识。
- 保持严格的执行方式，不要通过采用其他动作或动量来作弊。
- 每次锻炼时，都应将注意力集中在所锻炼的肌肉上。
- 以正常速度完成每个重复练习的向心（提升）部分，并在离心（下降）部分保持控制。
- 在保持适当控制和技巧的同时，采用合适的重量负荷，该负荷应该使你无法完成更多的重复次数。
- 如果做某个练习时引起的疼痛或不适感超出了肌肉疲劳所带来的感觉，请另行选择一种不会带来伤害的替代练习。本书的练习章节中有许多动作可供选择。
- 请记住，在你开始后面的锻炼之前，请务必完成第 5 章介绍的一个动态热身序列。

初学者健身锻炼计划

初学者健身锻炼计划分为两个阶段（参见表 10.1 ~ 表 10.3）。第 1 阶段包含一个单独的锻炼计划，你可以重复锻炼 4 次，也可以在不连续的日子里，每周锻炼 2 次、3 次或 4 次。如果你每周锻炼 4 次，你可以在一周内完成第 1 阶段。在完成第 1 阶段后，就可以进入第 2 阶段。第 2 阶段由锻炼计划 A 和锻炼计划 B 组成，你将在不连续的日子中交替执行这两项计划。在第 2 阶段，你将在一周内，在不连续的日子里重复完成 3 次锻炼，或者完成 2 次、3 次或 4 次锻炼。

你的健身包

建议你经常在健身包中装几件便携装备，比如带手柄的弹力带和弹力带环。这些弹力带使得你能够将需要固定器械（比如深蹲架或深蹲器）的练习与弹力带（移动器械）组合在一起。这样一来，你就可以在成对练习或三人组练习中使用弹力带进行练习，而不必离开固定器械，从而不必在整个健身房中走动，这样你的器械也不会被其他会员拿走。

当完成下面两个阶段的初学者锻炼计划后，在尝试第 3 部分中的其他任何锻炼计划之前，至少应该花费 6 到 8 周的时间进行锻炼，才能继续完成“健身锻炼计划”一章中的练习。

表 10.1 初学者健身房锻炼计划：第 1 阶段

		锻炼 1	锻炼 2	锻炼 3	锻炼 4	页码
1a.	哑铃酒杯深蹲	1 组 12 ~ 15 次练习（–3）*	1 组 12 ~ 15 次练习（–2）*	1 组 12 ~ 15 次练习（–1）*	1 组 12 ~ 15 次练习	141
1b.	双手对握背部下拉	1 组 12 ~ 15 次练习（–3）* 两组成对练习之间休息 90 秒	1 组 12 ~ 15 次练习（–2）* 两组成对练习之间休息 90 秒	1 组 12 ~ 15 次练习（–1）* 两组成对练习之间休息 90 秒	1 组 12 ~ 15 次练习 两组成对练习之间休息 90 秒	91
2a.	俯卧撑	1 组最大重复次数练习（–3）*	1 组最大重复次数练习（–2）*	1 组最大重复次数练习（–1）*	1 组最大重复次数练习	62
2b.	罗马尼亚式哑铃硬拉	1 组 12 ~ 15 次练习（–3）* 两组成对练习之间休息 90 秒	1 组 12 ~ 15 次练习（–2）* 两组成对练习之间休息 90 秒	1 组 12 ~ 15 次练习（–1）* 两组成对练习之间休息 90 秒	1 组 12 ~ 15 次练习 两组成对练习之间休息 90 秒	142
3a.	单手绳索划船	1 组 12 ~ 14 次练习	1 组 15 ~ 16 次练习	1 组 17 ~ 18 次练习	1 组 19 ~ 20 次练习	93
3b.	单手绳索推	1 组 12 ~ 15 次练习（–3）* 两组成对练习之间休息 90 秒	1 组 12 ~ 15 次练习（–2）* 两组成对练习之间休息 90 秒	1 组 12 ~ 15 次练习（–1）* 两组成对练习之间休息 90 秒	1 组 12 ~ 15 次练习 两组成对练习之间休息 90 秒	92
4a.	训练器卧姿腿弯举	1 组 12 ~ 15 次练习（–3）*	1 组 12 ~ 15 次练习（–2）*	1 组 12 ~ 15 次练习（–1）*	1 组 12 ~ 15 次练习	151
4b.	哑铃肩部“T”字推举	1 组 12 次练习 两组成对练习之间休息 90 秒	1 组 13 次练习 两组成对练习之间休息 90 秒	1 组 14 次练习 两组成对练习之间休息 90 秒	1 组 15 次练习 两组成对练习之间休息 90 秒	90
5a.	器械髋内收	1 组 12 ~ 15 次练习（–3）*	1 组 12 ~ 15 次练习（–2）*	1 组 12 ~ 15 次练习（–1）*	1 组 12 ~ 15 次练习	152
5b.	哑铃侧肩举	1 组 12 ~ 15 次练习（–3）* 两组成对练习之间休息 90 秒	1 组 12 ~ 15 次练习（–2）* 两组成对练习之间休息 90 秒	1 组 12 ~ 15 次练习（–1）* 两组成对练习之间休息 90 秒	1 组 12 ~ 15 次练习 两组成对练习之间休息 90 秒	71
6a.	绳索肱三头肌屈伸	1 组 12 ~ 14 次练习	1x 15 ~ 16 次练习	1 组 17 ~ 18 次练习	1 组 19 ~ 20 次练习	98
6b.	哑铃臂弯举	1 组 12 ~ 15 次练习（–3）* 两组成对练习之间休息 90 秒	1 组 12 ~ 15 次练习（–2）* 两组成对练习之间休息 90 秒	1 组 12 ~ 15 次练习（–1）* 两组成对练习之间休息 90 秒	1 组 12 ~ 15 次练习 两组成对练习之间休息 90 秒	68
7a.	单腿臀桥	每侧做 1 组 30 秒的练习	每侧做 1 组 35 秒的练习	每侧做 1 组 40 秒的练习	每侧做 1 组 45 秒的练习	146
7b.	触肩平板支撑	每侧做 1 组 20 秒的练习	每侧做 1 组 24 秒的练习	每侧做 1 组 28 秒的练习	每侧做 1 组 30 秒的练习	186

*(–1) 表示在肌肉力竭前停止第 1 组重复练习，(–2) 表示在肌肉力竭前停止第 2 组重复练习，(–3) 表示在力竭前停止第 3 组重复练习。

表 10.2 初学者健身房锻炼计划：第 2 阶段，锻炼计划 A

		锻炼 1	锻炼 2	锻炼 3	页码
1a.	中距平台器腿举	2 组 10 ~ 12 次重复练习	2 组 13 ~ 14 次重复练习	2 组 14 ~ 16 次重复练习	149
1b.	稳定球收腹	2 组 10 ~ 12 次重复练习 两组成对练习之间休息 90 秒	2 组 13 ~ 14 次重复练习 两组成对练习之间休息 90 秒	2 组 14 ~ 16 次重复练习 两组成对练习之间休息 90 秒	176
2a.	器械胸部推举	2 组 10 ~ 12 次重复练习	2 组 13 ~ 14 次重复练习	2 组 14 ~ 16 次重复练习	102
2b.	凳上单手俯身哑铃划船	每侧 2 组 10 ~ 12 次重复练习 两组成对练习之间休息 90 秒	每侧 2 组 13 ~ 14 次重复练习 两组成对练习之间休息 90 秒	每侧 2 组 14 ~ 16 次重复练习 两组成对练习之间休息 90 秒	83
3a.	哑铃上斜卧推	2 组 10 ~ 12 次重复练习	2 组 13 ~ 14 次重复练习	2 组 14 ~ 16 次重复练习	82
3b.	罗马尼亚式哑铃横向弓步硬拉	每侧 2 组 8 次重复练习 两组成对练习之间休息 90 秒	每侧 2 组 9 次重复练习 两组成对练习之间休息 90 秒	每侧 2 组 10 次重复练习 两组成对练习之间休息 90 秒	142
4a.	单手半跪式斜向绳索划船	每侧 2 组 10 ~ 12 次重复练习	每侧 2 组 13 ~ 14 次重复练习	每侧 2 组 14 ~ 16 次重复练习	95
4b.	哑铃侧肩举	2 组 10 ~ 12 次重复练习 两组成对练习之间休息 90 秒	2 组 13 ~ 14 次重复练习 两组成对练习之间休息 90 秒	2 组 14 ~ 16 次重复练习 两组成对练习之间休息 90 秒	71
5a.	单腿绳索髋内收	每侧 2 组 10 ~ 12 次重复练习	每侧 2 组 13 ~ 14 次重复练习	每侧 2 组 14 ~ 16 次重复练习	148
5b.	哑铃臂弯举	2 组 9 ~ 10 次重复练习 两组成对练习之间休息 90 秒	2 组 11 ~ 12 次重复练习 两组成对练习之间休息 90 秒	2 组 13 ~ 15 次重复练习 两组成对练习之间休息 90 秒	68
6a.	单腿哑铃臀部上举	每侧 2 组 10 ~ 12 次重复练习	每侧 2 组 13 ~ 14 次重复练习	每侧 2 组 14 ~ 16 次重复练习	145
6b.	反向卷腹	2 组 8 ~ 9 次重复练习 两组成对练习之间休息 90 秒	2 组 10 ~ 11 次重复练习 两组成对练习之间休息 90 秒	2 组 12 ~ 14 次重复练习 两组成对练习之间休息 90 秒	160

表 10.3 初学者健身房锻炼计划：第 2 阶段，锻炼计划 B

		锻炼 1	锻炼 2	锻炼 3	页码
1a.	哑铃斜向保加利亚式箭步蹲	每侧 2 组 9 ~ 10 次重复练习	每侧 2 组 11 ~ 12 次重复练习	每侧 2 组 11 ~ 12 次重复练习	128
1b.	俯卧撑	2 组最大重复次数练习 (–2)* 两组成对练习之间休息 90 秒	2 组最大重复次数练习 (–1)* 两组成对练习之间休息 90 秒	2 组最大重复次数练习 两组成对练习之间休息 90 秒	62
2a.	绳索下拉	2 组 10 ~ 12 次重复练习	2 组 13 ~ 14 次重复练习	2 组 14 ~ 16 次重复练习	58
2b.	罗马尼亚式哑铃硬拉	2 组 10 ~ 12 次重复练习 两组成对练习之间休息 90 秒	2 组 13 ~ 14 次重复练习 两组成对练习之间休息 90 秒	2 组 14 ~ 16 次重复练习 两组成对练习之间休息 90 秒	142
3a.	单手上斜杠铃推举	每侧 2 组 10 ~ 12 次重复练习	每侧 2 组 13 ~ 14 次重复练习	每侧 2 组 14 ~ 16 次重复练习	77
3b.	稳定球腿弯举	2 组 12 ~ 13 次重复练习 在两组成对练习之间休息 90 秒	2 组 14 ~ 15 次重复练习 在两组成对练习之间休息 90 秒	2 组 16 ~ 18 次重复练习 在两组成对练习之间休息 90 秒	154
4a.	手臂弯曲抬 E-Z 杠铃	2 组 10 ~ 12 次重复练习	2 组 13 ~ 14 次重复练习	2 组 14 ~ 16 次重复练习	87
4b.	单手颈后哑铃臂屈伸	每侧 2 组 10 ~ 12 次重复练习 两组成对练习之间休息 90 秒	每侧 2 组 13 ~ 14 次重复练习 两组成对练习之间休息 90 秒	每侧 2 组 14 ~ 16 次重复练习 两组成对练习之间休息 90 秒	86

续表

		锻炼 1	锻炼 2	锻炼 3	页码
5a.	器械髋内收	2 组 10 ~ 12 次重复练习	2 组 13 ~ 14 次重复练习	2 组 14 ~ 16 次重复练习	152
5b.	哑铃平板支撑划船	每侧 2 组 6 次重复练习 两组成对练习之间休息 90 秒	每侧 2 组 7 次重复练习 两组成对练习之间休息 90 秒	每侧 2 组 8 次重复练习 两组成对练习之间休息 90 秒	182
6a.	稳定球配重板卷体	2 组 9 ~ 10 次重复练习	2 组 11 ~ 12 次重复练习	2 组 13 ~ 15 次重复练习	170
6b.	弹力带迷你环低位横向迈步	每侧 2 组 16 ~ 18 次重复练习 两组成对练习之间休息 90 秒	每侧 2 组 20 ~ 22 次重复练习 两组成对练习之间休息 90 秒	每侧 2 组 24 ~ 25 次重复练习 两组成对练习之间休息 90 秒	149

*(–1) 表示在肌肉力竭前停止第 1 组重复练习，(–2) 表示在肌肉力竭前停止第 2 组重复练习。

在完成每个阶段的所有练习之前，每周至少要完成 2 次初学者锻炼计划，但不要超过 4 次。如表 10.4 ~ 表 10.6 所示，如果你每周训练 2 次、3 次甚至 4 次，那么可以制订一个每周样本锻炼计划。

表 10.4　初学者健身房锻炼计划步骤详解：每周 2 次

第 1 周	第 2 周
周一：第 1 阶段，锻炼 1	周一：第 1 阶段，锻炼 3
周二：休息	周二：休息
周三：休息	周三：休息
周四：第 1 阶段，锻炼 2	周四：第 1 阶段，锻炼 4
周五：休息	周五：休息
周六：休息	周六：休息
周日：休息	周日：休息
第 3 周	**第 4 周**
周一：第 2 阶段，锻炼计划 A，锻炼 1	周一：第 2 阶段，锻炼计划 A，锻炼 2
周二：休息	周二：休息
周三：休息	周三：休息
周四：第 2 阶段，锻炼计划 B，锻炼 1	周四：第 2 阶段，锻炼计划 B，锻炼 2
周五：休息	周五：休息
周六：休息	周六：休息
周日：休息	周日：休息
第 5 周 *	
周一：第 2 阶段，锻炼计划 A，锻炼 3	
周二：休息	
周三：休息	
周四：第 2 阶段，锻炼计划 B，锻炼 3	
周五：休息	
周六：休息	
周日：休息	

* 在完成第 5 周的锻炼计划后，请继续执行下一章中的健身锻炼计划。

表 10.5 初学者健身房锻炼计划步骤详解：每周 3 次

第 1 周	第 2 周
周一：第 1 阶段，锻炼 1	周一：第 1 阶段，锻炼 3
周二：休息	周二：休息
周三：第 2 阶段，锻炼计划 B，锻炼 1	周三：第 2 阶段，锻炼计划 A，锻炼 3
周四：休息	周四：休息
周五：第 1 阶段，锻炼 2	周五：第 1 阶段，锻炼 4
周六：休息	周六：休息
周日：休息	周日：休息
第 3 周	**第 4 周 ***
周一：第 2 阶段，锻炼计划 A，锻炼 1	周一：第 2 阶段，锻炼计划 B，锻炼 2
周二：休息	周二：休息
周三：第 2 阶段，锻炼计划 B，锻炼 1	周三：第 2 阶段，锻炼计划 A，锻炼 3
周四：休息	周四：休息
周五：第 2 阶段，锻炼计划 A，锻炼 2	周五：第 2 阶段，锻炼计划 B，锻炼 3
周六：休息	周六：休息
周日：休息	周日：休息

* 在完成第 4 周的锻炼计划后，请继续执行下一章中的健身锻炼计划。

表 10.6 初学者健身房锻炼计划步骤详解：每周 4 次

第 1 周	第 2 周
周一：第 1 阶段，锻炼 1	周一：第 2 阶段，锻炼计划 A，锻炼 1
周二：第 1 阶段，锻炼 2	周二：第 2 阶段，锻炼计划 B，锻炼 1
周三：休息	周三：休息
周四：第 1 阶段，锻炼 3	周四：第 2 阶段，锻炼计划 A，锻炼 2
周五：休息	周五：休息
周六：第 1 阶段，锻炼 4	周六：第 2 阶段，锻炼计划 B，锻炼 2
周日：休息	周日：休息
第 3 周 *	
周一：第 2 阶段，锻炼计划 A，锻炼 3	
周二：第 2 阶段，锻炼计划 B，锻炼 3	
周三：休息	

* 在完成第 3 周的锻炼计划后（在以上的每周训练中，第 3 周只持续到周三），请继续执行下一章中的健身锻炼计划。

家庭或酒店健身锻炼计划

当你在旅途中，无法去健身房或无法进入健身房的时候，你可以使用这里提供的初学者家庭或酒店健身锻炼计划，或者初学者体重和弹力带锻炼计划。表 10.7 和表

10.8 中的两项锻炼计划涉及为家庭健身推荐的器械，或者是一些在大多数酒店健身房中很常见的器械。这些器械如下。

- 一套哑铃［重量可达 50 磅（约 23 千克）或 20 千克）］。
- 一个可调节的举重凳，可将其设置成平面或斜面。
- 高质量的稳定球，直径为 55 ~ 65 厘米。
- 引体向上杆（为了方便，许多引体向上杆都被设计为可轻松放置在门口的顶部）。
- 一组弹力带，具有针对各种不同强度（从低到高强度）的手柄。
- 从低到中等强度不等的弹力带环。
- 从低到中等强度不等的迷你弹力带环。

弹力带、弹力带环和迷你弹力带环在大多数体育用品商店或在线商店都有销售，但在酒店健身房并不常见。我们建议至少携带每种类型的一组弹力带。这些弹力带便于携带，可以被轻松地放入你的行李箱。还需要注意的是，由于以下锻炼是在有限的器械上进行的，所以其中一些练习需要针对练习说明中的内容进行一些微小的修改。例如，对于像单手绳索划船这样的基于绳索的锻炼，如果训练环境中没有绳索柱，可以使用弹力带来进行锻炼。或者，对于哑铃运动（例如“哑铃肩部‘W’字推举”），你无须握哑铃亦可执行练习说明中所示的相同动作。每个锻炼计划中都对这些修改进行了说明。

此外，这些锻炼计划仅在你外出旅行、无法去健身房或无权使用健身房时，作为对你每周常规健身房锻炼计划的补充。它们无意取代你的健身房锻炼计划。你的主要训练应该围绕上一节中的初学者健身房锻炼计划进行。请记住，在开始任何后续锻炼之前，请务必执行第 5 章中的动态热身序列之一。

表 10.9 和表 10.10 中的两个锻炼计划包括使用以下 3 种弹力带的体重练习和弹力带练习：带手柄的弹力带（这些弹力带可以在几秒内连接到任何门柱或稳定的物体上）、弹力带环和迷你弹力带环。一套带手柄的高质量弹力带和两种类型的弹力带环（它们提供了从轻到非常重的各种级别的抗阻），是家庭锻炼计划和出差时锻炼计划的必选。它们便于携带，并为你的体重锻炼增加了许多有效的锻炼选择，它们带来的价值远远超过它们的成本。

再次声明，以下锻炼计划并不是专为你而设计，也不是为了取代本章前面提到的基于健身房的初学者锻炼计划而设计。当你无法去任何类型的健身房的时候，可以将它们作为每周常规健身房锻炼计划的补充。

表 10.7 初学者家庭或酒店健身房锻炼计划：第 1 阶段

	练习	组数和重复次数	页码
1a.	哑铃酒杯深蹲	1 组 12 ~ 15 次练习	141
1b.	骑摩托式单手绳索划船（借助弹力带）*	每侧 1 组 15 ~ 20 次重复练习 两组成对练习之间休息 90 秒	94
2a.	俯卧撑	1 组最大重复次数练习	62
2b.	罗马尼亚式哑铃硬拉	1 组 15 ~ 20 次重复练习 两组成对练习之间休息 90 秒	142
3a.	单手绳索划船（借助弹力带）*	每侧 1 组 15 ~ 20 次重复练习	93
3b.	臀部移位绳索转体（借助弹力带）*	每侧 1 组 15 ~ 20 次重复练习 两组成对练习之间休息 90 秒	166
4a.	稳定球腿弯举	1 组最大重复次数练习	154
4b.	哑铃肩部“T”字推举	1 组 15 ~ 20 次重复练习 两组成对练习之间休息 90 秒	90
5a.	侧卧髋内收	每侧 1 组 15 ~ 20 次重复练习	153
5b.	哑铃侧肩举	1 组 15 ~ 20 次重复练习 两组成对练习之间休息 90 秒	71
6a.	哑铃肱三头肌臂屈伸	1 组 15 ~ 20 次重复练习	73
6b.	哑铃臂弯举	1 组 15 ~ 20 次重复练习 两组成对练习之间休息 90 秒	68
7a.	单腿臀桥	每侧 1 组 20 ~ 30 次重复练习	146
7b.	触肩平板支撑	1 组 20 ~ 30 秒练习	186

* 使用弹力带替代绳索，按照练习说明中提供的方式完成这项练习。

表 10.8 初学者家庭或酒店健身房锻炼计划：第 2 阶段

	练习	组数和重复次数	页码
1a.	垫高哑铃斜向反弓步	每侧 2 组 8 ~ 12 次重复练习	125
1b.	迷你弹力带环平板支撑踏步	每侧 2 组 8 ~ 12 次重复练习 两组成对练习之间休息 90 秒	185
2a.	哑铃卧推	2 组 14 ~ 16 次重复练习	81
2b.	单手独立式哑铃划船	每侧 2 组 14 ~ 16 次重复练习 两组成对练习之间休息 90 秒	84
3a.	哑铃上斜卧推	2 组 14 ~ 16 次重复练习	82
3b.	罗马尼亚式哑铃硬拉	2 组 10 ~ 12 次重复练习 两组成对练习之间休息 90 秒	142
4a.	骑摩托式单手绳索划船（借助弹力带）*	每侧 2 组 15 ~ 18 次重复练习	94
4b.	弹力带过顶肱三头肌伸展	2 组 14 ~ 16 次重复练习 两组成对练习之间休息 90 秒	106
5a.	侧卧髋内收	每侧 2 组 15 ~ 20 次重复练习	153
5b.	哑铃臂弯举	2 组 12 ~ 15 次重复练习 两组成对练习之间休息 90 秒	68
6a.	单腿哑铃臀部上举	每侧 2 组 15 ~ 20 次重复练习	145
6b.	由低到高绳索砍劈（借助弹力带）*	每侧 2 组 12 ~ 15 次重复练习	165

* 使用弹力带替代绳索，按照练习说明中提供的方式完成这项练习。

表 10.9 初学者体重和弹力带锻炼计划 1

练习		组数和重复次数	页码
1a.	僵尸蹲	1 组 15 ~ 20 次重复练习	152
1b.	骑摩托式单手绳索划船（借助弹力带）*	每侧 1 组 15 ~ 20 次重复练习 两组成对练习之间休息 90 秒	94
2a.	俯卧撑	1 组最大重复次数练习	62
2b.	弹力带环混合硬拉	1 组 15 ~ 25 次重复练习	148
3a.	单手绳索划船（借助弹力带）*	每侧 1 组 15 ~ 20 次重复练习	93
3b.	臀部移位绳索转体（借助弹力带）*	1 组 15 ~ 20 次重复练习	166
4a.	稳定球腿弯举	1 组最大重复次数练习	154
4b.	稳定球收腹	1 组 15 ~ 20 次重复练习	176
5a.	侧卧髋内收	每侧 1 组 15 ~ 20 次重复练习	153
5b.	哑铃肩部“Y”字推举（不使用哑铃）**	1 组 15 ~ 20 次重复练习	89
6a.	弹力带过顶肱三头肌伸展	1 组 15 ~ 20 次重复练习	106
6b.	弹力带肱二头肌弯举	1 组 15 ~ 20 次重复练习 两组成对练习之间休息 90 秒	109
7a.	单腿臀桥	每侧 1 组 20 ~ 30 次重复练习	146
7b.	触肩平板支撑	1 组 15 ~ 20 秒的练习	186

* 使用弹力带替代绳索，按照练习说明中提供的方式完成这项练习。
** 在不使用哑铃的情况下做这个动作。如果需要，还可以不抬起前脚来做这个动作。

表 10.10 初学者体重和弹力带锻炼计划 2

练习		组数和重复次数	页码
1a.	垫高哑铃反弓步（不使用哑铃）**	每侧 2 组 12 ~ 15 次重复练习	126
1b.	骑摩托式单手绳索划船（借助弹力带）*	2 组 25 ~ 30 秒练习 两组成对练习之间休息 90 秒	94
2a.	俯卧撑	2 组最大重复次数练习	62
2b.	单手绳索划船（借助弹力带）*	每侧 2 组 15 ~ 20 次重复练习 两组成对练习之间休息 90 秒	93
3a.	弹力带单手上斜推举	2 组 15 ~ 20 次重复练习	106
3b.	单腿 45 度罗马尼亚式绳索硬拉（借助弹力带）*	每侧 2 组 15 ~ 20 次重复练习 两组成对练习之间休息 90 秒	147
4a.	弹力带过顶肱三头肌伸展	2 组 15 ~ 20 次重复练习	106
4b.	弹力带肱二头肌弯举	2 组 15 ~ 20 次重复练习 两组成对练习之间休息 90 秒	109
5a.	侧卧髋内收	每侧 2 组 15 ~ 20 次重复练习	153
5b.	稳定球收腹	2 组 15 ~ 20 次重复练习 两组成对练习之间休息 90 秒	176
6a.	单腿臀桥	每侧 2 组 15 ~ 25 次重复练习	146
6b.	由低到高绳索砍劈（借助弹力带）*	2 组 12 ~ 15 次重复练习 两组成对练习之间休息 90 秒	165

* 使用弹力带替代绳索，按照练习说明中提供的方式完成这项练习。
** 按照练习说明中提供的方式，在不使用哑铃的情况下亦可做此动作。另外，如果你没有踏板或配重板来垫高你的前脚，那么可以使用较厚的书本或折叠好的毛巾来代替。或者，你可以不抬起前脚来做这个练习。

11 健身锻炼计划

本章适用于那些想要改善和维持整体健康状况和健康水平的人。也许你对改善饮食习惯并不感兴趣，但可能会通过更多的锻炼来控制体重，消耗掉食用你喜欢吃的食物所产生的热量，同时保持精力旺盛，打造一个更强壮的身体来实现更高的成就(例如，提高表现能力)。如果是这样，那么本章的健身锻炼计划就非常适合你!

本章中的健身锻炼计划借鉴了来自功能和表现能力、减肥和体格锻炼计划中的一些元素，将帮助你改善肌肉、力量和新陈代谢。但是，它们不仅能帮助你提高整体的健康状况和健康水平，还能帮你奠定健身基础，确保你的身体做好准备，能够更安全、有效地完成功能和表现能力、减肥和体格锻炼计划，这些锻炼计划将在接下来的 3 章中进行介绍。无论你采用这 3 种锻炼计划中的哪种，从本章的健身锻炼计划开始(至少 6 周)都是最明智、最安全的选择。

健身锻炼计划的基础

锻炼是否取得成功不仅仅由肌肉尺寸的变化、重量的变化，或者腰围是否减小来判断，也可以通过每次锻炼的享受程度、锻炼结束时的感觉以及每周完成的锻炼次数来判断。如第 1 章中所述，除了明显的美学和运动学方面的益处，经常锻炼对身体和心理健康也有许多好处。

本书中各项锻炼计划的相似之处要多于不同之处。让锻炼计划更专注于功能和表现能力、减肥、体格或更一般的健身(和健康)之类的事情并不是本书中所包含的练习(各项锻炼计划中会出现许多相同的练习)，而是练习的组数、重复次数、休息时间长短，以及锻炼计划的组织方式和顺序。

本章的重点是在健身房完成的锻炼计划。但是由于人们可能无法始终在健身房锻炼，所以虽然主要训练应使用各种器械来完成，但本章还提供了两个家庭或酒店健身

你的健身包

建议你经常在健身包中装几件便携装备，比如带手柄的弹力带和弹力带环。这些弹力带让你能够将需要固定器械（比如深蹲架或深蹲器）的练习与弹力带（移动器械）组合在一起。这样一来，你就可以在成对练习或三人组练习中使用弹力带，而不必移动固定器械，从而不必在整个健身房中走动，这样你的器械也不会被其他会员拿走。

房锻炼计划，以及两种只借助体重和弹力带即可完成的锻炼计划，这样，当你在外旅行或无法使用任何健身器械时，就可以采用这些锻炼计划。

本章提供了这些锻炼计划的使用指南。其中一些指南对于本书中所有包含锻炼计划的章节都是通用的，但其他一些指南则会因为你正在执行的锻炼计划类型的不同而有所不同。让我们看看你应该记住的健身锻炼计划的一些要点。

- 练习 a 和练习 b 成对进行练习。在进行下一组练习前，请完成成对练习组合中所有指定的组数和重复次数。当完成成对练习中的所有练习时，休息的时间可以比两组练习之间的休息时间多一会儿（如果有必要），在良好的控制下完成指定的重复次数。在完成成对练习中的一轮练习之后，才可以认为是完成了一组练习。
- 在下面两个小节的锻炼计划中，重复次数范围（即 10 ~ 15 次）会被列在每个练习的旁边。在对每组练习采用相同的重量时，因为疲劳累积，你可能会在第一组练习中做 15 次重复练习，在第二组练习中做 12 次重复练习，在第三组练习中做 10 次重复练习。或者，你可以减轻后续每组练习中使用的重量，以达到每组后续练习中给定的重复次数范围上限。这两种方法都能有效地帮助你进步。
- 当某个锻炼计划要求休息几天时，这并不意味着你在休息的日子里不用做任何练习。在休息的日子里，你可以做一些低强度的运动，比如散步、远足、骑自行车或游泳。同时，瑜伽也是你进行积极休息的好选择。如果你已经按照先前的建议每周都在做瑜伽，那么可以在远离健身房的休息（活动）周内增加瑜伽练习。在重复一个锻炼周期之前，需要有 4 ~ 7 天的时间进行“减负”，将过度训练的风险降至最低，并帮助你继续获得收益。这还会使你渴望回到健身房，帮助你避免养成只是走过场的习惯。
- 保持严格的执行方式，不要通过采用其他动作或动量来作弊。精神集中在每一块锻炼的肌肉上。

- 以正常速度完成每个重复练习的向心（提升）部分，并在离心（下降）部分保持控制。
- 在保持适当控制和技巧的同时，采用合适的重量负荷，该负荷应该使你无法完成更多的重复次数。
- 如果做某个练习时引起的疼痛或不适感超出了肌肉疲劳所带来的感觉，请另行选择一种不会带来伤害的替代练习。本书的练习章节中有许多动作可供选择。
- 请记住，在你开始后面的锻炼之前，请务必完成第 5 章介绍的一个动态热身序列。

健身锻炼计划

本章中介绍了 8 种健身锻炼计划，每个锻炼计划有两个版本，共计有 16 种不同的健身锻炼计划（参见表 11.1 ~ 表 11.8）。在 B 版的每个锻炼计划中，包含一些相同的练习，但与 A 版相比，两个版本中需要完成的组数和重复次数是不同的。在完成锻炼计划的时候，当你的抗阻训练的总组数较少时，你可以在锻炼计划的最后添加一个适应能力训练。

一个正在进行的良好训练计划应该具有足够的一致性，使你能够了解进度，同时也应具有足够的多样性，以防止让你感到乏味和无聊。这意味着虽然使用相同的基本练习，但可以采用不同的方式，在完成不同的组数和重复次数并进行交替训练时（一些锻炼计划可能还包括体能练习），采用这种训练方式就非常合适。

请务必注意，你每周定期进行锻炼的频率取决于你开始锻炼的目的。大多数人是为了健身和健康而锻炼（锻炼往往是次要的），与那些注重功能和表现能力、体格或减肥的人相比，他们的锻炼频率比较低。请记住这一点，此处介绍的锻炼计划是全面的健身计划，会假设你可能因为生活的阻碍而错过下一次锻炼。这些锻炼计划被设计为每周至少执行 2 ~ 3 次（如果时间允许，最好每周执行 2 次以上），但每周不得超过 4 次，连续天数不得超过 2 天，以便最大限度地恢复健康，并降低过度训练的风险。如果你打算更频繁地进行锻炼，那么你可能不是一个休闲运动者，因此本章中的一般锻炼计划可能无法满足你。如果你是一个运动爱好者，在不参加本章锻炼计划的日子里，最好做一些休闲运动，比如瑜伽、远足、骑自行车、游泳等。或者你可能对尝试第 14 章“体格锻炼计划”中的锻炼计划感兴趣，该计划使你可以选择每周进行 4 次以上的频繁锻炼。表 11.9 ~ 表 11.11 中展示了一些每周锻炼方法，你可以将它们与健身锻炼计划结合使用，每周训练 2 次、3 次或 4 次。

表 11.1 基于健身房的锻炼计划 1

		锻炼 A	锻炼 B	页码
1a.	六角杠蹲举	4 组 8 ~ 10 次重复练习	3 组 12 ~ 15 次重复练习	139
1b.	稳定球配重板卷体	4 组 8 ~ 10 次重复练习 两组成对练习之间休息 90 秒	3 组 12 ~ 15 次重复练习 两组成对练习之间休息 90 秒	170
2a.	引体向上（如果需要，可以使用器械或弹力带环）	4 组 6 ~ 8 次重复练习	3 组 12 ~ 15 次重复练习	118
2b.	哑铃旋转式肩膀推举	4 组 6 ~ 8 次重复练习 两组成对练习之间休息 90 秒	3 组 10 ~ 14 次重复练习 两组成对练习之间休息 90 秒	83
3a.	单手绳索划船	每侧 3 组 12 ~ 15 次重复练习	每侧 2 组 20 ~ 25 次重复练习	93
3b.	单手绳索推	每侧 3 组 12 ~ 15 次重复练习 两组成对练习之间休息 90 秒	每侧 2 组 20 ~ 25 次重复练习 两组成对练习之间休息 90 秒	92
4a.	单腿 45 度罗马尼亚式绳索硬拉	每侧 3 组 12 ~ 15 次重复练习	每侧 2 组 20 ~ 25 次重复练习	147
4b.	绳索肱三头肌屈伸	3 组 12 ~ 15 次重复练习	2 组 20 ~ 25 次重复练习	98
4c.	绳索面拉	3 组 12 ~ 15 次重复练习 三组训练组 * 之间休息 90 秒	2 组 20 ~ 25 次重复练习 三组训练组之间休息 90 秒	74
体能练习			高抗阻直立自行车冲刺：完成 10 秒练习（尽量快）并休息 50 秒，进行 4 ~ 8 轮练习	191

表 11.2 基于健身房的锻炼计划 2

		锻炼 A	锻炼 B	页码
1a.	俯身杠铃划船	3 组 12 ~ 15 次重复练习	4 组 8 ~ 10 次重复练习	63
1b.	垫高哑铃反弓步	每侧 3 组 12 ~ 15 次重复练习 两组成对练习之间休息 90 秒	每侧 4 组 8 ~ 10 次重复练习 两组成对练习之间休息 90 秒	126
2a.	器械胸部推举	3 组 12 ~ 15 次重复练习	4 组 6 ~ 8 次重复练习	102
2b.	稳定球腿弯举变化（知名的练习）	稳定球腿弯举，3 组 14 ~ 20 次重复练习 两组成对练习之间休息 90 秒	单腿稳定球腿弯举，每侧4组6 ~ 8次重复练习 两组成对练习之间休息 90 秒	154
3a.	绳索下拉	2 组 20 ~ 25 次重复练习	3 组 12 ~ 15 次重复练习	58
3b.	配重板快速劈砍	每侧 2 组 20 ~ 25 次重复练习 两组成对练习之间休息 90 秒	每侧 3 组 12 ~ 15 次重复练习 两组成对练习之间休息 90 秒	175
4a.	E-Z 杠铃牧师凳弯举	2 组 20 ~ 25 次重复练习	3 组 12 ~ 15 次重复练习	87
4b.	哑铃侧肩举	2 组 20 ~ 25 次重复练习	3 组 12 ~ 15 次重复练习	71
4c.	交叉平板支撑	每侧 2 组 14 ~ 16 次重复练习 三组训练组之间休息 90 秒	每侧 3 组 8 ~ 10 次重复练习 三组训练组之间休息 90 秒	185
体能练习		单边农夫走组合练习：2 ~ 3 组，两组之间休息 2 ~ 3 分钟		196

注释：三个动作分别完成一组为一组训练组，循环三次为三组训练组，用 * 表示，以此类推，全书同。

表 11.3　基于健身房的锻炼计划 3

		锻炼 A	锻炼 B	页码
1a.	哑铃斜向保加利亚式箭步蹲	每侧 4 组 8 ~ 12 次重复练习	每侧 3 组 15 ~ 18 次重复练习	128
1b.	反向卷腹	4 组 8 ~ 10 次重复练习 两组成对练习之间休息 90 秒	3 组 12 ~ 15 次重复练习 两组成对练习之间休息 90 秒	160
2a.	单手半跪式斜向绳索划船	每侧 4 组 8 ~ 10 次重复练习	每侧 3 组 14 ~ 16 次重复练习	95
2b.	从上斜杠铃肩膀推举过渡到肩膀推举	每侧 4 组 6 ~ 8 次重复练习 两组成对练习之间休息 90 秒	每侧 3 组 10 ~ 14 次重复练习 两组成对练习之间休息 90 秒	77
3a.	单手绳索复合划船	每侧 3 组 12 ~ 15 次重复练习	每侧 2 组 20 ~ 25 次重复练习	94
3b.	站姿绳索推胸	每侧 3 组 12 ~ 15 次重复练习 两组成对练习之间休息 90 秒	每侧 2 组 20 ~ 25 次重复练习 两组成对练习之间休息 90 秒	93
4a.	训练器卧姿腿弯举	3 组 12 ~ 15 次重复练习	2 组 20 ~ 25 次重复练习	151
4b.	单手颈后哑铃臂屈伸	3 组 12 ~ 15 次重复练习	2 组 20 ~ 25 次重复练习	86
4c.	哑铃肩部“A”字推举	3 组 12 ~ 15 次重复练习 三组训练组之间休息 90 秒	2 组 20 ~ 25 次重复练习 三组训练组之间休息 90 秒	88
体能训练			配重板推移：总距离为 40 ~ 50 码（约 37 ~ 46 米），进行 3 ~ 5 组练习，两组练习之间休息 1.5 ~ 3 分钟	192

表 11.4　基于健身房的锻炼计划 4

		锻炼 A	锻炼 B	页码
1a.	俯身杠铃划船	3 组 12 ~ 15 次重复练习	4 组 8 ~ 10 次重复练习	63
1b.	稳定球靠墙深蹲	3 组 16 ~ 20 次重复练习 两组成对练习之间休息 90 秒	4 组 10 ~ 14 次重复练习 两组成对练习之间休息 90 秒	141
2a.	俯卧撑变化（知名的练习）	稳定球俯卧撑，3 组最大重复次数练习	窄距俯卧撑，4 组最大重复次数练习	114 和 113
2b.	哑铃罗马尼亚式硬拉箭步前行	每侧 3 组 14 ~ 16 次重复练习 两组成对练习之间休息 90 秒	每侧 4 组 8 ~ 10 次重复练习 两组成对练习之间休息 90 秒	144
3a.	战士式绳索高位下拉	每侧 2 组 20 ~ 25 次重复练习	每侧 3 组 12 ~ 15 次重复练习	96
3b.	站姿哑铃划船	2 组 20 ~ 25 次重复练习 两组成对练习之间休息 90 秒	3 组 12 ~ 15 次重复练习 两组成对练习之间休息 90 秒	69
4a.	由低到高绳索砍劈	每侧 2 组 20 ~ 25 次重复练习	每侧 3 组 12 ~ 15 次重复练习	165
4b.	绳索复合直臂下拉	2 组 20 ~ 25 次重复练习	3 组 12 ~ 15 次重复练习	99
4c.	稳定球收腹变化（知名的练习）	稳定球收腹，2 组 20 ~ 25 次重复练习 三组训练组之间休息 90 秒	手臂行走，3 组 6 ~ 8 次重复练习 三组训练组之间休息 90 秒	176 和 183
体能练习		配重板组合练习：进行 3 ~ 4 轮练习，两轮练习之间休息 2 ~ 3 分钟		203

表 11.5 基于健身房的锻炼计划 5

		锻炼 A	锻炼 B	页码
1a.	杠铃混合式硬拉	4 组 8 ～ 10 次重复练习	3 组 12 ～ 15 次重复练习	124
1b.	稳定球配重板卷体	4 组 8 ～ 10 次重复练习 两组成对练习之间休息 90 秒	3 组 12 ～ 15 次重复练习 两组成对练习之间休息 90 秒	170
2a.	引体向上（下巴过横杠）（如果需要，可以使用器械或弹力带环）	4 组 6 ～ 8 次重复练习	3 组 12 ～ 15 次重复练习	117
2b.	哑铃旋转式肩膀推举	每侧 4 组 6 ～ 8 次重复练习 两组成对练习之间休息 90 秒	每侧 3 组 10 ～ 14 次重复练习 两组成对练习之间休息 90 秒	83
3a.	双臂俯身哑铃划船	3 组 12 ～ 15 次重复练习	2 组 20 ～ 25 次重复练习	66
3b.	器械胸部推举	3 组 12 ～ 15 次重复练习 两组成对练习之间休息 90 秒	2 组 20 ～ 25 次重复练习 两组成对练习之间休息 90 秒	102
4a.	单腿哑铃臀部上举	每侧 3 组 12 ～ 16 次重复练习	每侧 2 组 20 ～ 25 次重复练习	145
4b.	凳上保持倾斜	每侧 3 组 15 ～ 20 次重复练习	每侧 2 组 25 ～ 30 次重复练习	184
4c.	哑铃肱三头肌臂屈伸	3 组 12 ～ 15 次重复练习 三组训练组之间休息 90 秒	2 组 20 ～ 25 次重复练习 三组训练组之间休息 90 秒	73
体能练习			高抗阻直立自行车冲刺：完成 10 秒练习（尽量快）并休息 50 秒，进行 4 ～ 8 轮练习	191

表 11.6 基于健身房的锻炼计划 6

		锻炼 A	锻炼 B	页码
1a.	单手独立式哑铃划船	每侧 3 组 12 ～ 15 次重复练习	每侧 4 组 8 ～ 10 次重复练习	84
1b.	哑铃登台阶	每侧 3 组 12 ～ 15 次重复练习 两组成对练习之间休息 90 秒	每侧 4 组 8 ～ 10 次重复练习 两组成对练习之间休息 90 秒	132
2a.	俯卧撑变化（知名的练习）	十字交叉俯卧撑，3 组最大重复次数练习	锁定俯卧撑，每侧 4 组 6 ～ 10 次重复练习	112 和 111
2b.	45 度髋关节伸展	3 组 14 ～ 16 次重复练习 两组成对练习之间休息 90 秒	4 组 8 ～ 12 次重复练习 两组成对练习之间休息 90 秒	131
3a.	双手对握背部下拉	2 组 20 ～ 25 次重复练习	3 组 12 ～ 15 次重复练习	91
3b.	配重板绕体旋转	2 组 20 ～ 25 次重复练习 两组成对练习之间休息 90 秒	3 组 12 ～ 15 次重复练习 两组成对练习之间休息 90 秒	182
4a.	侧卧髋内收	每侧 2 组 20 ～ 25 次重复练习	每侧 3 组 12 ～ 15 次重复练习	153
4b.	哑铃臂弯举	2 组 20 ～ 25 次重复练习	3 组 12 ～ 15 次重复练习	68
4c.	稳定球腹肌练习变化（知名的练习）	稳定球屈膝内收，2 组 16 ～ 25 次重复练习 三组训练组之间休息 90 秒	稳定球屈体，3 组 8 ～ 12 次重复练习 三组训练组之间休息 90 秒	181 和 177
体能练习			单边农夫走组合练习：2 ～ 3 组，两组之间休息 2 ～ 3 分钟	196

表 11.7　基于健身房的锻炼计划 7

		锻炼 A	锻炼 B	页码
1a.	垫高哑铃斜向反弓步	每侧 4 组 7 ~ 10 次重复练习	每侧 3 组 12 ~ 15 次重复练习	125
1b.	稳定球收腹变化（知名的练习）	弹力带腹轮，4 组 5 ~ 8 次重复练习 两组成对练习之间休息 90 秒	稳定球收腹，3 组 14 ~ 16 次重复练习 两组成对练习之间休息 90 秒	169 和 176
2a.	斜向绳索下拉	4 组 8 ~ 10 次重复练习	3 组 14 ~ 16 次重复练习	60
2b.	单手上斜杠铃推举	每侧 4 组 6 ~ 8 次重复练习 两组成对练习之间休息 90 秒	每侧 3 组 10 ~ 14 次重复练习 两组成对练习之间休息 90 秒	77
3a.	下握史密斯杠铃划船	3 组 12 ~ 15 次重复练习	2 组 20 ~ 25 次重复练习	115
3b.	哑铃卧推	3 组 12 ~ 15 次重复练习 两组成对练习之间休息 90 秒	2 组 20 ~ 25 次重复练习 两组成对练习之间休息 90 秒	81
4a.	训练器坐姿腿弯举	3 组 12 ~ 15 次重复练习	2 组 20 ~ 25 次重复练习	150
4b.	哑铃平板支撑划船	每侧 3 组 7 ~ 9 次重复练习	每侧 2 组 12 ~ 15 次重复练习	182
4c.	哑铃俯身臂屈伸	3 组 12 ~ 15 次重复练习 三组训练组之间休息 90 秒	2 组 20 ~ 25 次重复练习 三组训练组之间休息 90 秒	86
体能练习			配重板推移：总距离为 40 ~ 50 码（37 ~ 46 米），进行 3 ~ 5 组练习，两组练习之间休息 1.5 ~ 3 分钟	192

表 11.8　基于健身房的锻炼计划 8

		锻炼 A	锻炼 B	页码
1a.	单手独立式哑铃划船	每侧 3 组 12 ~ 15 次重复练习	每侧 4 组 8 ~ 10 次重复练习	84
1b.	中距平台器腿举	3 组 14 ~ 16 次重复练习 两组成对练习之间休息 90 秒	4 组 8 ~ 12 次重复练习 两组成对练习之间休息 90 秒	149
2a.	杠铃卧推	3 组 12 ~ 15 次重复练习	4 组 8 ~ 10 次重复练习	79
2b.	单腿单臂罗马尼亚式哑铃硬拉	每侧 3 组 12 ~ 15 次重复练习 两组成对练习之间休息 90 秒	每侧 4 组 8 ~ 10 次重复练习 两组成对练习之间休息 90 秒	144
3a.	绳索下拉	2 组 20 ~ 25 次重复练习	3 组 12 ~ 15 次重复练习	58
3b.	哑铃向前肩举	2 组 20 ~ 25 次重复练习 两组成对练习之间休息 90 秒	3 组 12 ~ 15 次重复练习 两组成对练习之间休息 90 秒	70
4a.	由高到低绳索砍劈	每侧 2 组 20 ~ 25 次重复练习	每侧 3 组 12 ~ 15 次重复练习	168
4b.	低位单手背对肱二头肌弯举	每侧 2 组 18 ~ 25 次重复练习	每侧 3 组 12 ~ 15 次重复练习	101
4c.	低位单手绳索飞鸟	每侧 2 组 18 ~ 25 次重复练习 三组训练组之间休息 90 秒	每侧 3 组 12 ~ 15 次重复练习 三组训练组之间休息 90 秒	98
体能练习			配重板组合练习：进行 3 ~ 4 轮练习，两轮练习之间休息 2 ~ 3 分钟	203

表 11.9 基于健身房的锻炼计划样本详解：每周 2 次

第 1 周	第 2 周
周一：锻炼计划 1，锻炼 A	周一：锻炼计划 3，锻炼 A
周二：休息	周二：休息
周三：休息	周三：休息
周四：锻炼计划 2，锻炼 A	周四：锻炼计划 4，锻炼 A
周五：休息	周五：休息
周六：休息	周六：休息
周日：休息	周日：休息
第 3 周	**第 4 周**
周一：锻炼计划 5，锻炼 A	周一：锻炼计划 7，锻炼 A
周二：休息	周二：休息
周三：休息	周三：休息
周四：锻炼计划 6，锻炼 A	周四：锻炼计划 8，锻炼 A
周五：休息	周五：休息
周六：休息	周六：休息
周日：休息	周日：休息

第 5 周 *
周一：锻炼计划 1，锻炼 B
周二：休息
周三：休息
周四：锻炼计划 2，锻炼 B
周五：休息
周六：休息
周日：休息

* 在第 6 周，将执行“锻炼计划 3，锻炼 B”和“锻炼计划 4，锻炼 B”；在第 7 周，将执行“锻炼计划 5，锻炼 B”和“锻炼计划 6，锻炼 B”等。当你完成了第 8 周的练习时，就可以再次重复这个周期，从“锻炼计划 1，锻炼 A”开始。

表 11.10 基于健身房的锻炼计划样本详解：每周 3 次

第 1 周	第 2 周
周一：锻炼计划 1，锻炼 A	周一：锻炼计划 4，锻炼 A
周二：休息	周二：休息
周三：锻炼计划 2，锻炼 A	周三：锻炼计划 5，锻炼 A
周四：休息	周四：休息
周五：锻炼计划 3，锻炼 A	周五：锻炼计划 6，锻炼 A
周六：休息	周六：休息
周日：休息	周日：休息
第 3 周	**第 4 周**
周一：锻炼计划 7，锻炼 A	周一：锻炼计划 2，锻炼 B
周二：休息	周二：休息
周三：锻炼计划 8，锻炼 A	周三：锻炼计划 3，锻炼 B
周四：休息	周四：休息

续表

第 3 周	第 4 周
周五：锻炼计划 1，锻炼 B	周五：锻炼计划 4，锻炼 B
周六：休息	周六：休息
周日：休息	周日：休息
第 5 周	第 6 周 *
周一：锻炼计划 5，锻炼 B	周一：锻炼计划 8，锻炼 B
周二：休息	周二：休息
周三：锻炼计划 6，锻炼 B	周三：锻炼计划 1，锻炼 A
周四：休息	周四：休息
周五：锻炼计划 7，锻炼 B	周五：锻炼计划 2，锻炼 A
周六：休息	周六：休息
周日：休息	周日：休息

* 在第 6 周，你将再次重复这个周期，从“锻炼计划 1，锻炼 A”开始，以此类推。

表 11.11　基于健身房的锻炼计划样本详解：每周 4 次

第 1 周	第 2 周
周一：锻炼计划 1，锻炼 A	周一：锻炼计划 5，锻炼 A
周二：锻炼计划 2，锻炼 A	周二：锻炼计划 6，锻炼 A
周三：休息	周三：休息
周四：锻炼计划 3，锻炼 A	周四：锻炼计划 7，锻炼 A
周五：锻炼计划 4，锻炼 A	周五：锻炼计划 8，锻炼 A
周六：休息	周六：休息
周日：休息	周日：休息
第 3 周	第 4 周 *
周一：锻炼计划 1，锻炼 B	周一：锻炼计划 5，锻炼 B
周二：锻炼计划 2，锻炼 B	周二：锻炼计划 6，锻炼 B
周三：休息	周三：休息
周四：锻炼计划 3，锻炼 B	周四：锻炼计划 7，锻炼 B
周五：锻炼计划 4，锻炼 B	周五：锻炼计划 8，锻炼 B
周六：休息	周六：休息
周日：休息	周日：休息

* 在这种情况下，你已经在 4 周内完成了整个锻炼计划周期。该计划会花费你 4 周的时间，然后你将重复同样的锻炼计划，从“锻炼计划 1，锻炼 A”开始。

家庭或酒店健身房健身锻炼计划

当你在旅途中，无法去健身房或无法进入健身房的时候，你可以使用这里提供的家庭或酒店健身房健身锻炼计划，或者体重和弹力带锻炼计划来改善功能和表现能力。表 11.12 和表 11.13 中的两项锻炼计划涉及为家庭健身房推荐的器械，或者是一些在大多数酒店健身房中很常见的器械。这些器械如下。

- 一套哑铃［重量可达 50 磅（约 23 千克）或 20 千克）］。
- 一个可调节的举重凳，可将设置成平面或斜面。
- 高质量的稳定球，直径为 55 ~ 65 厘米。
- 引体向上杆(为了方便,许多引体向上杆都被设计为可轻松放置在门口的顶部)。
- 一组弹力带，具有针对各种不同强度（从低到高强度）的手柄。
- 从低到中等强度不等的弹力带环。
- 从低到中等强度不等的迷你弹力带环。

弹力带、弹力带环和迷你弹力带环在大多数体育用品商店或在线商店都有销售，但在酒店健身房并不常见。我们建议至少携带每种类型的一组弹力带。这些弹力带便于携带，可以被轻松地放入你的行李箱。还需要注意的是，由于以下锻炼是在有限的器械上进行的，所以其中一些练习需要针对练习说明中的内容进行一些微小的修改。例如，对于像单手绳索划船这样的基于绳索的锻炼，如果训练环境中没有绳索柱，可以使用弹力带来进行锻炼。或者，对于哑铃运动（例如“哑铃肩部 W 字推举”），你无须握哑铃亦可执行练习说明中所示的相同动作。每个锻炼计划中都对这些修改进行了说明。

此外，这些锻炼计划仅在你外出旅行、无法去健身房或无权使用健身房时，作为对你每周常规健身房锻炼计划的补充。它们无意取代你的健身房锻炼计划。你的主要训练应该围绕上一节中的初学者健身房锻炼计划进行。请记住，在开始任何后续锻炼之前，请务必执行第 5 章中的动态热身序列其中之一。

表 11.14 和表 11.15 中的两个锻炼计划包括使用以下 3 种弹力带的体重练习和弹力带练习：带手柄的弹力带（这些弹力带可以在几秒内连接到任何门柱或稳定的物体上)、弹力带环和迷你弹力带环。一套带手柄的高质量弹力带和两种类型的弹力带环(它们提供了从轻到非常重的各种级别的抗阻），是家庭锻炼计划和出差时锻炼计划的必选。它们便于携带，并为你的体重锻炼增加了许多有效的锻炼选择，它们带来的价值远远超过它们的成本。

再次声明，以下锻炼计划并不是专为你而设计，也不是为了取代本章前面提到的基于健身房的锻炼计划而设计。当你无法去任何类型的健身房的时候，可以将它们作为每周常规健身房锻炼计划的补充。

表 11.12 家庭或酒店健身房健身锻炼计划 1

练习	组数和重复次数	页码
1a. 垫高哑铃反弓步 **	每侧 4 组 8 ~ 10 次重复练习	126
1b. 稳定球配重板卷体 ***	4 组 8 ~ 10 次重复练习 两组成对练习之间休息 90 秒	170
2a. 引体向上（如果需要，可借助弹力带环）	4 组 6 ~ 8 次重复练习	118
2b. 哑铃旋转式肩膀推举	每侧 4 组 6 ~ 8 次重复练习 两组成对练习之间休息 90 秒	83
3a. 单手绳索划船（借助弹力带）*	每侧 3 组 14 ~ 16 次重复练习	93
3b. 单手绳索推（借助弹力带）*	每侧 3 组 14 ~ 16 次重复练习 两组成对练习之间休息 90 秒	92
4a. 罗马尼亚式哑铃横向弓步硬拉	每侧 3 组 12 ~ 15 次重复练习	142
4b. 哑铃肱三头肌臂屈伸	3 组 12 ~ 15 次重复练习 两组成对练习之间休息 90 秒	73
5. 由低到高绳索砍劈（借助弹力带）*	每侧 2 组 12 ~ 15 次重复练习 两组成对练习之间休息 90 秒	165
体能练习	两分钟自重组合练习：进行 2 ~ 3 轮练习，两轮练习之间休息 2 ~ 3 分钟	207

* 使用弹力带替代绳索，按照练习说明中提供的方式完成这项练习。
** 如果你没有踏板或配重板来垫高你的前脚，那么可以使用较厚的书本或折叠好的毛巾来代替。或者，你可以不抬起前脚来做这个练习。
*** 如果没有配重板，可以握住哑铃的两侧进行替代。

表 11.13 家庭或酒店健身房健身锻炼计划 2

练习	组数和重复次数	页码
1a. 哑铃卧推	3 组 12 ~ 15 次重复练习	81
1b. 哑铃斜向保加利亚式箭步蹲	每侧 3 组 10 ~ 15 次重复练习 两组成对练习之间休息 90 秒	128
2a. 双臂俯身哑铃划船	3 组 12 ~ 15 次重复练习	66
2b. 稳定球腿弯举	3 组 15 ~ 25 次重复练习 两组成对练习之间休息 90 秒	154
3a. 骑摩托式单手绳索划船（借助弹力带）*	3 组 15 ~ 20 次重复练习	94
3b. 臀部移位绳索转体（借助弹力带）*	每侧 2 组 20 ~ 25 次重复练习 两组成对练习之间休息 90 秒	166
4a. 哑铃臂弯举	2 组 20 ~ 25 次重复练习	68
4b. 哑铃侧肩举	2 组 20 ~ 25 次重复练习	71
4c. 交叉平板支撑	每侧 2 组 14 ~ 16 次重复练习 三组训练组之间休息 90 秒	185
体能练习	自重和弹力带组合练习：进行 3 轮 15 ~ 20 次重复练习，两轮练习之间休息 2 ~ 3 分钟	209

* 使用弹力带替代绳索，按照练习说明中提供的方式完成这项练习。

表 11.14 体重和弹力带健身锻炼计划 1

练习	组数和重复次数	页码
1a. 摆臂下蹲跳	4 组 8 ~ 10 次重复练习	136
1b. 反向卷腹	4 组 8 ~ 12 次重复练习 两组成对练习之间休息 90 秒	160
2a. 单手绳索复合划船（借助弹力带）*	每侧 3 组 8 ~ 10 次重复练习	94
2b. 单手绳索推（借助弹力带）*	每侧 3 组 12 ~ 16 次重复练习 两组成对练习之间休息 90 秒	92
3a. 单手半跪式斜向绳索划船	每侧 3 组 14 ~ 18 次重复练习	95
3b. 单腿提胯	每侧 3 组 12 ~ 18 次重复练习 两组成对练习之间休息 90 秒	147
4a. 由高到低绳索砍劈（借助弹力带）*	每侧 3 组 12 ~ 15 次重复练习	168
4b. 弹力带肱三头肌伸展	3 组 12 ~ 15 次重复练习	105
4c. 哑铃肩部“Y”字推举（不使用哑铃）**	3 组 12 ~ 15 次重复练习 三组训练组之间休息 90 秒	89
体能练习	自重和弹力带组合练习：进行 3 轮 15 ~ 20 次重复练习，两轮练习之间休息 2 ~ 3 分钟	209

* 使用弹力带替代绳索，按照练习说明中提供的方式完成这项练习。
** 按照练习说明中提供的方式，无须使用哑铃亦可完成此练习。

表 11.15 体重和弹力带健身锻炼计划 2

练习	组数和重复次数	页码
1a. 弹力带环混合硬拉	4 组 15 ~ 20 次重复练习	148
1b. 手臂行走	4 组 4 ~ 7 次重复练习 两组成对练习之间休息 90 秒	183
2a. 骑摩托式单手绳索划船（借助弹力带）*	3 组 15 ~ 20 次重复练习	94
2b. 臀部移位绳索转体（借助弹力带）*	每侧 2 组 20 ~ 25 次重复练习 两组成对练习之间休息 90 秒	166
3a. 弹力带俯身划船	3 组 15 ~ 20 次重复练习	107
3b. 俯卧撑	3 组最大重复次数练习 两组成对练习之间休息 90 秒	62
4a. 由低到高绳索砍劈（借助弹力带）*	每侧 3 组 12 ~ 15 次重复练习	165
4b. 弹力带肱二头肌弯举	每侧 3 组 11 ~ 18 次重复练习	109
4c. 单腿臀部上举 **	每侧 3 组 11 ~ 18 次重复练习 三组训练组之间休息 90 秒	145
体能练习	两分钟自重组合练习：进行 2 ~ 3 轮练习，两轮练习之间休息 2 ~ 3 分钟	207

* 使用弹力带替代绳索，按照练习说明中提供的方式完成这项练习。
** 如果你没有举重凳，你可以将肩膀靠在软垫椅子上做这个练习。

12 功能和表现能力锻炼计划

本章适用于那些不一定从事体育行业，但对改善整体运动能力感兴趣的人。如果你是一名休闲运动员或周末参加锻炼的人，并希望通过提高整体力量、爆发力和适应能力（抗疲劳能力）来取得成功，那么本章中的锻炼计划非常适合你！

功能和表现能力锻炼计划的基础

本章中各种锻炼计划的重点是通过提高力量、爆发力和适应能力来提高表现能力。在即将开展的每个后续锻炼计划中，你都可以通过增加重量并完成比前一次锻炼更少的重复次数和更多的组数来提高力量。此外，在每个后续锻炼计划中，你可以通过完成比前一次锻炼更少的重复次数和更多的组数并注重速度来提高爆发力。与关于体格、减肥或健身锻炼计划章节中的锻炼计划不同，那些锻炼计划经常循环采用不同的锻炼计划顺序，本章中的锻炼计划会花费几周的时间重复做相同的练习，然后再切换到不同的练习。这可以确保你在这些锻炼计划所强调的领域取得进步。

并非每个人都为了改善功能和表现能力（例如，提高力量、爆发力和适应能力）而锻炼身体，因为他们是休闲运动员或者周末才锻炼身体的人，他们希望提高参与某项体育运动的能力，或者提高在健身房外参与各种体育活动的能力。有些人只是对通过在完成各种练习的过程中提高力量、爆发力和适应能力指标来提高其表现能力感兴趣。尽管这两种类型的人都以相同的方式来衡量成功（在健身房中取得进步），但他们在一周中的锻炼频率通常（也应该）是不同的。如果你是一名休闲运动员或周末才锻炼身体的人，这意味着你经常（每周一两次）参加（或练习）某项运动。如果是这样，你的锻炼次数通常会少于认真致力于提高力量、爆发力和适应能力的运动爱好者，因为除了在健身房进行训练外，你无须考虑让身体从玩耍和练习中恢复过来。因此，本章为那些每周训练 2 ~ 3 次的人提供了锻炼计划，还为那些每周训练 4 ~ 5 次的人

你的健身包

建议你经常在健身包中装几件便携装备，比如带手柄的弹力带和弹力带环。这些弹力带让你能够将需要固定器械（比如深蹲架或深蹲器）的练习与弹力带（移动器械）组合在一起。这样一来，你就可以在成对练习或三人组练习中使用弹力带，而不必离开固定器械，从而不必在整个健身房中走动，这样你的器械也不会被其他会员拿走。

也提供了锻炼计划。这两种锻炼计划都采用了“负荷式 – 爆发式”主题，这意味着本章的锻炼计划不仅包括重负荷举重，还包括轻负荷爆发力运动。

本章的重点是在健身房完成的锻炼计划，但是由于人们可能无法始终在健身房锻炼，或者你需要借助一些器械来完成锻炼，所以本章还提供了两个家庭或酒店健身房锻炼计划，以及两个仅借助体重和弹力带即可完成的锻炼计划，当你在旅途中或者无法使用任何健身器械时，就可以采用这两种锻炼计划。

本章提供了这些锻炼计划的使用指南。其中一些指南对于本书中所有包含锻炼计划的章节都是通用的，但其他一些指南则会因为你正在执行的锻炼计划类型的不同而有所不同。让我们看看你应该记住的功能和表现能力锻炼计划的一些要点。

- 练习 a 和练习 b 成对进行练习。在进行下一组练习前，请完成成对练习组合中所有指定的组数和重复次数。当完成成对练习中的所有练习时，休息的时间就可以比两组练习之间的休息时间多一会儿（如果有必要），在良好的控制下完成指定的重复次数。在完成成对练习中的一轮练习之后，才可以认为是完成了一组练习。
- 在下面两个小节的锻炼计划中，重复次数范围（即 10 ~ 15 次）会列在每个练习的旁边。在对每组练习采用相同的重量时，因为疲劳累积，你可能会在第一组练习中做 15 次重复练习，在第二组练习中做 12 次重复练习，在第三组练习中做 10 次重复练习。或者，你可以减轻后续每组练习中使用的重量，以达到每组后续练习中给定的重复次数范围上限。这两种方法都能有效地帮助你进步。
- 当某个锻炼计划要求休息几天时，这并不意味着你在休息的日子里不用做任何练习。在休息的日子里，你可以做一些低强度的运动，比如散步、远足、骑自行车或游泳。同时，瑜伽也是你进行积极休息的好选择。如果你已经按照先前的建议每周都在做瑜伽，那么可以在远离健身房的休息（活动）周内增加瑜伽练习。在重复一个锻炼周期之前，需要有 4 ~ 7 天的时间进行“减负”，将过度训练的风险降至最低，并帮助你继续获得收益。这还会使你渴望回到健身房，帮助你避免养成只是走过场的习惯。

- 对于每个锻炼计划中的负荷练习，请使用最重的负荷，这使你能够执行指定的重复次数，同时保持最佳技巧。尽量用力完成每个重复练习的向心（提升）部分，并在离心（下降）部分保持良好的控制。在爆发力练习中，应该在保持最佳技巧的同时，尽可能快地完成每个重复动作。
- 为了使锻炼更加全面，本章锻炼计划中的其他锻炼计划会不断变换练习组数和重复次数。保持严格的执行方式，不要通过采用其他动作或动量来作弊。这包括以正常速度完成每个重复练习的向心（提升）部分，并在离心（下降）部分保持控制。在保持适当控制和技巧的同时，采用合适的重量负荷，该负荷应该使你无法完成更多的重复次数。
- 如果做某个练习时引起的疼痛或不适感超出了肌肉疲劳所带来的感觉，请另行选择一种不会带来伤害的替代练习。本书的练习章节中有许多动作可供选择。
- 请记住，在你开始后面的锻炼之前，请务必完成第 5 章介绍的一个动态热身序列。

功能和表现能力锻炼计划

在实施这些功能和表现能力锻炼计划之前，如果你刚刚开始锻炼，或者已经有一段时间没有锻炼了，请先完成第 10 章中的初学者锻炼计划。如果你经常锻炼，或者已经完成初学者锻炼计划，建议你在采用以下锻炼计划之前，先花费 6 ~ 8 周的时间完成第 11 章中的健身锻炼计划。

基于健身房的功能和表现能力锻炼计划：每周 2 ~ 3 次

本节包含 4 个不同的锻炼计划，分别进行两种不同的全身锻炼（参见表 12.1 ~ 表 12.4）。在每个锻炼计划中，都会交替完成两种锻炼 4 ~ 7 次，然后再切换到另一个锻炼计划，并在另一个锻炼计划中再重复完成两种锻炼 4 ~ 7 次。第一次完成锻炼计划中的每种锻炼时，该锻炼被认为是一种重载锻炼（reload workout）。“重载锻炼”是一种强度较低的锻炼，它能帮助你保持活力，并让你适应所开始的新锻炼计划的动作和顺序。重载锻炼还可以让你以一种不会感到疲劳的方式进行锻炼，这样就可以在两个锻炼计划之间进行恢复。它还在锻炼计划之间提供了积极恢复日。参见表 12.5 和表 12.6，其中提供了基于健身房的功能和表现能力锻炼计划样本，如果你每周锻炼 2 ~ 3 次，那么该锻炼计划非常适合你。

每个锻炼计划中的锻炼都至少包含一个负荷练习，让你可以专心提高你的力量；还至少包含一个爆发力练习，让你可以专心在每个后续锻炼中提高你的爆发力。在采用混合组数 / 重复次数方案的情况下，在进行较少总组数的抗阻训练时，还可以包含其他练习，采用不同的组数和重复次数，并以体能练习结束锻炼计划。前文对负荷式、爆发式和重载锻炼进行了说明，我们讨论了有关这些功能和表现能力锻炼计划的一些要点。

之前的全身锻炼计划假设你经常（大约每周 2 次）参加（或练习）某项运动。这些锻炼计划被设计为至少每周采用 2 或 3 次（如果日程安排允许，则每周应该进行 3 次锻炼，而不是每周进行 2 次锻炼）。表 12.1 ~ 表 12.6 展示了在每周 2 或 3 次的锻炼计划中可以采用的每周锻炼步骤。

表 12.1 基于健身房的功能和表现能力锻炼计划 1：每周 2 或 3 次

锻炼计划 1A						
		锻炼 1：重载 *	锻炼 2 和 5	锻炼 3 和 6	锻炼 4 和 7	页码
1.	负荷式：杠铃混合式硬拉	2 组 8 ~ 10 次重复练习 两组练习之间休息 2 ~ 3 分钟	4 组 6 ~ 7 次重复练习 两组练习之间休息 3 ~ 5 分钟	5 组 4 ~ 5 次重复练习 两组练习之间休息 3 ~ 5 分钟	6 组 2 ~ 3 次重复练习 两组练习之间休息 3 ~ 5 分钟	124
2.	爆炸式：杠铃高拉	2 组 3 ~ 4 次重复练习 两组练习之间休息 2 ~ 3 分钟	6 组 3 ~ 4 次重复练习 两组练习之间休息 2 ~ 3 分钟	5 组 5 ~ 6 次重复练习 两组练习之间休息 2 ~ 3 分钟	4 组 7 ~ 8 次重复练习 两组练习之间休息 2 ~ 3 分钟	76
3a.	哑铃登台阶	每侧 2 组 6 ~ 8 次重复练习	每侧 4 组 6 ~ 8 次重复练习	每侧 3 组 10 ~ 14 次重复练习	每侧 2 组 17 ~ 20 次重复练习	132
3b.	稳定球配重板卷体	2 组 6 ~ 8 次重复练习 两组成对练习之间休息 90 秒	4 组 6 ~ 8 次重复练习 两组成对练习之间休息 90 秒	3 组 10 ~ 12 次重复练习 两组成对练习之间休息 90 秒	2 组 15 ~ 17 次重复练习 两组成对练习之间休息 90 秒	170
4a.	站姿绳索推胸	2 组 8 ~ 10 次重复练习	4 组 8 ~ 10 次重复练习	3 组 12 ~ 14 次重复练习	2 组 17 ~ 20 次重复练习	93
4b.	单手绳索复合划船	每侧 2 组 6 ~ 8 次重复练习， 两组成对练习之间休息 90 秒	每侧 4 组 6 ~ 8 次重复练习 两组成对练习之间休息 90 秒	每侧 3 组 10 ~ 14 次重复练习， 两组成对练习之间休息 90 秒	每侧 2 组 17 ~ 20 次重复练习 两组成对练习之间休息 90 秒	94
5a.	绳索肱三头肌屈伸	2 组 8 ~ 10 次重复练习	4 组 6 ~ 8 次重复练习	3 组 10 ~ 14 次重复练习	2 组 17 ~ 20 次重复练习	98
5b.	绳索面拉	2 组 8 ~ 10 次重复练习 两组成对练习之间休息 90 秒	4 组 6 ~ 8 次重复练习 两组成对练习之间休息 90 秒	3 组 10 ~ 14 次重复练习 两组成对练习之间休息 90 秒	2 组 17 ~ 20 次重复练习 两组成对练习之间休息 90 秒	74

续表

锻炼计划 1A						
		锻炼 1：重载 *	锻炼 2 和 5	锻炼 3 和 6	锻炼 4 和 7	页码
体能练习				高抗阻直立自行车冲刺：完成 10 秒练习并休息 50 秒，进行 4 ~ 8 轮练习	单边农夫走组合练习：2 ~ 3 组，两组之间休息 2 ~ 3 分钟	191 和 196

锻炼计划 1B						
		锻炼 1：重载 *	锻炼 2 和 5	锻炼 3 和 6	锻炼 4 和 7	页码
1.	负荷式：引体向上（下巴过横杠）（如果需要，可以借助器械或弹力带环）	8 ~ 10 次重复练习 两组练习之间休息 2 ~ 3 分钟	4 组 6 ~ 7 次重复练习 两组练习之间休息 3 ~ 5 分钟	5 组 4 ~ 5 次重复练习 两组练习之间休息 3 ~ 5 分钟	6 组 2 ~ 3 次重复练习 两组练习之间休息 3 ~ 5 分钟	117
2.	爆发式：摆臂下蹲跳	2 组 3 ~ 4 次重复练习 两组练习之间休息 2 ~ 3 分钟	6 组 3 ~ 4 次重复练习 两组练习之间休息 2 ~ 3 分钟	5 组 5 ~ 6 次重复练习 两组练习之间休息 2 ~ 3 分钟	4 组 7 ~ 8 次重复练习 两组练习之间休息 2 ~ 3 分钟	136
3a.	哑铃旋转式肩膀推举	每侧 2 组 6 ~ 8 次重复练习	每侧 3 组 10 ~ 14 次重复练习	每侧 2 组 16 ~ 18 次重复练习	每侧 4 组 6 ~ 8 次重复练习	83
3b.	单手绳索划船	每侧 2 组 6 ~ 8 次重复练习 两组成对练习之间休息 90 秒	每侧 3 组 10 ~ 14 次重复练习 两组成对练习之间休息 90 秒	每侧 2 组 17 ~ 20 次重复练习 两组成对练习之间休息 90 秒	每侧 4 组 6 ~ 8 次重复练习 两组成对练习之间休息 90 秒	93
4a.	单腿哑铃臀部上举	每侧 2 组 6 ~ 8 次重复练习	每侧 3 组 10 ~ 14 次重复练习	每侧 2 组 17 ~ 20 次重复练习	每侧 4 组 6 ~ 8 次重复练习	145
4b.	哑铃平板支撑划船	每侧 2 组 6 ~ 8 次重复练习 两组成对练习之间休息 90 秒	每侧 3 组 8 ~ 9 次重复练习 两组成对练习之间休息 90 秒	每侧 2 组 11 ~ 12 次重复练习 两组成对练习之间休息 90 秒	每侧 4 组 5 ~ 6 次重复练习 两组成对练习之间休息 90 秒	182
5a.	腿弯举变化（知名的练习）	训练器卧姿腿弯举 2 组 8 ~ 10 次重复练习	单腿稳定球腿弯举 每侧 3 组 10 ~ 14 次重复练习	训练器坐姿腿弯举 2 组 17 ~ 20 次重复练习	训练器卧姿腿弯举 4 组 6 ~ 8 次重复练习	151、154、150 和 151
5b.	哑铃臂弯举	2 组 8 ~ 10 次重复练习 两组成对练习之间休息 90 秒	3 组 10 ~ 14 次重复练习 两组成对练习之间休息 90 秒	2 组 17 ~ 20 次重复练习 两组成对练习之间休息 90 秒	4 组 6 ~ 8 次重复练习 两组成对练习之间休息 90 秒	68
6.	体能练习		300 码（约 274 米）折返跑：进行 1 ~ 3 组练习，两组练习之间休息 2 ~ 4 分钟	配重板组合练习：进行 3 ~ 4 轮练习，两轮练习之间休息 2 ~ 3 分钟		188 和 203

* 重载锻炼：以低强度完成所有练习。强度从 1 到 10 进行划分，你应该采用 3 或 4 左右的强度进行锻炼，并采用 7 ~ 9 的强度进行其他锻炼。

表 12.2 基于健身房的功能和表现能力锻炼计划 2：每周 2 或 3 次

锻炼计划 2A						
		锻炼 1：重载 *	锻炼 2 和 5	锻炼 3 和 6	锻炼 4 和 7	页码
1.	负荷式：六角杠蹲举或杠铃前蹲	2 组 8 ~ 10 次重复练习 两组练习之间休息 2 ~ 3 分钟	4 组 6 ~ 7 次重复练习 两组练习之间休息 3 ~ 5 分钟	5 组 4 ~ 5 次重复练习 两组练习之间休息 3 ~ 5 分钟	6 组 2 ~ 3 次重复练习 两组练习之间休息 3 ~ 5 分钟	139 或 122
2.	爆发式：爆炸式十字交叉俯卧撑	每侧 2 组 3 ~ 4 次重复练习，两组练习之间休息 2 ~ 3 分钟	每侧 6 组 3 ~ 4 次重复练习，两组练习之间休息 2 ~ 3 分钟	每侧 5 组 5 ~ 6 次重复练习，两组练习之间休息 2 ~ 3 分钟	每侧 4 组 7 ~ 8 次重复练习，两组练习之间休息 2 ~ 3 分钟	113
3a.	罗马尼亚式杠铃硬拉	2 组 8 ~ 10 次重复练习	4 组 6 ~ 8 次重复练习	3 组 10 ~ 14 次重复练习	2 组 17 ~ 20 次重复练习	139
3b.	反向卷腹	2 组 6 ~ 8 次重复练习 两组成对练习之间休息 90 秒	4 组 6 ~ 8 次重复练习 两组成对练习之间休息 90 秒	3 组 10 ~ 14 次重复练习 两组成对练习之间休息 90 秒	2 组 17 ~ 20 次重复练习 两组成对练习之间休息 90 秒	160
4a.	战士式绳索高位下拉	每侧 2 组 8 ~ 10 次重复练习	每侧 4 组 6 ~ 8 次重复练习	每侧 3 组 10 ~ 14 次重复练习	每侧 2 组 17 ~ 20 次重复练习	96
4b.	哑铃旋转式肩膀推举	每侧 2 组 6 ~ 8 次重复练习，两组成对练习之间休息 90 秒	每侧 4 组 6 ~ 8 次重复练习，两组成对练习之间休息 90 秒	每侧 3 组 10 ~ 12 次重复练习 两组成对练习之间休息 90 秒	每侧 2 组 18 ~ 20 次重复练习 两组成对练习之间休息 90 秒	83
5a.	哑铃斜躺弯举	2 组 8 ~ 10 次重复练习	4 组 6 ~ 8 次重复练习	3 组 10 ~ 14 次重复练习	2 组 17 ~ 20 次重复练习	88
5b.	哑铃肩部“T”字推举	2 组 8 ~ 10 次重复练习 两组成对练习之间休息 90 秒	4 组 6 ~ 8 次重复练习 两组成对练习之间休息 90 秒	3 组 10 ~ 14 次重复练习 两组成对练习之间休息 90 秒	2 组 17 ~ 20 次重复练习 两组成对练习之间休息 90 秒	90
体能练习				配重板推移：总距离为 40 ~ 50 码（37 ~ 46 米），进行 3 ~ 5 组练习，两组练习之间休息 1.5 ~ 3 分钟	哑铃农夫走组合练习：进行 3 ~ 4 轮练习，两轮练习之间休息 2 ~ 3 分钟	192 和 193
锻炼计划 2B						
		锻炼 1：重载 *	锻炼 2 和 5	锻炼 3 和 6	锻炼 4 和 7	页码
1.	负荷式：单臂哑铃划船	每侧 2 组 8 ~ 10 次重复练习 两组练习之间休息 2 ~ 3 分钟	每侧 4 组 6 ~ 7 次重复练习 两组练习之间休息 3 ~ 5 分钟	每侧 5 组 4 ~ 5 次重复练习 两组练习之间休息 3 ~ 5 分钟	每侧 6 组 2 ~ 3 次重复练习 两组练习之间休息 3 ~ 5 分钟	64
2.	爆发式：横向板凳剪式跳跃	每侧 2 组 4 ~ 5 次重复练习 两组练习之间休息 2 ~ 3 分钟	每侧 6 组 3 ~ 4 次重复练习 两组练习之间休息 2 ~ 3 分钟	每侧 5 组 5 ~ 6 次重复练习 两组练习之间休息 2 ~ 3 分钟	每侧 4 组 7 ~ 8 次重复练习 两组练习之间休息 2 ~ 3 分钟	138

续表

锻炼计划 2B						
		锻炼 1：重载 *	锻炼 2 和 5	锻炼 3 和 6	锻炼 4 和 7	页码
3a.	单手上斜杠铃推举	每侧 2 组 8 ~ 10 次重复练习	每侧 3 组 10 ~ 14 次重复练习	每侧 2 组 17 ~ 20 次重复练习	每侧 4 组 6 ~ 8 次重复练习	77
3b.	绳索下拉	2 组 8 ~ 10 次重复练习 两组成对练习之间休息 90 秒	3 组 10 ~ 14 次重复练习 两组成对练习之间休息 90 秒	2 组 17 ~ 20 次重复练习 两组成对练习之间休息 90 秒	4 组 6 ~ 8 次重复练习 两组成对练习之间休息 90 秒	58
4a.	45 度髋关节伸展	每侧 2 组 6 ~ 8 次重复练习	每侧 3 组 10 ~ 14 次重复练习	每侧 2 组 17 ~ 20 次重复练习	每侧 4 组 6 ~ 8 次重复练习	131
4b.	交叉平板支撑	每侧 2 组 5 ~ 6 次重复练习 两组成对练习之间休息 90 秒	每侧 3 组 10 ~ 12 次重复练习 两组成对练习之间休息 90 秒	每侧 2 组 14 ~ 15 次重复练习 两组成对练习之间休息 90 秒	每侧 4 组 6 ~ 8 次重复练习，两组成对练习之间休息 90 秒	185
5a.	髋内收 变化 （知名的练习）	器械 髋内收 2 组 8 ~ 10 次重复练习	单腿绳索 髋内收 每侧 3 组 10 ~ 14 次重复练习	侧卧 髋内收 每侧 2 组 17 ~ 20 次重复练习	器械 髋内收 4 组 6 ~ 8 次重复练习	152、 148、 153 和 152
5b.	单手颈后哑铃臂屈伸	每侧 2 组 8 ~ 10 次重复练习 两组成对练习之间休息 90 秒	每侧 3 组 10 ~ 14 次重复练习 两组成对练习之间休息 90 秒	每侧 2 组 17 ~ 20 次重复练习 两组成对练习之间休息 90 秒	每侧 4 组 6 ~ 8 次重复练习 两组成对练习之间休息 90 秒	86
体能练习			一英里（约 1.6 千米）全速跑（在户外或跑步机上）	配重板组合练习：进行 3 ~ 4 轮练习，两轮练习之间休息 2 ~ 3 分钟		191 和 203

* 重载锻炼：以低强度完成所有练习。强度从 1 到 10 进行划分，你应该采用 3 或 4 左右的强度进行锻炼，并采用 7 ~ 9 的强度进行其他锻炼。

表 12.3　基于健身房的功能和表现能力锻炼计划 3：每周 2 或 3 次

锻炼计划 3A						
		锻炼 1：重载 *	锻炼 2 和 5	锻炼 3 和 6	锻炼 4 和 7	页码
1.	负荷式：杠铃架上硬拉	2 组 8 ~ 10 次重复练习 两组练习之间休息 2 ~ 3 分钟	4 组 6 ~ 7 次重复练习 两组练习之间休息 3 ~ 5 分钟	5 组 4 ~ 5 次重复练习 两组练习之间休息 3 ~ 5 分钟	6 组 2 ~ 3 次重复练习 两组练习之间休息 3 ~ 5 分钟	140
2.	爆发式：上斜杠铃推接	每侧 2 组 3 ~ 4 次重复练习 两组练习之间休息 2 ~ 3 分钟	每侧 6 组 3 ~ 4 次重复练习 两组练习之间休息 2 ~ 3 分钟	每侧 5 组 5 ~ 6 次重复练习 两组练习之间休息 2 ~ 3 分钟	每侧 4 组 7 ~ 8 次重复练习 两组练习之间休息 2 ~ 3 分钟	76
3a.	垫高哑铃反弓步	每侧 2 组 6 ~ 8 次重复练习	每侧 4 组 6 ~ 8 次重复练习	每侧 3 组 10 ~ 14 次重复练习	每侧 2 组 17 ~ 20 次重复练习	126
3b.	稳定球配重板卷体	2 组 8 ~ 10 次重复练习 两组成对练习之间休息 90 秒	4 组 6 ~ 8 次重复练习 两组成对练习之间休息 90 秒	3 组 10 ~ 14 次重复练习 两组成对练习之间休息 90 秒	2 组 17 ~ 20 次重复练习 两组成对练习之间休息 90 秒	170

续表

锻炼计划 3A						
		锻炼 1：重载 *	锻炼 2 和 5	锻炼 3 和 6	锻炼 4 和 7	页码
4a.	俯身杠铃划船	2 组 8 ~ 10 次重复练习	4 组 6 ~ 8 次重复练习	3 组 10 ~ 14 次重复练习	2 组 17 ~ 20 次重复练习	63
4b.	俯卧撑变化（知名的练习）	俯卧撑 2 组 8 ~ 10 次重复练习 两组成对练习之间休息 90 秒	弹力带环俯卧撑 4 组 6 ~ 8 次重复练习 两组成对练习之间休息 90 秒	俯卧撑或脚部抬高式俯卧撑（根据你的力量级别）3 组 10 ~ 14 次重复练习 两组成对练习之间休息 90 秒	稳定球俯卧撑 2 组 17 ~ 20 次重复练习 两组成对练习之间休息 90 秒	62、105、62 或 114 和 114
5a.	器械后飞鸟	2 组 8 ~ 10 次重复练习	4 组 6 ~ 8 次重复练习	3 组 10 ~ 14 次重复练习	2 组 17 ~ 20 次重复练习	103
5b.	哑铃臂弯举	2 组 8 ~ 10 次重复练习 两组成对练习之间休息 90 秒	4 组 6 ~ 8 次重复练习 两组成对练习之间休息 90 秒	3 组 10 ~ 14 次重复练习 两组成对练习之间休息 90 秒	2 组 17 ~ 20 次重复练习 两组成对练习之间休息 90 秒	68
体能练习				高抗阻直立自行冲刺：完成 10 秒练习并休息 50 秒，进行 4 ~ 8 轮练习	单边农夫走组合练习：进行 2 ~ 3 组练习，两组练习之间休息 2 ~ 3 分钟	191 和 196

锻炼计划 3B						
		锻炼 1：重载 *	锻炼 2 和 5	锻炼 3 和 6	锻炼 4 和 7	页码
1.	负荷式：双手对握背部下拉	2 组 8 ~ 10 次重复练习 两组练习之间休息 2 ~ 3 分钟	4 组 6 ~ 7 次重复练习 两组练习之间休息 3 ~ 5 分钟	5 组 4 ~ 5 次重复练习 两组练习之间休息 3 ~ 5 分钟	6 组 2 ~ 3 次重复练习 两组练习之间休息 3 ~ 5 分钟	91
2.	爆发式：立定跳远	2 组 3 ~ 4 次重复练习 两组练习之间休息 2 ~ 3 分钟	6 组 3 ~ 4 次重复练习 两组练习之间休息 2 ~ 3 分钟	5 组 5 ~ 6 次重复练习 两组练习之间休息 2 ~ 3 分钟	4 组 7 ~ 8 次重复练习 两组练习之间休息 2 ~ 3 分钟	137
3a.	哑铃上斜卧推	2 组 8 ~ 10 次重复练习	4 组 6 ~ 8 次重复练习	3 组 10 ~ 14 次重复练习	2 组 17 ~ 20 次重复练习	82
3b.	双臂俯身哑铃划船	2 组 8 ~ 10 次重复练习 两组练习之间休息 90 秒	4 组 6 ~ 8 次重复练习 两组练习之间休息 90 秒	3 组 10 ~ 14 次重复练习 两组练习之间休息 90 秒	2 组 17 ~ 20 次重复练习 两组练习之间休息 90 秒	66
4a.	罗马尼亚式哑铃横向弓步硬拉	每侧 2 组 6 ~ 8 次重复练习	每侧 3 组 10 ~ 14 次重复练习	每侧 2 组 16 ~ 18 次重复练习	每侧 4 组 6 ~ 8 次重复练习	142
4b.	单手平板支撑	每侧 2 组 6 ~ 8 次重复练习 两组练习之间休息 90 秒	每侧 3 组 8 ~ 9 次重复练习 两组练习之间休息 90 秒	每侧 2 组 11 ~ 12 次重复练习 两组练习之间休息 90 秒	每侧 4 组 5 ~ 6 次重复练习 两组练习之间休息 90 秒	183

续表

锻炼计划 3B						
		锻炼 1：重载 *	锻炼 2 和 5	锻炼 3 和 6	锻炼 4 和 7	页码
5a.	弯举变化（知名的练习）	训练器坐姿腿弯举 2 组 8 ~ 10 次重复练习	单腿稳定球腿弯举 每侧 3 组 10 ~ 14 次重复练习	训练器坐姿腿弯举 2 组 17 ~ 20 次重复练习	训练器卧姿腿弯举 4 组 6 ~ 8 次重复练习	150、154、150 和 151
5b.	哑铃俯身臂屈伸	2 组 8 ~ 10 次重复练习 两组成对练习之间休息 90 秒	3 组 10 ~ 14 次重复练习 两组成对练习之间休息 90 秒	2 组 17 ~ 20 次重复练习 两组成对练习之间休息 90 秒	4 组 6 ~ 8 次重复练习 两组成对练习之间休息 90 秒	86
体能练习			300 码（约 274 米）折返跑：进行 1 ~ 3 组练习，两组练习之间休息 2 ~ 4 分钟	配重板组合练习：进行 3 ~ 4 轮练习，两轮练习之间休息 2 ~ 3 分钟		188 和 203

* 重载锻炼：以低强度完成所有练习。强度从 1 到 10 进行划分，你应该采用 3 或 4 左右的强度进行锻炼，并采用 7 ~ 9 的强度进行其他锻炼。

表 12.4　基于健身房的功能和表现能力锻炼计划 4：每周 2 或 3 次

锻炼计划 4A						
		锻炼 1：重载 *	锻炼 2 和 5	锻炼 3 和 6	锻炼 4 和 7	页码
1.	负荷式：单腿深蹲或哑铃斜向保加利亚式箭步蹲	每侧 2 组 8 ~ 10 次重复练习 两组练习之间休息 2 ~ 3 分钟	每侧 4 组 6 ~ 7 次重复练习 两组练习之间休息 3 ~ 5 分钟	每侧 5 组 4 ~ 5 次重复练习 两组练习之间休息 3 ~ 5 分钟	每侧 6 组 2 ~ 3 次重复练习 两组练习之间休息 3 ~ 5 分钟	130 和 128
2.	爆发式：爆发式俯卧撑	2 组 3 ~ 4 次重复练习 两组练习之间休息 2 ~ 3 分钟	6 组 3 ~ 4 次重复练习 两组练习之间休息 2 ~ 3 分钟	5 组 5 ~ 6 次重复练习 两组练习之间休息 2 ~ 3 分钟	4 组 7 ~ 8 次重复练习 两组练习之间休息 2 ~ 3 分钟	112
3a.	单腿单臂罗马尼亚式哑铃硬拉	每侧 2 组 6 ~ 8 次重复练习	每侧 4 组 6 ~ 8 次重复练习	每侧 3 组 10 ~ 14 次重复练习	每侧 2 组 17 ~ 20 次重复练习	144
3b.	稳定球腹肌练习变化（知名的练习）	稳定球屈膝内收 2 组 8 ~ 10 次重复练习 两组成对练习之间休息 90 秒	稳定球屈体展体 4 组 6 ~ 8 次重复练习 两组成对练习之间休息 90 秒	稳定球屈体 3 组 10 ~ 14 次重复练习 两组成对练习之间休息 90 秒	稳定球屈膝内收 2 组 17 ~ 20 次重复练习 两组成对练习之间休息 90 秒	181、178、177 和 181
4a.	斜向绳索下拉	2 组 8 ~ 10 次重复练习	4 组 6 ~ 8 次重复练习	3 组 10 ~ 14 次重复练习	2 组 17 ~ 20 次重复练习	60
4b.	从上斜杠铃肩膀推举过渡到肩膀推举	每侧 2 组 6 ~ 8 次重复练习 两组成对练习之间休息 90 秒	每侧 4 组 6 ~ 8 次重复练习 两组成对练习之间休息 90 秒	每侧 3 组 10 ~ 14 次重复练习 两组成对练习之间休息 90 秒	每侧 2 组 17 ~ 20 次重复练习 两组成对练习之间休息 90 秒	77
5a.	E-Z 杠铃牧师凳弯举	2 组 8 ~ 10 次重复练习	4 组 6 ~ 8 次重复练习	3 组 10 ~ 14 次重复练习	2 组 17 ~ 20 次重复练习	87
5b.	哑铃肩部“A”字推举	2 组 8 ~ 10 次重复练习 两组成对练习之间休息 90 秒	4 组 6 ~ 8 次重复练习 两组成对练习之间休息 90 秒	3 组 10 ~ 14 次重复练习 两组成对练习之间休息 90 秒	2 组 17 ~ 20 次重复练习 两组成对练习之间休息 90 秒	88

续表

锻炼计划 4A						
		锻炼 1：重载 *	锻炼 2 和 5	锻炼 3 和 6	锻炼 4 和 7	页码
体能练习				配重板推移：总距离为 40 ~ 50 码（37 ~ 46 米），进行 3 ~ 5 组练习，两组练习之间休息 1.5 ~ 3 分钟	哑铃组合练习：进行 3 ~ 4 轮练习，两轮练习之间休息 2 ~ 3 分钟	192 和 200
锻炼计划 4B						
		锻炼 1：重载 *	锻炼 2 和 5	锻炼 3 和 6	锻炼 4 和 7	页码
1.	负荷式：器械划船运动	2 组 8 ~ 10 次重复练习 两组练习之间休息 2 ~ 3 分钟	4 组 6 ~ 7 次重复练习 两组练习之间休息 3 ~ 5 分钟	5 组 4 ~ 5 次重复练习 两组练习之间休息 3 ~ 5 分钟	6 组 2 ~ 3 次重复练习 两组练习之间休息 3 ~ 5 分钟	102
2.	爆发式：硬拉跳	2 组 3 ~ 4 次重复练习 两组练习之间休息 2 ~ 3 分钟	6 组 3 ~ 4 次重复练习 两组练习之间休息 2 ~ 3 分钟	5 组 5 ~ 6 次重复练习 两组练习之间休息 2 ~ 3 分钟	4 组 7 ~ 8 次重复练习 两组练习之间休息 2 ~ 3 分钟	136
3a.	哑铃旋转式肩膀推举	2 组 6 ~ 8 次重复练习	3 组 10 ~ 14 次重复练习	2 组 17 ~ 20 次重复练习	4 组 6 ~ 8 次重复练习	83
3b.	战士式绳索高位下拉	每侧 2 组 6 ~ 8 次重复练习 两组成对练习之间休息 90 秒	每侧 3 组 10 ~ 14 次重复练习 两组成对练习之间休息 90 秒	每侧 2 组 17 ~ 20 次重复练习 两组成对练习之间休息 90 秒	每侧 4 组 6 ~ 8 次重复练习 两组成对练习之间休息 90 秒	96
4a.	垫高哑铃斜向反弓步	每侧 2 组 6 ~ 8 次重复练习	每侧 3 组 10 ~ 14 次重复练习	每侧 2 组 17 ~ 20 次重复练习	每侧 4 组 6 ~ 8 次重复练习	125
4b.	稳定球弧线运动	每侧 2 组 5 ~ 6 次重复练习 两组成对练习之间休息 90 秒	每侧 3 组 10 ~ 12 次重复练习 两组成对练习之间休息 90 秒	每侧 2 组 14 ~ 15 次重复练习 两组成对练习之间休息 90 秒	每侧 4 组 6 ~ 8 次重复练习 两组成对练习之间休息 90 秒	172
5a.	髋内收变化（知名的练习）	单腿绳索髋内收 每侧 2 组 8 ~ 10 次重复练习	单腿绳索髋内收 每侧 3 组 10 ~ 14 次重复练习	侧卧髋内收 每侧 2 组 17 ~ 20 次重复练习	器械髋内收 4 组 6 ~ 8 次重复练习	148、148、153 和 152
5b.	过顶绳索肱三头肌屈伸	2 组 8 ~ 10 次重复练习 两组成对练习之间休息 90 秒	3 组 10 ~ 14 次重复练习 两组成对练习之间休息 90 秒	2 组 17 ~ 20 次重复练习 两组成对练习之间休息 90 秒	4 组 6 ~ 8 次重复练习 两组成对练习之间休息 90 秒	97
体能练习			一英里（约 1.6 千米）全速跑（在户外或跑步机上）	配重板组合练习：进行 3 ~ 4 轮练习，两轮练习之间休息 2 ~ 3 分钟		191 和 203

* 重载锻炼：以低强度完成所有练习。强度从 1 到 10 进行划分，你应该采用 3 或 4 左右的强度进行锻炼，并采用 7 ~ 9 的强度进行其他锻炼。

表 12.5 基于健身房的功能和表现能力锻炼计划样本：每周 2 次

第 1 周	第 2 周 *
周一：锻炼计划 1A，锻炼 1	周一：锻炼计划 1A，锻炼 2
周二：休息	周二：休息
周三：休息	周三：休息
周四：锻炼计划 1B，锻炼 1	周四：锻炼计划 1B，锻炼 2
周五：休息	周五：休息
周六：休息	周六：休息
周日：休息	周日：休息

* 重复此锻炼步骤 4 ~ 7 次。你可以改变你所列的锻炼时间，你可以列出改变锻炼的日期，只是两次锻炼至少间隔一天时间，以便在下一次锻炼中能够最大限度地提高你的表现能力。在进行 4 ~ 7 次锻炼完成锻炼计划 1 后，你就可以继续进行 4 ~ 7 次锻炼完成下一个锻炼计划，以此类推。

表 12.6 基于健身房的功能和表现能力锻炼计划样本：每周 3 次

第 1 周	第 2 周 *
周一：锻炼计划 1A，锻炼 1	周一：锻炼计划 1B，锻炼 2
周二：休息	周二：休息
周三：锻炼计划 1B，锻炼 1	周三：锻炼计划 1A，锻炼 3
周四：休息	周四：休息
周五：锻炼计划 1A，锻炼 2	周五：锻炼计划 1B，锻炼 3
周六：休息	周六：休息
周日：休息	周日：休息

* 重复此锻炼步骤 4 ~ 7 次。你可以改变你所列的锻炼时间，你可以列出改变锻炼的日期，只是两次锻炼至少间隔一天时间，以便在下一次锻炼中能够最大限度地提高你的表现能力。在进行 4 ~ 7 次锻炼完成锻炼计划 1 后，你就可以继续进行 4 ~ 7 次锻炼完成下一个锻炼计划，以此类推。

基于健身房的功能和表现能力锻炼计划：每周 4 或 5 次

本节的每个锻炼计划都有 4 种不同的锻炼方式（参见表 12.7 ~ 表 12.10）。这些锻炼计划包括针对下半身的两种锻炼，以及针对上半身的两种锻炼。每个锻炼计划中的前两种锻炼都会强调负荷，负荷会每周至少增加一次。接下来的两种锻炼会强调爆发力，即后续的每一周都会至少进行一次渐进式（组数 / 重复次数）爆发力训练。在前一节中，我们讨论了这些功能和表现能力锻炼计划的要点，并对负荷式、爆发式和重载锻炼进行了解释。

你可以在每个锻炼计划中交替进行完成 A、B、C、D 锻炼 4 ~ 7 次，然后再切换到另一个锻炼计划，再重复完成这些锻炼 4 ~ 7 次。第一次在锻炼计划中做每种锻炼时，该锻炼被认为是一种重载锻炼。“重载锻炼”是一种强度较低的锻炼，它能帮助你保持活力，并让你适应所开始的新锻炼计划的动作和顺序。重载锻炼还可以让你以一种不会感到疲劳的方式进行锻炼，这样你就可以在两个锻炼计划之间进行恢复。它还在锻炼计划之间提供了积极恢复日。参见12.11和表12.12，其中提供了基于健身房的功能和表现能力锻炼计划样本，如果你每周锻炼4～5次，那么该锻炼计划非常适合你。

每个锻炼计划中都包含采用不同组数和重复次数的其他练习。当你的抗阻训练的总组数较少时，你可以在锻炼计划的最后添加一个体能练习。

这些锻炼计划假设你不一定会定期参与（或练习）某项运动，但你对通过提高力量、爆发力和适应能力来提高健身房中的表现能力感兴趣。这些锻炼应该每周采用4到5次。表12.7～表12.12展示了一些每周锻炼方法，你可以从锻炼计划1开始，每周锻炼4到5次。

表 12.7 基于健身房的功能和表现能力锻炼计划 1：每周 4 或 5 次

锻炼计划 1A：下半身负荷式锻炼						
		锻炼 1：重载 *	锻炼 2 和 5	锻炼 3 和 6	锻炼 4 和 7	页码
1.	负荷式：杠铃混合式硬拉	2组8～10次重复练习 两组练习之间休息2～3分钟	4组6～7次重复练习 两组练习之间休息3～5分钟	5组4～5次重复练习 两组练习之间休息3～5分钟	6组2～3次重复练习 两组练习之间休息3～5分钟	124
2a.	哑铃登台阶	每侧2组6～8次重复练习	每侧4组6～8次重复练习	每侧3组10～14次重复练习	每侧2组17～20次重复练习	132
2b.	稳定球配重板卷体	2组6～8次重复练习 两组成对练习之间休息90秒	4组6～8次重复练习 两组成对练习之间休息90秒	3组10～12次重复练习 两组成对练习之间休息90秒	2组15～17次重复练习 两组成对练习之间休息90秒	170
3a.	单腿45度罗马尼亚式绳索硬拉	每侧2组6～8次重复练习	每侧4组6～8次重复练习	每侧3组10～14次重复练习	每侧2组17～20次重复练习	147
3b.	哑铃平板支撑划船	每侧2组6～8次重复练习 两组成对练习之间休息90秒	每侧4组5～6次重复练习 两组成对练习之间休息90秒	每侧3组8～9次重复练习 两组成对练习之间休息90秒	每侧2组11～12次重复练习 两组成对练习之间休息90秒	182
4.	髋内收变化（知名的练习）	器械髋内收 2组8～10次重复练习 两组练习之间休息2～3分钟	器械髋内收 4组6～8次重复练习 两组练习之间休息2～3分钟	单腿绳索髋内收 每侧3组10～14次重复练习 两组练习之间休息2～3分钟	侧卧髋内收 每侧2组17～20次重复练习 两组练习之间休息2～3分钟	152、152、148和153
体能练习				高抗阻直立自行车冲刺：完成10秒练习并休息50秒，进行4～8轮练习	配重板推移：总距离为40～50码（37～46米），进行3～5组练习，两组练习之间休息1.5～3分钟	191和192

续表

锻炼计划 1B：上半身负荷式锻炼						
		锻炼 1：重载 *	锻炼 2 和 5	锻炼 3 和 6	锻炼 4 和 7	页码
1.	负荷式：引体向上（下巴过横杠）（如果需要，可借助器械或弹力带环）	2 组 6 ~ 8 次重复练习 两组练习之间休息 2 ~ 3 分钟	4 组 6 ~ 7 次重复练习 两组练习之间休息 3 ~ 5 分钟	5 组 4 ~ 5 次重复练习 两组练习之间休息 3 ~ 5 分钟	6 组 2 ~ 3 次重复练习 两组练习之间休息 3 ~ 5 分钟	117
2a.	哑铃旋转式肩膀推举	每侧 2 组 6 ~ 8 次重复练习	每侧 4 组 6 ~ 8 次重复练习	每侧 3 组 10 ~ 14 次重复练习	每侧 2 组 17 ~ 20 次重复练习	83
2b.	单手绳索划船	每侧 2 组 6 ~ 8 次重复练习 两组成对练习之间休息 90 秒	每侧 4 组 6 ~ 8 次重复练习 两组成对练习之间休息 90 秒	每侧 3 组 10 ~ 14 次重复练习 两组成对练习之间休息 90 秒	每侧 2 组 17 ~ 20 次重复练习 两组成对练习之间休息 90 秒	93
3a.	俯卧撑 变化 （知名的练习）	俯卧撑 2 组 8 ~ 10 次重复练习	弹力带环俯卧撑 4 组 6 ~ 8 次重复练习	俯卧撑或脚部抬高式俯卧撑（根据自身力量级别） 3 组 10 ~ 14 次重复练习	稳定球俯卧撑 2 组 17 ~ 20 次重复练习	62、105、62 或 114 和 114
3b.	仰卧弹力带“L”字形肩举	2 组 10 ~ 12 次重复练习 两组成对练习之间休息 90 秒	4 组 8 ~ 10 次重复练习 两组成对练习之间休息 90 秒	3 组 12 ~ 14 次重复练习 两组成对练习之间休息 90 秒	2 组 16 ~ 18 次重复练习 两组成对练习之间休息 90 秒	110
4a.	E-Z 杠铃牧师凳弯举	2 组 6 ~ 8 次重复练习	4 组 6 ~ 8 次重复练习	3 组 10 ~ 14 次重复练习	2 组 17 ~ 20 次重复练习	87
4b.	单手颈后哑铃臂屈伸	每侧 2 组 6 ~ 8 次重复练习 两组成对练习之间休息 90 秒	每侧 4 组 6 ~ 8 次重复练习 两组成对练习之间休息 90 秒	每侧 3 组 10 ~ 14 次重复练习 两组成对练习之间休息 90 秒	每侧 2 组 17 ~ 20 次重复练习 两组成对练习之间休息 90 秒	86
体能练习				单边农夫走组合练习：进行 2 ~ 3 组练习，两组之间休息 2 ~ 3 分钟	配重板组合练习：进行 1 组 3 ~ 4 轮练习，两轮之间休息 2 ~ 3 分钟	196 和 203

锻炼计划 1C：下半身爆发式锻炼						
		锻炼 1：重载 *	锻炼 2 和 5	锻炼 3 和 6	锻炼 4 和 7	页码
1.	爆发式：摆臂下蹲跳	2 组 3 ~ 4 次重复练习 两组练习之间休息 2 ~ 3 分钟	6 组 3 ~ 4 次重复练习 两组练习之间休息 3 ~ 5 分钟	5 组 5 ~ 6 次重复练习 两组练习之间休息 3 ~ 5 分钟	4 组 7 ~ 8 次重复练习 两组练习之间休息 3 ~ 5 分钟	136
2a.	哑铃罗马尼亚式硬拉箭步前行	每侧 2 组 6 ~ 8 次重复练习	每侧 2 组 17 ~ 20 次重复练习	每侧 3 组 10 ~ 14 次重复练习	每侧 4 组 6 ~ 8 次重复练习	144
2b.	稳定球 腹肌练习 变化 （知名的练习）	稳定球屈膝内收 2 组 8 ~ 10 次重复练习 两组成对练习之间休息 90 秒	稳定球屈膝内收 2 组 17 ~ 20 次重复练习 两组成对练习之间休息 90 秒	稳定球屈体 3 组 10 ~ 14 次重复练习 两组成对练习之间休息 90 秒	稳定球屈体展体 4 组 6 ~ 8 次重复练习 两组成对练习之间休息 90 秒	181、181、177 和 178

续表

锻炼计划 1C：下半身爆发式锻炼						
		锻炼 1：重载 *	锻炼 2 和 5	锻炼 3 和 6	锻炼 4 和 7	页码
3a.	单腿哑铃臂部上举	每侧 2 组 6 ~ 8 次重复练习	每侧 2 组 17 ~ 20 次重复练习	每侧 3 组 10 ~ 14 次重复练习	每侧 4 组 6 ~ 8 次重复练习	145
3b.	由低到高绳索砍劈	2 组 8 ~ 10 次重复练习 两组成对练习之间休息 90 秒	2 组 15 ~ 17 次重复练习 两组成对练习之间休息 90 秒	3 组 10 ~ 12 次重复练习 两组成对练习之间休息 90 秒	4 组 6 ~ 8 次重复练习 两组成对练习之间休息 90 秒	165
4.	弯举变化（知名的练习）	训练器卧姿腿弯举 2 组 8 ~ 10 次重复练习 两组练习之间休息 2 ~ 3 分钟	训练器坐姿腿弯举 2 组 17 ~ 20 次重复练习 两组练习之间休息 2 ~ 3 分钟	单腿稳定球腿弯举 每侧 3 组 10 ~ 14 次重复练习 两组练习之间休息 2 ~ 3 分钟	训练器卧姿腿弯举 4 组 6 ~ 8 次重复练习 两组练习之间休息 2 ~ 3 分钟	151、150、154 和 151
体能练习			300 码（约 274 米）折返跑：进行 1 ~ 3 组练习，两组练习之间休息 2 ~ 4 分钟	一英里（约 1.6 千米）全速跑（在户外或跑步机上）		188 和 191

锻炼计划 1D：上半身爆发式锻炼						
		锻炼 1：重载 *	锻炼 2 和 5	锻炼 3 和 6	锻炼 4 和 7	页码
1.	爆炸式：杠铃高拉	2 组 3 ~ 4 次重复练习 两组练习之间休息 2 ~ 3 分钟	6 组 3 ~ 4 次重复练习 两组练习之间休息 3 ~ 5 分钟	5 组 5 ~ 6 次重复练习 两组练习之间休息 3 ~ 5 分钟	4 组 7 ~ 8 次重复练习 两组练习之间休息 3 ~ 5 分钟	76
2a.	站姿绳索推胸	每侧 2 组 8 ~ 10 次重复练习	每侧 2 组 17 ~ 20 次重复练习	每侧 3 组 10 ~ 14 次重复练习	每侧 4 组 6 ~ 8 次重复练习	93
2b.	单手绳索复合划船	每侧 2 组 8 ~ 10 次重复练习 两组成对练习之间休息 90 秒	每侧 2 组 17 ~ 20 次重复练习 两组成对练习之间休息 90 秒	每侧 3 组 10 ~ 14 次重复练习 两组成对练习之间休息 90 秒	每侧 4 组 6 ~ 8 次重复练习 两组成对练习之间休息 90 秒	94
3a.	绳索下拉	2 组 6 ~ 8 次重复练习	2 组 17 ~ 20 次重复练习	3 组 10 ~ 14 次重复练习	4 组 6 ~ 8 次重复练习	58
3b.	哑铃俯身臂屈伸	2 组 6 ~ 8 次重复练习 两组成对练习之间休息 90 秒	2 组 17 ~ 20 次重复练习 两组成对练习之间休息 90 秒	3 组 10 ~ 14 次重复练习 两组成对练习之间休息 90 秒	4 组 6 ~ 8 次重复练习 两组成对练习之间休息 90 秒	86
4a.	哑铃斜躺弯举	2 组 6 ~ 8 次重复练习	2 组 17 ~ 20 次重复练习	3 组 10 ~ 14 次重复练习	4 组 6 ~ 8 次重复练习	88
4b.	哑铃肩部“T”字推举	2 组 8 ~ 10 次重复练习 两组成对练习之间休息 90 秒	2 组 18 ~ 20 次重复练习 两组成对练习之间休息 90 秒	3 组 14 ~ 15 次重复练习 两组成对练习之间休息 90 秒	4 组 10 ~ 12 次重复练习 两组成对练习之间休息 90 秒	90
体能练习			哑铃农夫走组合练习：进行 3 ~ 4 轮练习，两轮练习之间休息 2 ~ 3 分钟	配重板组合练习：进行 3 ~ 4 轮练习，两轮练习之间休息 2 ~ 3 分钟		193 和 203

* 重载锻炼：以低强度完成所有练习。强度从 1 到 10 进行划分，你应该采用 3 或 4 左右的强度进行锻炼，并采用 7 ~ 9 的强度进行其他锻炼。

表 12.8 基于健身房的功能和表现能力锻炼计划 2：每周 4 或 5 次

锻炼计划 2A：下半身负荷式锻炼

		锻炼 1：重载 *	锻炼 2 和 5	锻炼 3 和 6	锻炼 4 和 7	页码
1.	负荷式：六角杠蹲举或杠铃前蹲	2 组 8 ~ 10 次重复练习 两组练习之间休息 2 ~ 3 分钟	4 组 6 ~ 7 次重复练习 两组练习之间休息 3 ~ 5 分钟	5 组 4 ~ 5 次重复练习 两组练习之间休息 3 ~ 5 分钟	6 组 2 ~ 3 次重复练习 两组练习之间休息 3 ~ 5 分钟	139 或 122
2a.	罗马尼亚式杠铃硬拉	2 组 6 ~ 8 次重复练习	4 组 6 ~ 8 次重复练习	3 组 10 ~ 14 次重复练习	2 组 17 ~ 20 次重复练习	139
2b.	反向卷腹	2 组 18 ~ 10 次重复练习 两组成对练习之间休息 90 秒	4 组 6 ~ 8 次重复练习（在双膝之间加入药球） 两组成对练习之间休息 90 秒	3 组 10 ~ 14 次重复练习 两组成对练习之间休息 90 秒	2 组 17 ~ 20 次重复练习 两组成对练习之间休息 90 秒	160
3a.	垫高哑铃斜向反弓步	每侧 2 组 4 ~ 5 次重复练习	每侧 4 组 6 ~ 8 次重复练习	每侧 3 组 10 ~ 12 次重复练习	每侧 2 组 14 ~ 15 次重复练习	125
3b.	交叉平板支撑	每侧 2 组 5 ~ 6 次重复练习 两组成对练习之间休息 90 秒	每侧 4 组 6 ~ 8 次重复练习 两组成对练习之间休息 90 秒	每侧 3 组 10 ~ 12 次重复练习 两组成对练习之间休息 90 秒	每侧 2 组 14 ~ 15 次重复练习 两组成对练习之间休息 90 秒	185
4.	弯举变化（知名的练习）	训练器坐姿腿弯举 2 组 8 ~ 10 次重复练习 两组练习之间休息 2 ~ 3 分钟	训练器卧姿腿弯举 4 组 6 ~ 8 次重复练习 两组练习之间休息 2 ~ 3 分钟	单腿稳定球腿弯举 每侧 3 组 10 ~ 14 次重复练习 两组练习之间休息 2 ~ 3 分钟	训练器坐姿腿弯举 2 组 17 ~ 20 次重复练习 两组练习之间休息 2 ~ 3 分钟	150、151、154 和 150
体能练习				高抗阻直立自行车冲刺：完成 10 秒练习并休息 50 秒，进行 4 ~ 8 轮练习	配重板推移：总距离为 40 ~ 50 码（37 ~ 46 米），进行 3 ~ 5 组练习，两组练习之间休息 1.5 ~ 3 分钟	191 和 192

锻炼计划 2B：上半身负荷式锻炼

		锻炼 1：重载 *	锻炼 2 和 5	锻炼 3 和 6	锻炼 4 和 7	页码
1.	负荷式：单臂哑铃划船	每侧 2 组 8 ~ 10 次重复练习 两组练习之间休息 2 ~ 3 分钟	每侧 4 组 6 ~ 7 次重复练习 两组练习之间休息 3 ~ 5 分钟	每侧 5 组 4 ~ 5 次重复练习 两组练习之间休息 3 ~ 5 分钟	每侧 6 组 2 ~ 3 次重复练习 两组练习之间休息 3 ~ 5 分钟	64
2a.	单手上斜杠铃推举	每侧 2 组 6 ~ 8 次重复练习	每侧 4 组 6 ~ 8 次重复练习	每侧 3 组 10 ~ 14 次重复练习	每侧 2 组 17 ~ 20 次重复练习	77
2b.	绳索下拉	2 组 8 ~ 10 次重复练习 两组成对练习之间休息 90 秒	4 组 6 ~ 8 次重复练习 两组成对练习之间休息 90 秒	3 组 10 ~ 14 次重复练习 两组成对练习之间休息 90 秒	2 组 17 ~ 20 次重复练习 两组成对练习之间休息 90 秒	58

续表

锻炼计划 2B：上半身负荷式锻炼						
		锻炼 1：重载 *	锻炼 2 和 5	锻炼 3 和 6	锻炼 4 和 7	页码
3a.	杠铃卧推	2 组 8 ~ 10 次重复练习	4 组 6 ~ 8 次重复练习	3 组 10 ~ 14 次重复练习	2 组 17 ~ 20 次重复练习	79
3b.	哑铃肩部“L”字推举	每侧 2 组 8 ~ 10 次重复练习 两组成对练习之间休息 90 秒	每侧 4 组 6 ~ 8 次重复练习 两组成对练习之间休息 90 秒	每侧 3 组 10 ~ 14 次重复练习 两组成对练习之间休息 90 秒	每侧 2 组 17 ~ 20 次重复练习 两组成对练习之间休息 90 秒	90
4a.	哑铃俯身臂屈伸	2 组 8 ~ 10 次重复练习	4 组 6 ~ 8 次重复练习	3 组 10 ~ 14 次重复练习	2 组 17 ~ 20 次重复练习	86
4b.	哑铃臂弯举	2 组 8 ~ 10 次重复练习 两组成对练习之间休息 90 秒	4 组 6 ~ 8 次重复练习 两组成对练习之间休息 90 秒	3 组 10 ~ 14 次重复练习 两组成对练习之间休息 90 秒	2 组 17 ~ 20 次重复练习 两组成对练习之间休息 90 秒	68
体能练习				单边农夫走组合练习：进行 2 ~ 3 组练习，两组之间休息 2 ~ 3 分钟	配重板组合练习：进行 3 ~ 4 轮练习，两轮练习之间休息 2 ~ 3 分钟	196 和 203

锻炼计划 2C：下半身爆发式锻炼						
		锻炼 1：重载 *	锻炼 2 和 5	锻炼 3 和 6	锻炼 4 和 7	页码
1.	爆发式：侧向弹跳或横向板凳剪式跳跃	2 组 3 ~ 4 次重复练习 两组练习之间休息 2 ~ 3 分钟	每侧 6 组 3 ~ 4 次重复练习 两组练习之间休息 3 ~ 5 分钟	每侧 5 组 5 ~ 6 次重复练习 两组练习之间休息 3 ~ 5 分钟	每侧 4 组 7 ~ 8 次重复练习 两组练习之间休息 3 ~ 5 分钟	138
2a.	单腿深蹲	2 组 6 ~ 8 次重复练习	2 组 17 ~ 20 次重复练习	3 组 10 ~ 14 次重复练习	4 组 6 ~ 8 次重复练习	130
2b.	稳定球弧线运动	每侧 2 组 5 ~ 6 次重复练习 两组成对练习之间休息 90 秒	每侧 2 组 14 ~ 15 次重复练习 两组成对练习之间休息 90 秒	每侧 3 组 10 ~ 12 次重复练习 两组成对练习之间休息 90 秒	每侧 4 组 6 ~ 8 次重复练习 两组成对练习之间休息 90 秒	172
3a.	45 度髋关节伸展	2 组 6 ~ 8 次重复练习	2 组 17 ~ 20 次重复练习	3 组 10 ~ 14 次重复练习	4 组 6 ~ 8 次重复练习	131
3b.	由高到低绳索砍劈	每侧 2 组 8 ~ 10 次重复练习 两组成对练习之间休息 90 秒	每侧 2 组 5 ~ 17 次重复练习 两组成对练习之间休息 90 秒	每侧 3 组 10 ~ 12 次重复练习 两组成对练习之间休息 90 秒	每侧 4 组 6 ~ 8 次重复练习 两组成对练习之间休息 90 秒	168
4.	髋内收 变化 （知名的练习）	单腿绳索 髋内收 每侧 2 组 8 ~ 10 次重复练习 两组练习之间休息 2 ~ 3 分钟	侧卧 髋内收 每侧 2 组 17 ~ 20 次重复练习 两组练习之间休息 2 ~ 3 分钟	单腿绳索 髋内收 每侧 3 组 10 ~ 14 次重复练习 两组练习之间休息 2 ~ 3 分钟	器械 髋内收 4 组 6 ~ 8 次重复练习 两组练习之间休息 2 ~ 3 分钟	148、153、148 和 152
体能练习			300 码（约 274 米）折返跑：进行 1 ~ 3 组练习，两组练习之间休息 2 ~ 4 分钟	一英里（约 1.6 千米）全速跑（在户外或跑步机上）		188 和 191

续表

锻炼计划 2D：上半身爆发式锻炼						
		锻炼 1：重载 *	锻炼 2 和 5	锻炼 3 和 6	锻炼 4 和 7	页码
1.	爆发式：爆炸式十字交叉俯卧撑	每侧 2 组 3 ~ 4 次重复练习 两组练习之间休息 2 ~ 3 分钟	每侧 6 组 3 ~ 4 次重复练习 两组练习之间休息 3 ~ 5 分钟	每侧 5 组 5 ~ 6 次重复练习 两组练习之间休息 3 ~ 5 分钟	每侧 4 组 7 ~ 8 次重复练习 两组练习之间休息 3 ~ 5 分钟	113
2a.	战士式绳索高位下拉	每侧 2 组 6 ~ 8 次重复练习	每侧 2 组 17 ~ 20 次重复练习	每侧 3 组 10 ~ 14 次重复练习	每侧 4 组 6 ~ 8 次重复练习	96
2b.	哑铃旋转式肩膀推举	每侧 2 组 6 ~ 8 次重复练习 两组成对练习之间休息 90 秒	每侧 2 组 17 ~ 20 次重复练习 两组成对练习之间休息 90 秒	每侧 3 组 10 ~ 14 次重复练习 两组成对练习之间休息 90 秒	每侧 4 组 6 ~ 8 次重复练习 两组成对练习之间休息 90 秒	83
3a.	宽距史密斯杠铃划船	2 组 8 ~ 10 次重复练习	2 组 17 ~ 20 次重复练习	3 组 10 ~ 14 次重复练习	4 组 6 ~ 8 次重复练习	116
3b.	史密斯杠铃肱三头肌俯卧伸展	2 组 8 ~ 10 次重复练习 两组成对练习之间休息 90 秒	2 组 17 ~ 20 次重复练习 两组成对练习之间休息 90 秒	3 组 10 ~ 14 次重复练习 两组成对练习之间休息 90 秒	4 组 6 ~ 8 次重复练习 两组成对练习之间休息 90 秒	115
4a.	绳索面拉	2 组 8 ~ 10 次重复练习	2 组 17 ~ 20 次重复练习	3 组 10 ~ 14 次重复练习	4 组 6 ~ 8 次重复练习	74
4b.	绳索胸前弯举	2 组 8 ~ 10 次重复练习 两组成对练习之间休息 90 秒	2 组 17 ~ 20 次重复练习 两组成对练习之间休息 90 秒	3 组 10 ~ 14 次重复练习 两组成对练习之间休息 90 秒	4 组 6 ~ 8 次重复练习 两组成对练习之间休息 90 秒	101
体能练习			哑铃农夫走组合练习：进行 3 ~ 4 组练习，两组练习之间休息 2 ~ 3 分钟	配重板组合练习：进行 3 ~ 4 轮练习，两轮练习之间休息 2 ~ 3 分钟		193 和 203

* 重载锻炼：以低强度完成所有练习。强度从 1 到 10 进行划分，你应该采用 3 或 4 左右的强度进行锻炼，并采用 7 ~ 9 的强度进行其他锻炼。

表 12.9 基于健身房的功能和表现能力锻炼计划 3：每周 4 或 5 次

锻炼计划 3A：下半身负荷式锻炼						
		锻炼 1：重载 *	锻炼 2 和 5	锻炼 3 和 6	锻炼 4 和 7	页码
1.	负荷式：杠铃架上硬拉	2 组 8 ~ 10 次重复练习 两组练习之间休息 2 ~ 3 分钟	4 组 6 ~ 7 次重复练习 两组练习之间休息 3 ~ 5 分钟	5 组 4 ~ 5 次重复练习 两组练习之间休息 3 ~ 5 分钟	6 组 2 ~ 3 次重复练习 两组练习之间休息 3 ~ 5 分钟	140
2a.	哑铃箭步蹲前行	每侧 2 组 6 ~ 8 次重复练习	每侧 4 组 6 ~ 8 次重复练习	每侧 3 组 10 ~ 14 次重复练习	每侧 2 组 17 ~ 20 次重复练习	143
2b.	稳定球腹肌练习变化（知名的练习）	稳定球屈膝内收 2 组 8 ~ 10 次重复练习 两组成对练习之间休息 90 秒	稳定球屈体展体 4 组 6 ~ 8 次重复练习 两组成对练习之间休息 90 秒	稳定球屈体 3 组 10 ~ 14 次重复练习 两组成对练习之间休息 90 秒	稳定球屈膝内收 2 组 17 ~ 20 次重复练习 两组成对练习之间休息 90 秒	181、178、177 和 181

续表

锻炼计划 3A：下半身负荷式锻炼						
		锻炼 1：重载 *	锻炼 2 和 5	锻炼 3 和 6	锻炼 4 和 7	页码
3a.	单腿配重板提胯	每侧 2 组 6 ~ 8 次重复练习	每侧 4 组 6 ~ 8 次重复练习	每侧 3 组 10 ~ 14 次重复练习	每侧 2 组 17 ~ 20 次重复练习	146
3b.	由低到高绳索砍劈	每侧 2 组 8 ~ 10 次重复练习 两组成对练习之间休息 90 秒	每侧 4 组 6 ~ 8 次重复练习 两组成对练习之间休息 90 秒	每侧 3 组 10 ~ 12 次重复练习 两组成对练习之间休息 90 秒	每侧 2 组 5 ~ 17 次重复练习 两组成对练习之间休息 90 秒	165
4.	髋内收变化（知名的练习）	器械 髋内收 2 组 8 ~ 10 次重复练习 两组练习之间休息 2 ~ 3 分钟	器械 髋内收 4 组 6 ~ 8 次重复练习 两组练习之间休息 2 ~ 3 分钟	单腿绳索 髋内收 每侧 3 组 10 ~ 14 次重复练习 两组练习之间休息 2 ~ 3 分钟	侧卧 髋内收 每侧 2 组 17 ~ 20 次重复练习 两组练习之间休息 2 ~ 3 分钟	152、152、148 和 153
体能练习				高抗阻直立自行车冲刺：完成 10 秒练习（尽量快）并休息 50 秒，进行 4 ~ 8 轮练习	配重板推移：总距离为 40 ~ 50 码(37 ~ 46 米)，进行3 ~ 5组练习，两组练习之间休息 1.5 ~ 3分钟	191 和 192

锻炼计划 3B：上半身负荷式锻炼						
		锻炼 1：重载 *	锻炼 2 和 5	锻炼 3 和 6	锻炼 4 和 7	页码
1.	负荷式：双手对握背部下拉	2 组 8 ~ 10 次重复练习 两组练习之间休息 2 ~ 3 分钟	4 组 6 ~ 7 次重复练习 两组练习之间休息 3 ~ 5 分钟	5 组 4 ~ 5 次重复练习 两组练习之间休息 3 ~ 5 分钟	6 组 2 ~ 3 次重复练习 两组练习之间休息 3 ~ 5 分钟	91
2a.	哑铃上斜卧推	2 组 8 ~ 10 次重复练习	4 组 6 ~ 8 次重复练习	3 组 10 ~ 14 次重复练习	2 组 17 ~ 20 次重复练习	82
2b.	双臂俯身哑铃划船	2 组 8 ~ 10 次重复练习 两组成对练习之间休息 90 秒	4 组 6 ~ 8 次重复练习 两组成对练习之间休息 90 秒	3 组 10 ~ 14 次重复练习 两组成对练习之间休息 90 秒	2 组 17 ~ 20 次重复练习 两组成对练习之间休息 90 秒	66
3a.	单手绳索推	每侧 2 组 8 ~ 10 次重复练习	每侧 4 组 6 ~ 8 次重复练习	每侧 3 组 10 ~ 14 次重复练习	每侧 2 组 17 ~ 20 次重复练习	92
3b.	哑铃肩部“T”字推举	2 组 8 ~ 10 次重复练习 两组成对练习之间休息 90 秒	4 组 10 ~ 12 次重复练习 两组成对练习之间休息 90 秒	3 组 14 ~ 15 次重复练习 两组成对练习之间休息 90 秒	2 组 18 ~ 20 次重复练习 两组成对练习之间休息 90 秒	90
4a.	绳索胸前弯举	2 组 8 ~ 10 次重复练习	4 组 6 ~ 8 次重复练习	3 组 10 ~ 14 次重复练习	2 组 17 ~ 20 次重复练习	101
4b.	绳索肱三头肌屈伸	2 组 8 ~ 10 次重复练习 两组成对练习之间休息 90 秒	4 组 6 ~ 8 次重复练习 两组成对练习之间休息 90 秒	3 组 10 ~ 14 次重复练习 两组成对练习之间休息 90 秒	2 组 17 ~ 20 次重复练习 两组成对练习之间休息 90 秒	98
体能练习				单边农夫走组合练习：进行 2 ~ 3 组练习，两组之间休息2 ~ 3分钟	配重板组合练习：进行3 ~ 4轮练习，两轮练习之间休息 2 ~ 3 分钟	196 和 203

续表

锻炼计划 3C：下半身爆发式锻炼						
		锻炼 1：重载 *	锻炼 2 和 5	锻炼 3 和 6	锻炼 4 和 7	页码
1.	爆发式：立定跳远	2 组 3 ~ 4 次重复练习 两组练习之间休息 2 ~ 3 分钟	6 组 3 ~ 4 次重复练习 两组练习之间休息 3 ~ 5 分钟	5 组 5 ~ 6 次重复练习 两组练习之间休息 3 ~ 5 分钟	4 组 7 ~ 8 次重复练习 两组练习之间休息 3 ~ 5 分钟	137
2a.	哑铃登台阶	每侧 2 组 6 ~ 8 次重复练习	每侧 2 组 17 ~ 20 次重复练习	每侧 3 组 10 ~ 14 次重复练习	每侧 4 组 6 ~ 8 次重复练习	132
2b.	稳定球配重板卷体	2 组 18 ~ 10 次重复练习 两组成对练习之间休息 90 秒	2 组 17 ~ 20 次重复练习 两组成对练习之间休息 90 秒	3 组 10 ~ 14 次重复练习 两组成对练习之间休息 90 秒	4 组 6 ~ 8 次重复练习 两组成对练习之间休息 90 秒	170
3a.	罗马尼亚式哑铃横向弓步硬拉	每侧 2 组 6 ~ 8 次重复练习	每侧 2 组 15 ~ 17 次重复练习	每侧 3 组 10 ~ 12 次重复练习	每侧 4 组 6 ~ 8 次重复练习	142
3b.	哑铃平板支撑划船	每侧 2 组 6 ~ 8 次重复练习 两组成对练习之间休息 90 秒	每侧 2 组 11 ~ 12 次重复练习 两组成对练习之间休息 90 秒	每侧 3 组 8 ~ 9 次重复练习 两组成对练习之间休息 90 秒	每侧 4 组 5 ~ 6 次重复练习 两组成对练习之间休息 90 秒	182
4.	弯举 变化 （知名的练习）	训练器卧姿腿弯举 2 组 8 ~ 10 次重复练习 两组练习之间休息 2 ~ 3 分钟	训练器坐姿腿弯举 2 组 17 ~ 20 次重复练习 两组练习之间休息 2 ~ 3 分钟	单腿稳定球腿弯举 每侧 3 组 10 ~ 14 次重复练习 两组练习之间休息 2 ~ 3 分钟	训练器卧姿腿弯举 4 组 6 ~ 8 次重复练习 两组练习之间休息 2 ~ 3 分钟	151、150、154 和 151
体能练习			300 码（约 274 米）折返跑：进行 1 ~ 3 组练习，两组练习之间休息 2 ~ 4 分钟	一英里（约 1.6 千米）全速跑（在户外或跑步机上）：1 组练习		188 和 191

锻炼计划 3D：上半身爆发式锻炼						
		锻炼 1：重载 *	锻炼 2 和 5	锻炼 3 和 6	锻炼 4 和 7	页码
1.	爆发式：上斜杠铃推接	每侧 2 组 3 ~ 4 次重复练习 两组练习之间休息 2 ~ 3 分钟	每侧 6 组 3 ~ 4 次重复练习 两组练习之间休息 3 ~ 5 分钟	每侧 5 组 5 ~ 6 次重复练习 两组练习之间休息 3 ~ 5 分钟	每侧 4 组 7 ~ 8 次重复练习 两组练习之间休息 3 ~ 5 分钟	76
2a.	俯身杠铃划船	2 组 6 ~ 8 次重复练习	2 组 17 ~ 20 次重复练习	3 组 10 ~ 14 次重复练习	4 组 6 ~ 8 次重复练习	63
2b.	俯卧撑 变化 （知名的练习）	俯卧撑 2 组 8 ~ 10 次重复练习 两组成对练习之间休息 90 秒	稳定球俯卧撑 2 组 17 ~ 20 次重复练习 两组成对练习之间休息 90 秒	俯卧撑或脚部抬高式俯卧撑 （根据你自身的力量级别） 3 组 10 ~ 14 次重复练习 两组成对练习之间休息 90 秒	弹力带环俯卧撑 4 组 6 ~ 8 次重复练习 两组成对练习之间休息 90 秒	62、114、62 或 114 和 105

续表

锻炼计划 3D：上半身爆发式锻炼						
		锻炼 1：重载 *	锻炼 2 和 5	锻炼 3 和 6	锻炼 4 和 7	页码
3a.	引体向上（如果需要，可以借助器械或弹力带环）	2 组 6 ~ 8 次重复练习	2 组 17 ~ 20 次重复练习	3 组 10 ~ 14 次重复练习	4 组 6 ~ 8 次重复练习	118
3b.	单手颈后哑铃臂屈伸	每侧 2 组 8 ~ 10 次重复练习 两组成对练习之间休息 90 秒	每侧 2 组 17 ~ 20 次重复练习 两组成对练习之间休息 90 秒	每侧 3 组 10 ~ 14 次重复练习 两组成对练习之间休息 90 秒	每侧 4 组 6 ~ 8 次重复练习 两组成对练习之间休息 90 秒	86
4a.	E-Z 杠铃牧师凳弯举	2 组 6 ~ 8 次重复练习	2 组 17 ~ 20 次重复练习	3 组 10 ~ 14 次重复练习	4 组 6 ~ 8 次重复练习	87
4b.	哑铃肩部“A”字推举	2 组 8 ~ 10 次重复练习 两组成对练习之间休息 90 秒	2 组 17 ~ 20 次重复练习 两组成对练习之间休息 90 秒	3 组 10 ~ 14 次重复练习 两组成对练习之间休息 90 秒	4 组 6 ~ 8 次重复练习 两组成对练习之间休息 90 秒	88
体能练习			单边农夫走 组合练习：进行 2 ~ 3 组练习，两组练习之间休息 2 ~ 3 分钟	配重板组合练习：进行 3 ~ 4 轮练习，两轮练习之间休息 2 ~ 3 分钟		193 和 203

* 重载锻炼：以低强度完成所有练习。强度从 1 到 10 进行划分，你应该采用 3 或 4 左右的强度进行锻炼，并采用 7 ~ 9 的强度进行其他锻炼。

表 12.10 基于健身房的功能和表现能力锻炼计划 4：每周 4 或 5 次

锻炼 4A：下半身负荷式锻炼						
		锻炼 1：重载 *	锻炼 2 和 5	锻炼 3 和 6	锻炼 4 和 7	页码
1.	负荷式：单腿深蹲或哑铃斜向保加利亚式箭步蹲	每侧 2 组 6 ~ 8 次重复练习 两组练习之间休息 2 ~ 3 分钟	每侧 4 组 7 ~ 8 次重复练习 两组练习之间休息 3 ~ 5 分钟	每侧 5 组 5 ~ 6 次重复练习 两组练习之间休息 3 ~ 5 分钟	每侧 6 组 3 ~ 4 次重复练习 两组练习之间休息 3 ~ 5 分钟	130 或 128
2a.	单腿单臂罗马尼亚式哑铃硬拉	每侧 2 组 6 ~ 8 次重复练习	每侧 4 组 6 ~ 8 次重复练习	每侧 3 组 10 ~ 14 次重复练习	每侧 2 组 17 ~ 20 次重复练习	144
2b.	稳定球弧线运动	每侧 2 组 5 ~ 6 次重复练习 两组成对练习之间休息 90 秒	每侧 4 组 6 ~ 8 次重复练习 两组成对练习之间休息 90 秒	每侧 3 组 10 ~ 12 次重复练习 两组成对练习之间休息 90 秒	每侧 2 组 14 ~ 15 次重复练习 两组成对练习之间休息 90 秒	172
3a.	45 度髋关节伸展	每侧 2 组 6 ~ 8 次重复练习	每侧 4 组 6 ~ 8 次重复练习	每侧 3 组 10 ~ 14 次重复练习	每侧 2 组 17 ~ 20 次重复练习	131
3b.	由高到低绳索砍劈	每侧 2 组 8 ~ 10 次重复练习 两组成对练习之间休息 90 秒	每侧 4 组 6 ~ 8 次重复练习 两组成对练习之间休息 90 秒	每侧 3 组 10 ~ 12 次重复练习 两组成对练习之间休息 90 秒	每侧 2 组 15 ~ 17 次重复练习 两组成对练习之间休息 90 秒	168
4.	弯举变化（知名的练习）	训练器坐姿腿弯举 2 组 8 ~ 10 次重复练习 两组练习之间休息 2 ~ 3 分钟	训练器卧姿腿弯举 4 组 6 ~ 8 次重复练习 两组练习之间休息 2 ~ 3 分钟	单腿稳定球腿弯举 3 组 10 ~ 14 次重复练习 两组练习之间休息 2 ~ 3 分钟	训练器坐姿腿弯举 2 组 17 ~ 20 次重复练习 两组练习之间休息 2 ~ 3 分钟	150、151、154 和 150

续表

锻炼 4A：下半身负荷式锻炼						
		锻炼 1：重载 *	锻炼 2 和 5	锻炼 3 和 6	锻炼 4 和 7	页码
体能练习				高抗阻直立自行车冲刺：完成 10 秒练习（尽量快）并休息 50 秒，进行 4 ~ 8 轮练习	配重板推移：总距离为 40 ~ 50 码（37 ~ 46 米），进行3 ~ 5组练习，两组练习之间休息 1.5 ~ 3 分钟	191 和 192

锻炼 4B：上半身负荷式锻炼						
		锻炼 1：重载 *	锻炼 2 和 5	锻炼 3 和 6	锻炼 4 和 7	页码
1.	负荷式：器械划船运动	2 组 8 ~ 10 次重复练习 两组练习之间休息 2 ~ 3 分钟	4 组 6 ~ 7 次重复练习 两组练习之间休息 3 ~ 5 分钟	5 组 4 ~ 5 次重复练习 两组练习之间休息 3 ~ 5 分钟	6 组 2 ~ 3 次重复练习 两组练习之间休息 3 ~ 5 分钟	102
2a.	单手哑铃过头上举	每侧 2 组 6 ~ 8 次重复练习	每侧 4 组 6 ~ 8 次重复练习	每侧 3 组 10 ~ 14 次重复练习	每侧 2 组 17 ~ 20 次重复练习	82
2b.	战士式绳索高位下拉	每侧 2 组 6 ~ 8 次重复练习 两组成对练习之间休息 90 秒	每侧 4 组 6 ~ 8 次重复练习 两组成对练习之间休息 90 秒	每侧 3 组 10 ~ 14 次重复练习 两组成对练习之间休息 90 秒	每侧 2 组 17 ~ 20 次重复练习 两组成对练习之间休息 90 秒	96
3a.	哑铃卧推	2 组 6 ~ 8 次重复练习	4 组 6 ~ 8 次重复练习	3 组 10 ~ 14 次重复练习	2 组 17 ~ 20 次重复练习	81
3b.	哑铃肩部“L”字推举	2 组 8 ~ 10 次重复练习 两组成对练习之间休息 90 秒	4 组 8 ~ 10 次重复练习 两组成对练习之间休息 90 秒	3 组 12 ~ 14 次重复练习 两组成对练习之间休息 90 秒	2 组 15 ~ 17 次重复练习 两组成对练习之间休息 90 秒	90
4a.	低位单手背对肱二头肌弯举	每侧 2 组 8 ~ 10 次重复练习	每侧 4 组 6 ~ 8 次重复练习	每侧 3 组 10 ~ 14 次重复练习	每侧 2 组 17 ~ 20 次重复练习	101
4b.	过顶绳索肱三头肌屈伸	2 组 8 ~ 10 次重复练习 两组成对练习之间休息 90 秒	4 组 6 ~ 8 次重复练习 两组成对练习之间休息 90 秒	3 组 10 ~ 14 次重复练习 两组成对练习之间休息 90 秒	2 组 17 ~ 20 次重复练习 两组成对练习之间休息 90 秒	97
体能练习				单边农夫走组合练习：进行 2 ~ 3 组练习，两组练习之间休息 2 ~ 3 分钟	配重板组合练习：进行3 ~ 4轮练习，两轮练习之间休息 2 ~ 3 分钟	196 和 203

锻炼 4C：下半身爆发式锻炼						
		锻炼 1：重载 *	锻炼 2 和 5	锻炼 3 和 6	锻炼 4 和 7	页码
1.	爆发式：硬拉跳	2 组 3 ~ 4 次重复练习 两组练习之间休息 2 ~ 3 分钟	6 组 3 ~ 4 次重复练习 两组练习之间休息 3 ~ 5 分钟	5 组 5 ~ 6 次重复练习 两组练习之间休息 3 ~ 5 分钟	4 组 7 ~ 8 次重复练习 两组练习之间休息 3 ~ 5 分钟	136
2a.	杠铃深蹲	2 组 6 ~ 8 次重复练习	2 组 17 ~ 20 次重复练习	3 组 10 ~ 14 次重复练习	4 组 6 ~ 8 次重复练习	121
2b.	反向卷腹	2 组 18 ~ 10 次重复练习 两组成对练习之间休息 90 秒	2 组 17 ~ 20 次重复练习 两组成对练习之间休息 90 秒	3 组 10 ~ 14 次重复练习 两组成对练习之间休息 90 秒	4 组 6 ~ 8 次重复练习（在双膝之间加入药球） 两组成对练习之间休息 90 秒	160

续表

锻炼 4C：下半身爆发式锻炼						
		锻炼 1：重载 *	锻炼 2 和 5	锻炼 3 和 6	锻炼 4 和 7	页码
3a.	垫高哑铃斜向反弓步	每侧 2 组 6 ～ 8 次重复练习	每侧 2 组 17 ～ 20 次重复练习	每侧 3 组 10 ～ 14 次重复练习	每侧 4 组 6 ～ 8 次重复练习	125
3b.	交叉平板支撑	每侧 2 组 5 ～ 6 次重复练习 两组成对练习之间休息 90 秒	每侧 2 组 14 ～ 15 次重复练习 两组成对练习之间休息 90 秒	每侧 3 组 10 ～ 12 次重复练习 两组成对练习之间休息 90 秒	每侧 4 组 6 ～ 8 次重复练习 两组成对练习之间休息 90 秒	185
4.	髋内收变化（知名的练习）	单腿绳索髋内收 每侧 2 组 8 ～ 10 次重复练习 两组练习之间休息 2 ～ 3 分钟	侧卧髋内收 每侧 2 组 17 ～ 20 次重复练习 两组练习之间休息 2 ～ 3 分钟	单腿绳索髋内收 每侧 3 组 10 ～ 14 次重复练习 两组练习之间休息 2 ～ 3 分钟	器械髋内收 4 组 6 ～ 8 次重复练习 两组练习之间休息 2 ～ 3 分钟	148、153、148 和 152
体能练习			300 码（约 274 米）折返跑 进行 1 ～ 3 组练习，两组练习之间休息 2 ～ 4 分钟	一英里（约 1.6 千米）全速跑（在户外或跑步机上）：1 组练习		188 和 191

锻炼 4D：上半身爆发式锻炼						
		锻炼 1：重载 *	锻炼 2 和 5	锻炼 3 和 6	锻炼 4 和 7	页码
1.	爆发式：爆发式俯卧撑	2 组 3 ～ 4 次重复练习 两组练习之间休息 2 ～ 3 分钟	6 组 3 ～ 4 次重复练习 两组练习之间休息 3 ～ 5 分钟	5 组 5 ～ 6 次重复练习 两组练习之间休息 3 ～ 5 分钟	4 组 7 ～ 8 次重复练习 两组练习之间休息 3 ～ 5 分钟	112
2a.	斜向绳索下拉	2 组 8 ～ 10 次重复练习	2 组 17 ～ 20 次重复练习	3 组 10 ～ 14 次重复练习	4 组 6 ～ 8 次重复练习	60
2b.	从上斜杠铃肩膀推举过渡到肩膀推举	每侧 2 组 6 ～ 8 次重复练习 两组成对练习之间休息 90 秒	每侧 2 组 17 ～ 20 次重复练习 两组成对练习之间休息 90 秒	每侧 3 组 10 ～ 14 次重复练习 两组成对练习之间休息 90 秒	每侧 4 组 6 ～ 8 次重复练习 两组成对练习之间休息 90 秒	77
3a.	凳上单手俯身哑铃划船	每侧 2 组 8 ～ 10 次重复练习	每侧 2 组 17 ～ 20 次重复练习	每侧 3 组 10 ～ 14 次重复练习	每侧 4 组 6 ～ 8 次重复练习	83
3b.	哑铃肱三头肌臂屈伸	2 组 6 ～ 8 次重复练习 两组成对练习之间休息 90 秒	2 组 17 ～ 20 次重复练习 两组成对练习之间休息 90 秒	3 组 10 ～ 14 次重复练习 两组成对练习之间休息 90 秒	4 组 6 ～ 8 次重复练习 两组成对练习之间休息 90 秒	73
4a.	器械后飞鸟	2 组 6 ～ 8 次重复练习	2 组 17 ～ 20 次重复练习	3 组 10 ～ 14 次重复练习	4 组 6 ～ 8 次重复练习	103
4b.	哑铃臂弯举	2 组 6 ～ 8 次重复练习 两组成对练习之间休息 90 秒	2 组 17 ～ 20 次重复练习 两组成对练习之间休息 90 秒	3 组 10 ～ 14 次重复练习 两组成对练习之间休息 90 秒	4 组 6 ～ 8 次重复练习 两组成对练习之间休息 90 秒	68
体能练习			哑铃农夫走组合练习：进行 3 ～ 4 组练习，两组练习之间休息 2 ～ 3 分钟	配重板组合练习：进行 3 ～ 4 轮练习，两轮练习之间休息 2 ～ 3 分钟		193 和 203

* 重载锻炼：以低强度完成所有练习。强度从 1 到 10 进行划分，你应该采用 3 或 4 左右的强度进行锻炼，并采用 7 ～ 9 的强度进行其他锻炼。

表 12.11 基于健身房的功能和表现能力锻炼计划样本：每周 4 次

选项 1	
第 1 周	第 2 周 *
周一：锻炼计划 1A，下半身负荷，锻炼 1	周一：锻炼计划 1A，下半身负荷，锻炼 2
周二：锻炼计划 1B，上半身负荷，锻炼 1	周二：锻炼计划 1B，上半身负荷，锻炼 2
周三：休息	周三：休息
周四：锻炼计划 1C，下半身爆发力，锻炼 1	周四：锻炼计划 1C，下半身爆发力，锻炼 2
周五：锻炼计划 1D，上半身爆发力，锻炼 1	周五：锻炼计划 1D，上半身爆发力，锻炼 2
周六：休息	周六：休息
周日：休息	周日：休息

选项 2
第 1 周 *
周一：锻炼计划 1A，下半身负荷，锻炼 1
周二：锻炼计划 1B，上半身负荷，锻炼 1
周三：休息
周四：锻炼计划 1C，下半身爆发力，锻炼 1
周五：休息
周六：锻炼计划 1D，上半身爆发力，锻炼 1
周日：休息

* 重复此锻炼步骤 4 ~ 7 次。你可以改变你所列的锻炼时间，你可以列出改变锻炼的日期，不在 2 ~ 3 个连续日内一直锻炼，以便在下一次锻炼中能够最大限度地提高你的表现能力。在进行 4 ~ 7 次锻炼完成锻炼计划 1 后，你就可以继续进行 4 ~ 7 次锻炼完成下一个锻炼计划，以此类推。

表 12.12 基于健身房的功能和表现能力锻炼计划样本：每周 4 次

第 1 周	第 2 周 *
周一：锻炼计划 1A，下半身负荷，锻炼 1	周一：锻炼计划 1B，上半身负荷，锻炼 2
周二：锻炼计划 1B，上半身负荷，锻炼 1	周二：锻炼计划 1C，下半身爆发力，锻炼 2
周三：休息	周三：休息
周四：锻炼计划 1C，下半身爆发力，锻炼 1	周四：锻炼计划 1D，上半身爆发力，锻炼 2
周五：锻炼计划 1D，上半身爆发力，锻炼 1	周五：锻炼计划 1A，下半身负荷，锻炼 3
周六：锻炼计划 1B，下半身负荷，锻炼 2	周六：锻炼计划 1B，上半身负荷，锻炼 3
周日：休息	周日：休息

第 3 周 *
周一：锻炼计划 1C，下半身爆发力，锻炼 3
周二：锻炼计划 1D，上半身爆发力，锻炼 3
周三：休息
周四：锻炼计划 1A，下半身负荷，锻炼 4
周五：锻炼计划 1B，上半身负荷，锻炼 4
周六：锻炼计划 1C，下半身爆发力，锻炼 4
周日：休息

* 重复此锻炼步骤 4 ~ 7 次。你可以改变你所列的锻炼时间，你可以列出改变锻炼的日期，不在 2 ~ 3 个连续日内一直锻炼，以便在下一次锻炼中能够最大限度地提高你的表现能力。在进行 4 ~ 7 次锻炼完成锻炼计划 1 后，你就可以继续进行 4 ~ 7 次锻炼完成下一个锻炼计划，以此类推。

家庭或酒店健身房功能和表现能力锻炼计划

当你在旅途中，无法去健身房或无法进入健身房的时候，你可以使用这里提供的家庭或酒店健身房锻炼计划，或者体重和弹力带锻炼计划。表 12.13 和表 12.14 中的两项锻炼计划涉及为家庭健身房推荐的器械，或者是一些在大多数酒店健身房中很常见的器械。这些器械如下。

- 一套哑铃［重量可达 50 磅（约 23 千克）或 20 千克］。
- 一个可调节的举重凳，可将设置成平面或斜面。
- 高质量的稳定球，直径为 55 ~ 65 厘米。
- 引体向上杆（为了方便，许多引体向上杆都被设计为可轻松放置在门口的顶部）。
- 一组弹力带，具有针对各种不同强度（从低到高强度）的手柄。
- 从低到中等强度不等的弹力带环。
- 从低到中等强度不等的迷你弹力带环。

弹力带、弹力带环和迷你弹力带环在大多数体育用品商店或在线商店都有销售，但在酒店健身房并不常见。我们建议至少携带每种类型的一组弹力带。这些弹力带便于携带，可以被轻松地放入你的行李箱。还需要注意的是，由于以下锻炼是在有限的器械上进行的，所以其中一些练习需要针对练习说明中的内容进行一些微小的修改。例如，对于像单手绳索划船这样的基于绳索的锻炼，如果训练环境中没有绳索柱，可以使用弹力带来进行锻炼。或者，对于哑铃运动（例如“哑铃肩部‘W’字推举”），你无须握哑铃亦可执行练习说明中所示的相同动作。每个锻炼计划中都对这些修改进行了说明。

此外，这些锻炼计划仅在你外出旅行、无法去健身房或无权使用健身房时，作为对你每周常规健身房锻炼计划的补充。它们无意取代你的健身房锻炼计划。你的主要训练应该围绕上一节中的初学者健身房锻炼计划进行。请记住，在开始任何后续锻炼之前，请务必执行第 5 章中的动态热身序列之一。

表 12.15 和表 12.16 中的两个锻炼计划包括使用以下 3 种弹力带的体重练习和弹力带练习：带手柄的弹力带（这些弹力带可以在几秒内连接到任何门柱或稳定的物体上）、弹力带环和迷你弹力带环。一套带手柄的高质量弹力带和两种类型的弹力带环（它们提供了从轻到非常重的各种级别的抗阻），是家庭锻炼计划和出差时锻炼计划的必选。它们便于携带，并为你的体重锻炼增加了许多有效的锻炼选择，它们带来的价值远远超过它们的成本。

再次声明，以下锻炼计划并不是专为你而设计，也不是为了取代本章前面提到的基于健身房的锻炼计划而设计。当你无法去任何类型的健身房的时候，可以将它们作为每周常规健身房锻炼计划的补充。

表12.13 家庭或酒店健身房功能和表现能力锻炼计划1

练习		组数和重复次数	页码
1.	负荷式：单腿深蹲	每侧4组5～7次重复练习，两组练习之间休息3～5分钟	130
2.	爆发式：爆发式俯卧撑	6组4～6次重复练习，两组练习之间休息2～3分钟	112
3a.	哑铃登台阶	每侧4组6～8次重复练习	132
3b.	臀部移位绳索转体（借助弹力带）*	每侧4组8～12次重复练习，两组练习之间休息90秒	166
4a.	弹力带踏步和胸部推举	共进行3组18～24次重复练习	104
4b.	单手绳索复合划船（借助弹力带）*	每侧4组8～12次重复练习，两组练习之间休息90秒	94
5a.	哑铃肩部"T"字推举	3组10～15次重复练习	90
5b.	单手颈后哑铃臂屈伸	每侧3组10～15次重复练习，两组练习之间休息90秒	86
体能练习		300码（约274米）折返跑：进行1～3组练习，两组练习之间休息2～4分钟 或 双腿自重组合练习：进行2～3组练习，两组练习之间休息2～4分钟	188 或 205

*使用弹力带替代绳索，按照练习说明中提供的方式完成这项练习。

表12.14 家庭或酒店健身房功能和表现能力锻炼计划2

练习		组数和重复次数	页码
1.	负荷式：引体向上（下巴过横杠）（如果需要，可以借助弹力带环）	4组6～7次重复练习，两组练习之间休息3～5分钟	117
2.	爆发式：摆臂下蹲跳	6组4～6次重复练习，两组练习之间休息2～3分钟	136
3a.	哑铃旋转式肩膀推举	每侧3组10～14次重复练习	83
3b.	双臂俯身哑铃划船	每侧3组10～14次重复练习，两组成对练习之间休息90秒	66
4a.	单腿哑铃臀部上举	每侧3组10～14次重复练习	145
4b.	哑铃平板支撑划船	每侧3组8～10次重复练习，两组成对练习之间休息90秒	182
5a.	稳定球腿弯举	3组10～15次重复练习	154
5b.	哑铃臂弯举	3组10～15次重复练习，两组成对练习之间休息90秒	68
体能练习		自重和弹力带组合练习：进行3～4组练习，两组练习之间休息2～4分钟	209

表12.15 体重和弹力带功能和表现能力锻炼计划1

练习		组数和重复次数	页码
1.	负荷式：单腿深蹲	每侧4组5～7次重复练习，两组练习之间休息3～5分钟	130
2.	爆发式：爆发式俯卧撑	6组4～6次重复练习，两组练习之间休息2～3分钟	112
3a.	弹力带环混合硬拉	尽快且不失技巧地完成3组10～15次重复练习	148
3b.	反向卷腹	3组10～14次重复练习，两组成对练习之间休息90秒	160
4a.	骑摩托式单手绳索划船（借助弹力带）*	每侧3组12～16次重复练习	94
4b.	单手绳索推（借助弹力带）*	每侧3组12～16次重复练习，两组成对练习之间休息90秒	92
5a.	弹力带过顶肱三头肌伸展	3组12～15次重复练习	106
5b.	由低到高绳索砍劈	每侧3组12～15次重复练习，两组成对练习之间休息90秒	165
体能练习		300码（约274米）折返跑：进行1～3组练习，两组练习之间休息3～5分钟 或 双腿自重组合练习：进行2～3组练习，两组练习之间休息2～4分钟	188 或 205

*使用弹力带替代绳索，按照练习说明中提供的方式完成这项练习。

表12.16 体重和弹力带功能和表现能力锻炼计划2

练习		组数和重复次数	页码
1.	负荷式：单手俯卧撑	每侧4组3～8次重复练习，两组练习之间休息3～5分钟	111
2.	爆发式：侧向弹跳	每侧6组3～4次重复练习，两组练习之间休息2～3分钟	138
3a.	单手绳索复合划船（借助弹力带）*	每侧3组10～14次重复练习	94
3b.	弹力带踏步和胸部推举	每个姿势总共进行3组20～24次重复练习，两组成对练习之间休息90秒	104
4a.	单腿45度罗马尼亚式绳索硬拉（借助弹力带）*	每侧3组10～14次重复练习	147
4b.	交叉平板支撑	每侧3组10～12次重复练习，两组成对练习之间休息90秒	185
5a.	弹力带迷你环低位横向迈步	每侧3组15～20次重复练习	149
5b.	弹力带肱二头肌弯举	3组12～20次重复练习（直到成45度）	109
体能练习		自重和弹力带组合练习：进行3～4组练习，两组练习之间休息2～4分钟	209

*使用弹力带替代绳索，按照练习说明中提供的方式完成这项练习。

13 减肥锻炼计划

本章适用于那些希望在减少肌肉流失的同时减掉多余脂肪的人。如果你主要通过所穿衣服的尺寸、你在镜子中的样子、体重减轻了多少或者身体的脂肪量来衡量成功与否，那么本章中的锻炼计划非常适合你！

减肥锻炼计划的基础

本章的锻炼计划主要关于全身循环（即由 3 个锻炼计划或 4 个锻炼计划组成全身循环锻炼计划），每个锻炼计划包含 3 个、4 个或 5 个连续执行的抗阻训练。这会要求你在更长的时间（比你在其他锻炼计划章节中完成一组练习所用的时间还要长）内充分利用整个身体，最大限度地提高锻炼的新陈代谢需求。这些锻炼计划还包括体能练习，因为它们会给你的表现能力带来挑战。

唯一能将这些锻炼和简单地改善你的身体状况区分开来的就是你的饮食。换句话说，如果你的饮食习惯让你持续处于热量不足的状态，那么这些锻炼计划有助于提高你的锻炼能力（即你的整体健康和适应能力），但它们在帮助你减肥方面并不是很有效。

如第 3 章所述，你必须处于热量不足状态才能持续减肥。本章中的锻炼计划被认为是特定于减肥的锻炼计划。这些锻炼计划会帮助你通过抗阻训练最大程度地提高新陈代谢需求，而不是专注于如何最大限度地增加肌肉的尺寸（比如第 14 章中介绍的体格锻炼计划）来改善你的体形。与此同时，本章中的锻炼计划还可以帮助你通过观察饮食来揭示你的体形，从而加快脂肪流失。

如果你对改善饮食习惯不感兴趣，还可以将本章中的锻炼计划用于体重管理，帮助你消耗掉食用你喜欢吃的食物所产生的热量，同时还可以提高你的整体适应能力。

本章提供了这些锻炼计划的使用指南。其中一些指南对于本书中所有包含锻炼计划的章节都是通用的，但其他一些指南则会因为你正在执行的锻炼计划类型的不同而有所不同。让我们看看你应该记住的减肥锻炼计划的一些要点。

- 练习 a 和练习 b 成对进行练习。进行下一组练习前，请完成成对练习中所有指定的组数和重复次数。当完成成对练习中的所有练习时，休息时间可以比两组练习之间的休息时间多一会儿（如果有必要），在良好的控制下完成指定的重复次数。完成成对练习中的一轮练习之后，才可以认为是完成了一组练习。
- 在下面两个小节的锻炼计划中，重复次数范围（即 10 ~ 15 次）会被列在每个练习的旁边。在每组练习中采用相同的重量时，因为疲劳累积，你可能会在第一组练习中做 15 次重复练习，在第二组练习中做 12 次重复练习，在第三组练习中做 10 次重复练习。或者，你可以减少后续每组练习中使用的重量，以达到每组后续练习中给定重复次数范围的上限。这两种方法都能有效地帮你取得进步。
- 当某个锻炼计划要求休息几天时，这并不意味着你在休息的日子里不用做任何练习。在休息的日子里，你可以做一些低强度的运动，如散步、远足、骑自行车或游泳。同时，瑜伽也是你进行积极休息的好选择。如果你已经按照先前的建议每周都在做瑜伽，那么可以在远离健身房的休息（活动）周内增加你的瑜伽练习。在重复一个锻炼周期之前，需要有 4 ~ 7 天的时间进行“减负”，将过度训练的风险降至最低，并帮助你继续获得收益。这还会使你渴望回到健身房，帮助你避免养成只是走过场的习惯。
- 保持严格的执行方式，不要通过采用其他动作或动量来作弊。以正常速度完成每个重复练习的同心（提升）部分，并在离心（下降）部分保持控制。
- 在保持适当控制和技巧的同时，采用合适的重量负荷，该负荷应该使你无法完成更多的重复次数。
- 不要在给定的一组练习的中间休息，除非在不急于进行其他任何练习的情况下必须完成给定练习组的每个练习。换句话说，在给定的练习序列中，应该最小化练习之间的过渡时间。在给定练习组或成对练习组之间，应尽量少休息，以便在保持良好控制和技巧的情况下完成所指示的重复次数。
- 如果做某个练习时引起的疼痛或不适感超出了肌肉疲劳所带来的感觉，请另行选择一种不会带来伤害的替代练习。本书的练习章节中有许多动作可供选择。
- 请记住，在你开始后面的锻炼之前，请务必完成第 5 章介绍的一个动态热身序列。

减肥锻炼计划

在实施这些减肥锻炼计划之前，如果你刚刚开始锻炼，或者已经有一段时间没有锻炼了，那么请先完成第 10 章中的初学者锻炼计划。如果你经常锻炼，或者已经完成初学者锻炼计划，那么建议你在采用以下锻炼计划之前，先花费 6 ~ 8 周的时间完成第 11 章中的健身锻炼计划。

你的健身包

建议你经常在健身包中装几件便携装备，比如带手柄的弹力带和弹力带环。这些弹力带使得你能够将需要固定器械（比如深蹲架或深蹲器）的练习与弹力带（移动器械）组合在一起。这样一来，你就可以在成对练习或三人组练习中使用弹力带进行练习，而不必离开固定器械，从而不必在整个健身房中走动，这样你的器械也不会被其他会员拿走。

本章的重点是基于健身房的锻炼计划。由于你无法总是能够去健身房，所以虽然主要训练应使用各种器械完成，但本章还提供了两个家庭或酒店健身房锻炼计划，以及两种只借助体重和弹力带即可完成的锻炼计划。这样，当你在外旅行或无法使用任何健身器材的时候，就可以采用这些锻炼计划。

基于健身房的减肥锻炼计划

这些锻炼计划是在8种不同的全身锻炼之间交替进行，如果你每周训练2次、3次、4次或5次，那么可以使用这些锻炼计划。每周做5次这些锻炼是一种挑战，但那些经常喜欢用锻炼来督促自己的人应该为此做好了准备！连续训练的天数不得超过3天，以便最大限度地恢复身体并减少过度训练的风险。这些锻炼中的抗阻训练部分提供了两种不同的组数/重复次数方案，可以让你的锻炼更加多样化和更全面。每种锻炼都是为某一恒定的主题而设计的，以提供适当的刺激来加快脂肪流失，并通过各种不同的锻炼来形成练习循环周期，为你提供你渴望的多样性！

如果你每周训练4或5次，在完成所有16种锻炼结束一个练习循环周期时，应该休息5天至一周的时间，然后再重复此练习序列。在锻炼中稍微休息一下，并不意味着你不用做任何练习。在休息的日子里，你可以做一些低强度的运动，比如散步、远足、骑自行车或游泳。此外，在实施以下锻炼计划之间的休息时间里，瑜伽也是你进行积极休息的良好选择。

每个锻炼计划有两个不同的版本（A和B），共计有16种不同锻炼可供循环和不断重复使用（参见表13.1～表13.8）。当你采用混合组数/重复次数方案中较少总组数的抗阻训练时，应该采用一个体能练习来结束锻炼计划。

全身锻炼计划被设计为每周至少实施2次，但为了达到最佳效果，建议每周实施3～5次。表13.1～表13.8展示了一些每周锻炼方法，你可以每周锻炼2次、3次、4次或5次（参见表13.9～表13.12）。

表 13.1 基于健身房的减肥锻炼计划 1

		锻炼 A	锻炼 B	页码
1a.	俯身杠铃划船	3 组 12 ~ 16 次重复练习	4 组 6 ~ 10 次重复练习	63
1b.	垫高哑铃反弓步	每侧 3 组 10 ~ 12 次重复练习	每侧 4 组 6 ~ 8 次重复练习	126
1c.	俯卧撑变化（知名的练习）	俯卧撑，3 组最大重复次数练习	十字交叉俯卧撑，4 组最大重复次数练习	62 和 112
1d.	配重板绕体旋转	每侧 3 组 9 ~ 10 次重复练习，四组训练组之间休息 2 ~ 3 分钟	每侧 4 组 6 ~ 8 次重复练习，四组训练组之间休息 2 ~ 3 分钟	182
2a.	杠铃混合式硬拉	3 组 12 ~ 16 次重复练习	4 组 6 ~ 10 次重复练习	124
2b.	哑铃旋转式肩膀推举	每侧 3 组 12 ~ 16 次重复练习	每侧 4 组 6 ~ 10 次重复练习	83
2c.	稳定球配重板卷体	3 组 12 ~ 16 次重复练习，三组训练组之间休息 2 ~ 3 分钟	4 组 8 ~ 10 次重复练习，三组训练组之间休息 2 ~ 3 分钟	170
3a.	引体向上（下巴过横杠）（如果需要，可以借助器械或弹力带）	3 组 12 ~ 16 次重复练习	4 组 6 ~ 10 次重复练习	117
3b.	配重板快速劈砍	3 组 12 ~ 16 次重复练习	4 组 6 ~ 10 次重复练习	175
3c.	单腿配重板提胯	每侧 3 组 25 ~ 30 次重复练习，三组训练组之间休息 2 ~ 3 分钟	每侧 4 组 16 ~ 20 次重复练习，三组训练组之间休息 2 ~ 3 分钟	146
体能练习		高抗阻直立自行车冲刺：完成 10 秒练习并休息 50 秒，进行 4 ~ 8 轮练习		191

表 13.2 基于健身房的减肥锻炼计划 2

		锻炼 A	锻炼 B	页码
1a.	哑铃上斜卧推	4 组 6 ~ 8 次重复练习	3 组 12 ~ 16 次重复练习	82
1b.	单臂哑铃划船	每侧 4 组 6 ~ 8 次重复练习	每侧 3 组 10 ~ 12 次重复练习	64
1c.	罗马尼亚式哑铃横向弓步硬拉	每侧 4 组 6 ~ 8 次重复练习	每侧 3 组 10 ~ 12 次重复练习	142
1d.	反向卷腹	4 组 6 ~ 9 次重复练习，四组训练组之间休息 2 ~ 3 分钟	3 组 12 ~ 15 次重复练习，四组训练组之间休息 2 ~ 3 分钟	160
2a.	绳索下拉	4 组 6 ~ 10 次重复练习	3 组 12 ~ 16 次重复练习	60
2b.	哑铃斜向保加利亚式箭步蹲（后脚放在高拉绳索机座位上）	每侧 4 组 6 ~ 10 次重复练习	每侧 3 组 12 ~ 16 次重复练习	128
2c.	窄距俯卧撑	4 组最大重复次数练习，三组训练组之间休息 2 ~ 3 分钟	3 组最大重复次数练习（双手放在座位上），三组训练组之间休息 2 ~ 3 分钟	113
3a.	训练器卧姿腿弯举	4 组 6 ~ 10 次重复练习	3 组 12 ~ 16 次重复练习	151
3b.	哑铃平板支撑划船	每侧 4 组 6 ~ 7 次重复练习	每侧 3 组 9 ~ 10 次重复练习	182
3c.	哑铃臂弯举	4 组 6 ~ 10 次重复练习	3 组 12 ~ 16 次重复练习	68
3d.	单手颈后哑铃臂屈伸	每侧 4 组 6 ~ 10 次重复练习，四组训练组之间休息 2 ~ 3 分钟	每侧 3 组 12 ~ 16 次重复练习，四组训练组之间休息 2 ~ 3 分钟	86
体能练习			哑铃农夫走组合练习：进行 2 ~ 3 组练习	193

表 13.3　基于健身房的减肥锻炼计划 3

		锻炼 A	锻炼 B	页码
1a.	战士式绳索高位下拉	每侧 3 组 12 ~ 16 次重复练习	每侧 4 组 6 ~ 10 次重复练习	96
1b.	单手哑铃过顶推举	每侧 3 组 12 ~ 16 次重复练习	每侧 4 组 6 ~ 10 次重复练习	81
1c.	垫高哑铃斜向反弓步	每侧 3 组 12 ~ 16 次重复练习，三组训练组之间休息 2 ~ 3 分钟	每侧 4 组 6 ~ 10 次重复练习，三组训练组之间休息 2 ~ 3 分钟	125
2a.	罗马尼亚式杠铃硬拉	3 组 12 ~ 16 次重复练习	4 组 6 ~ 10 次重复练习	139
2b.	俯卧撑变化（知名的练习）	稳定球俯卧撑，3 组最大重复次数练习	窄距俯卧撑，4 组最大重复次数练习	114 和 113
2c.	稳定球腹肌练习变化（知名的练习）	稳定球屈膝内收，3 组 15 ~ 20 次重复练习	稳定球屈体，4 组 6 ~ 12 次重复练习	181 和 177
2d.	哑铃侧肩举	3 组 12 ~ 16 次重复练习，四组训练组之间休息 2 ~ 3 分钟	4 组 8 ~ 10 次重复练习，四组训练组之间休息 2 ~ 3 分钟	71
3a.	单臂哑铃划船	每侧 3 组 12 ~ 16 次重复练习	每侧 4 组 6 ~ 10 次重复练习	64
3b.	哑铃肱三头肌臂屈伸	3 组 12 ~ 16 次重复练习	4 组 6 ~ 10 次重复练习	73
3c.	单腿稳定球腿弯举	每侧 3 组 12 ~ 16 次重复练习	每侧 4 组 6 ~ 10 次重复练习	154
3d.	稳定球收腹变化（知名的练习）	稳定球收腹，3 组 15 ~ 20 次重复练习，四组训练组之间休息 2 ~ 3 分钟	手臂行走，4 组 6 ~ 8 次重复练习，四组训练组之间休息 2 ~ 3 分钟	176 和 183
体能练习		配重板推移：总距离为 40 ~ 50 码（37 ~ 46 米），进行 3 ~ 5 组练习，两组练习之间休息 1.5 ~ 3 分钟		192

表 13.4　基于健身房的减肥锻炼计划 4

		锻炼 A	锻炼 B	页码
1a.	双手对握背部下拉	4 组 6 ~ 8 次重复练习	3 组 12 ~ 16 次重复练习	91
1b.	从上斜杠铃肩膀推举过渡到肩膀推举	每侧 4 组 6 ~ 8 次重复练习	每侧 3 组 10 ~ 12 次重复练习	77
1c.	罗马尼亚式单腿斜角杠铃硬拉	每侧 4 组 6 ~ 8 次重复练习，三组训练组之间休息 2 ~ 3 分钟	每侧 3 组 10 ~ 12 次重复练习，三组训练组之间休息 2 ~ 3 分钟	140
2a.	哑铃卧推	4 组 6 ~ 8 次重复练习	3 组 12 ~ 16 次重复练习	81
2b.	单手独立式哑铃划船	每侧 4 组 6 ~ 8 次重复练习	每侧 3 组 10 ~ 12 次重复练习	84
2c.	哑铃登台阶	每侧 4 组 6 ~ 8 次重复练习	每侧 3 组 10 ~ 12 次重复练习	132
2d.	反向卷腹	4 组 6 ~ 9 次重复练习，四组训练组之间休息 2 ~ 3 分钟	3 组 12 ~ 15 次重复练习，四组训练组之间休息 2 ~ 3 分钟	160
3a.	由低到高绳索砍劈	每侧 4 组 8 ~ 10 次重复练习	每侧 3 组 12 ~ 16 次重复练习	165
3b.	绳索肱三头肌屈伸	4 组 8 ~ 12 次重复练习	3 组 14 ~ 16 次重复练习	98
3c.	绳索面拉	4 组 8 ~ 12 次重复练习	3 组 14 ~ 16 次重复练习	74
3d.	交叉平板支撑	每侧 4 组 7 ~ 8 次重复练习，四组训练组之间休息 2 ~ 3 分钟	每侧 3 组 12 ~ 15 次重复练习，四组训练组之间休息 2 ~ 3 分钟	185
体能练习			配重板组合练习：进行 3 ~ 4 轮练习，两轮练习之间休息 2 ~ 3 分钟	203

表 13.5 基于健身房的减肥锻炼计划 5

		锻炼 A	锻炼 B	页码
1a.	杠铃卧推	3 组 12 ~ 16 次重复练习	4 组 6 ~ 10 次重复练习	79
1b.	双臂俯身哑铃划船	3 组 12 ~ 16 次重复练习	4 组 6 ~ 10 次重复练习	66
1c.	单腿哑铃臀部上举	每侧 3 组 20 ~ 25 次重复练习	每侧 4 组 12 ~ 15 次重复练习	145
1d.	凳上保持倾斜	每侧 3 组 20 ~ 25 秒重复练习，四组训练组之间休息 2 ~ 3 分钟	每侧 4 组 12 ~ 18 秒重复练习，四组训练组之间休息 2 ~ 3 分钟	184
2a.	六角杠蹲举或杠铃深蹲	3 组 12 ~ 16 次重复练习	4 组 6 ~ 10 次重复练习	139 或 121
2b.	哑铃旋转式肩膀推举	每侧 3 组 12 ~ 16 次重复练习	每侧 4 组 6 ~ 10 次重复练习	83
2c.	稳定球配重板卷体	3 组 12 ~ 16 次重复练习，三组训练组之间休息 2 ~ 3 分钟	4 组 8 ~ 10 次重复练习，三组训练组之间休息 2 ~ 3 分钟	170
3a.	斜向绳索下拉	3 组 12 ~ 16 次重复练习	4 组 6 ~ 10 次重复练习	60
3b.	单腿单臂罗马尼亚式哑铃硬拉	每侧 3 组 12 ~ 16 次重复练习	每侧 4 组 6 ~ 10 次重复练习	144
3c.	单手颈后哑铃臂屈伸	每侧 3 组 12 ~ 16 次重复练习	每侧 4 组 6 ~ 10 次重复练习	86
3d.	单手平板支撑	每侧 3 组 20 ~ 25 秒重复练习，四组训练组之间休息 2 ~ 3 分钟	每侧 4 组 12 ~ 18 秒重复练习，四组训练组之间休息 2 ~ 3 分钟	183
体能练习		高抗阻直立自行车冲刺：完成 10 秒练习并休息 50 秒，进行 4 ~ 8 轮练习		191

表 13.6 基于健身房的减肥锻炼计划 6

		锻炼 A	锻炼 B	页码
1a.	绳索下拉	4 组 6 ~ 8 次重复练习	3 组 12 ~ 16 次重复练习	58
1b.	低脚保加利亚式分腿蹲	每侧 4 组 6 ~ 8 次重复练习	每侧 3 组 10 ~ 12 次重复练习	129
1c.	哑铃过头推举	每侧 4 组 6 ~ 8 次重复练习，三组训练组之间休息 2 ~ 3 分钟	每侧 3 组 10 ~ 12 次重复练习，三组训练组之间休息 2 ~ 3 分钟	72
2a.	下握史密斯杠铃划船	4 组 8 ~ 10 次重复练习	3 组 14 ~ 16 次重复练习	115
2b.	俯卧撑变化（知名的练习）	弹力带环俯卧撑，4 组最大重复次数练习	俯卧撑，3 组最大重复次数练习	105 和 62
2c.	弹力带环混合硬拉	每侧 4 组 6 ~ 8 次重复练习	每侧 3 组 10 ~ 12 次重复练习	148
2d.	配重板绕体旋转	每侧 4 组 6 ~ 8 次重复练习，四组训练组之间休息 2 ~ 3 分钟	每侧 3 组 9 ~ 10 次重复练习，四组训练组之间休息 2 ~ 3 分钟	182
3a.	训练器卧姿腿弯举	4 组 8 ~ 12 次重复练习	3 组 14 ~ 16 次重复练习	151
3b.	稳定球腹肌练习变化（知名的练习）	稳定球屈体，4 组 6 ~ 12 次重复练习	稳定球屈膝内收，3 组 15 ~ 20 次重复练习	177 和 181
3c.	稳定球收腹变化（知名的练习）	手臂行走，4 组 6 ~ 8 次重复练习	稳定球收腹，3 组 15 ~ 20 次重复练习	183 和 176

续表

		锻炼 A	锻炼 B	页码
3d.	双手哑铃俯身飞鸟	4 组 8 ~ 12 次重复练习，四组训练组之间休息 2 ~ 3 分钟	3 组 14 ~ 16 次重复练习，四组训练组之间休息 2 ~ 3 分钟	67
体能练习			单边农夫走组合练习：进行 2 ~ 3 组练习，两组之间休息 2 ~ 3 分钟	196

表 13.7 基于健身房的减肥锻炼计划 7

		锻炼 A	锻炼 B	页码
1a.	单手独立式哑铃划船	每侧 3 组 12 ~ 16 次重复练习	每侧 4 组 6 ~ 10 次重复练习	84
1b.	哑铃旋转式肩膀推举	3 组 12 ~ 16 次重复练习	4 组 6 ~ 10 次重复练习	83
1c.	稳定球靠墙深蹲	3 组 20 ~ 25 次重复练习	4 组 12 ~ 16 次重复练习	141
1d.	稳定球弧线运动	3 组 10 ~ 12 次重复练习，四组训练组之间休息 2 ~ 3 分钟	4 组 7 ~ 8 次重复练习，四组训练组之间休息 2 ~ 3 分钟	172
2a.	单手半跪式斜向绳索划船	每侧 3 组 12 ~ 16 次重复练习	每侧 4 组 6 ~ 10 次重复练习	95
2b.	由高到低绳索砍劈	每侧 3 组 12 ~ 16 次重复练习	每侧 4 组 6 ~ 10 次重复练习	168
2c.	哑铃罗马尼亚式硬拉箭步前行	每侧 3 组 12 ~ 16 次重复练习，三组训练组之间休息 2 ~ 3 分钟	每侧 4 组 6 ~ 10 次重复练习，三组训练组之间休息 2 ~ 3 分钟	144
3a.	器械胸部推举	3 组 12 ~ 16 次重复练习	4 组 6 ~ 10 次重复练习	102
3b.	稳定球腿弯举变化（知名的练习）	稳定球腿弯举，3 组 15 ~ 20 次重复练习	单腿稳定球腿弯举，4 组 6 ~ 12 次重复练习	154 和 154
3c.	哑铃臂弯举	3 组 14 ~ 16 次重复练习	4 组 8 ~ 12 次重复练习	68
3d.	哑铃肩部“A”字推举	3 组 14 ~ 16 次重复练习，四组训练组之间休息 2 ~ 3 分钟	4 组 8 ~ 12 次重复练习，四组训练组之间休息 2 ~ 3 分钟	88
体能练习		配重板推移：总距离为 40 ~ 50 码（37 ~ 46 米），进行 3 ~ 5 组练习,两组练习之间休息 1.5 ~ 3 分钟		192

表 13.8 基于健身房的减肥锻炼计划 8

		锻炼 A	锻炼 B	页码
1a.	单手绳索推	4 组 10 ~ 12 次重复练习	3 组 14 ~ 16 次重复练习	92
1b.	单手绳索复合划船	每侧 4 组 10 ~ 12 次重复练习	每侧 3 组 14 ~ 16 次重复练习	94
1c.	单腿单臂罗马尼亚式哑铃硬拉	每侧 4 组 8 ~ 10 次重复练习，三组训练组之间休息 2 ~ 3 分钟	每侧 3 组 12 ~ 15 次重复练习，三组训练组之间休息 2 ~ 3 分钟	144
2a.	引体向上（如果需要，可以使用器械或弹力带环）	4 组 6 ~ 8 次重复练习	3 组 12 ~ 16 次重复练习	118
2b.	单手上斜杠铃推举	每侧 4 组 6 ~ 8 次重复练习	每侧 3 组 10 ~ 12 次重复练习	77
2c.	垫高哑铃反弓步	每侧 4 组 6 ~ 8 次重复练习，三组训练组之间休息 2 ~ 3 分钟	每侧 3 组 10 ~ 12 次重复练习，三组训练组之间休息 2 ~ 3 分钟	126

续表

		锻炼 A	锻炼 B	页码
3a.	训练器坐姿腿弯举	4 组 6 ~ 9 次重复练习	3 组 12 ~ 15 次重复练习	150
3b.	触肩平板支撑	4 组 15 ~ 20 秒重复练习	3 组 24 ~ 30 秒重复练习	186
3c.	哑铃肩部“T”字推举	4 组 8 ~ 12 次重复练习	3 组 14 ~ 16 次重复练习	90
3d.	哑铃俯身臂屈伸	4 组 8 ~ 12 次重复练习，四组训练组之间休息 2 ~ 3 分钟	3 组 14 ~ 16 次重复练习，四组训练组之间休息 2 ~ 3 分钟	86
体能练习			配重板组合练习：进行 3 ~ 4 轮练习，两轮练习之间休息 2 ~ 3 分钟	203

表 13.9 基于健身房的减肥锻炼计划样本：每周 2 次

第 1 周	第 2 周 *
周一：减肥锻炼计划 1，锻炼 A	周一：减肥锻炼计划 3，锻炼 A
周二：休息	周二：休息
周三：休息	周三：休息
周四：减肥锻炼计划 2，锻炼 A	周四：减肥锻炼计划 4，锻炼 A
周五：休息	周五：休息
周六：休息	周六：休息
周日：休息	周日：休息

* 在第三周，你将执行锻炼计划 5 和 6，锻炼 A. 在第四周，你将执行锻炼计划 7 和 8，锻炼 A，在第五周，你将重新从锻炼计划 1 开始重复以上训练，以此类推。

表 13.10 基于健身房的减肥锻炼计划样本：每周 3 次

第 1 周	第 2 周 *
周一：减肥锻炼计划 1，锻炼 A	周一：减肥锻炼计划 4，锻炼 A
周二：休息	周二：休息
周三：减肥锻炼计划 2，锻炼 A	周三：减肥锻炼计划 5，锻炼 A
周四：休息	周四：休息
周五；减肥锻炼计划 3，锻炼 A	周五：减肥锻炼计划 6，锻炼 A
周六：休息	周六：休息
周日：休息	周日：休息

* 一旦你完成锻炼计划 A 的全部 8 个锻炼，你将再次重复此顺序，从锻炼 B 开始（如锻炼计划 1，锻炼 B；锻炼计划 2，锻炼 B）。

表 13.11 基于健身房的减肥锻炼计划样本：每周 4 次

第 1 周	第 2 周 *
周一：减肥锻炼计划 1，锻炼 A	周一：减肥锻炼计划 5，锻炼 A
周二：减肥锻炼计划 2，锻炼 A	周二：减肥锻炼计划 6，锻炼 A
周三：休息	周三：休息
周四：减肥锻炼计划 3，锻炼 A	周四：减肥锻炼计划 7，锻炼 A
周五：休息	周五：休息
周六：减肥锻炼计划 4，锻炼 A	周六：减肥锻炼计划 8，锻炼 A
周日：休息	周日：休息

* 如果你想在周末休息，在周一、周二、周四和周五进行训练，这没有任何问题！在第 3 周，你将重复这个周期，但这次是从“减肥锻炼计划 1，锻炼 B”开始，然后是“减肥锻炼计划 2，锻炼 B”，以此类推。

表 13.12 基于健身房的减肥锻炼计划样本：每周 5 次

第 1 周	第 2 周 *
周一：减肥锻炼计划 1，锻炼 A	周一：减肥锻炼计划 6，锻炼 A
周二：减肥锻炼计划 2，锻炼 A	周二：减肥锻炼计划 7，锻炼 A
周三：减肥锻炼计划 3，锻炼 A	周三：减肥锻炼计划 8，锻炼 A
周四：休息	周四：休息
周五：减肥锻炼计划 4，锻炼 A	周五：减肥锻炼计划 1，锻炼 B
周六：减肥锻炼计划 5，锻炼 A	周六：减肥锻炼计划 2，锻炼 B
周日：休息	周日：休息

* 在第 3 周，你将执行“减肥锻炼计划 3，锻炼 B”“减肥锻炼计划 4，锻炼 B”“减肥锻炼计划 5，锻炼 B”，以此类推。在完成“减肥锻炼计划 8，锻炼 B”后，你将再次重复此顺序，从“减肥锻炼计划 1，锻炼 A”开始，然后是“减肥锻炼计划 2，锻炼 A”“减肥锻炼计划 3，锻炼 A”，以此类推。

家庭或酒店健身房减肥锻炼计划

当你在旅途中，无法去健身房或无法进入健身房的时候，你可以使用这里提供的家庭或酒店健身房锻炼计划，或者体重和弹力带锻炼计划。表 13.13 和表 13.14 中的两项锻炼计划涉及为家庭健身房推荐的器械，或者是一些在大多数酒店健身房中很常见的器械。这些器械如下。

- 一套哑铃［重量可达 50 磅（约 23 千克）或 20 千克］。
- 一个可调节的举重凳，可将设置成平面或斜面。
- 高质量的稳定球，直径为 55 ~ 65 厘米。
- 引体向上杆（为了方便，许多引体向上杆都被设计为可轻松放置在门口的顶部）。
- 一组弹力带，具有针对各种不同强度（从低到高强度）的手柄。
- 从低到中等强度不等的弹力带环。

- 从低到中等强度不等的迷你弹力带环。

弹力带、弹力带环和迷你弹力带环在大多数体育用品商店或在线商店都有销售，但在酒店健身房并不常见。我们建议至少携带每种类型的一组弹力带。这些弹力带便于携带，可以被轻松地放入你的行李箱。还需要注意的是，由于以下锻炼是在有限的器械上进行的，所以其中一些练习需要针对练习说明中的内容进行做一些微小的修改。例如，对于像单手绳索划船这样的基于绳索的锻炼，如果训练环境中没有绳索柱，可以使用弹力带来进行锻炼。或者，对于哑铃运动（例如“哑铃肩部‘W’字推举”），你无须握哑铃亦可执行练习说明中所示的相同动作。每个锻炼计划中都对这些修改进行了说明。

此外，这些锻炼计划仅在你外出旅行、无法去健身房或无权使用健身房时，作为对你每周常规健身房锻炼计划的补充。它们无意取代你的健身房锻炼计划。你的主要训练应该围绕上一节中的初学者健身房锻炼计划进行。请记住，在开始任何后续锻炼之前，请务必执行第 5 章中的动态热身序列之一。

表 13.15 和表 13.16 中的两个锻炼计划包括使用以下 3 种弹力带的体重练习和弹力带练习：带手柄的弹力带（这些弹力带可以在几秒内连接到任何门柱或稳定的物体上）、弹力带环和迷你弹力带环。一套带手柄的高质量弹力带和两种类型的弹力带环（它们提供了从轻到非常重的各种级别的抗阻），是家庭锻炼计划和出差时锻炼计划的必选。它们便于携带，并为你的体重锻炼增加了许多有效的锻炼选择，它们带来的价值远远超过它们的成本。

以下锻炼计划并不是专为你而设计，也不是为了取代本章前面提到的基于健身房的锻炼计划而设计。当你无法去任何类型的健身房的时候，可以将它们作为每周常规健身房锻炼计划的补充。请记住，在开始任何后续锻炼之前，请务必执行第 5 章中的动态热身序列之一。

表 13.13 家庭或酒店健身房减肥锻炼计划 1

练习		组数和重复次数	页码
1a.	双臂俯身哑铃划船	3 组 12 ~ 16 次重复练习	66
1b.	垫高哑铃反弓步	每侧 3 组 10 ~ 12 次重复练习	126
1c.	俯卧撑	3 组最大重复次数练习	62
1d.	配重板绕体旋转 **	每侧 3 组 9 ~ 10 次重复练习，四组训练组之间休息 2 ~ 3 分钟	182
2a.	弹力带环混合硬拉	3 组 15 ~ 25 次重复练习	148
2b.	哑铃旋转式肩膀推举	每侧 3 组 12 ~ 16 次重复练习	83
2c.	稳定球配重板卷体 **	3 组 12 ~ 16 次重复练习，三组训练组之间休息 2 ~ 3 分钟	170
3a.	引体向上（下巴过横杠）（如果需要，可以借助弹力带环）	3 组 12 ~ 16 次重复练习	117
3b.	由低到高绳索砍劈（借助弹力带）*	每侧 3 组 12 ~ 15 次重复练习	165
3c.	单腿哑铃臀部上举	每侧 3 组 12 ~ 20 次重复练习，三组训练组之间休息 2 ~ 3 分钟	145
体能练习		自重和弹力带组合练习：进行 3 轮 15 ~ 20 次重复次数练习，两组练习之间休息 2 ~ 3 分钟	209

* 使用弹力带替代绳索，按照练习说明中提供的方式完成这项练习。
** 如果没有配重板，可以握住哑铃的两侧进行替代。

表 13.14 家庭或酒店健身房减肥锻炼计划 2

练习		组数和重复次数	页码
1a.	哑铃上斜卧推	3 组 14 ~ 20 次重复练习	82
1b.	单臂哑铃划船	每侧 3 组 10 ~ 12 次重复练习	64
1c.	罗马尼亚式哑铃横向弓步硬拉	每侧 3 组 10 ~ 12 次重复练习	142
1d.	反向卷腹	3 组 12 ~ 15 次重复练习，四组训练组之间休息 2 ~ 3 分钟	160
2a.	骑摩托式单手绳索划船（借助弹力带）*	每侧 3 组 14 ~ 20 次重复练习	94
2b.	哑铃斜向保加利亚式箭步蹲	每侧 3 组 12 ~ 16 次重复练习	128
2c.	窄距俯卧撑	3 组最大重复次数练习，三组训练组之间休息 2 ~ 3 分钟	113
3a.	稳定球腿弯举	3 组 12 ~ 20 次重复练习	154
3b.	哑铃平板支撑划船	每侧 3 组 9 ~ 10 次重复练习	182
3c.	哑铃臂弯举	3 组 12 ~ 16 次重复练习	68
3d.	单手颈后哑铃臂屈伸	每侧 3 组 12 ~ 16 次重复练习，四组训练组之间休息 2 ~ 3 分钟	86
体能练习		两分钟自重组合练习：进行 2 ~ 3 轮练习，两轮练习之间休息 2 ~ 3 分钟	207

* 使用弹力带替代绳索，按照练习说明中提供的方式完成这项练习。

表 13.15 体重和弹力带减肥锻炼计划 1

练习		组数和重复次数	页码
1a.	骑摩托式单手绳索划船（借助弹力带）*	每侧 3 组 14 ~ 20 次重复练习	94
1b.	单手绳索推（借助弹力带）*	每个姿势共进行 3 组 20 ~ 30 次重复练习	92
1c.	僵尸蹲	3 组 20 ~ 30 次重复练习(在保持姿势的同时，尽快完成练习重复次数），三组训练组之间休息 2 ~ 3 分钟	152
2a.	弹力带环混合硬拉	3 组 15 ~ 25 次重复练习	148
2b.	俯卧撑	3 组最大重复次数练习	62
2c.	单手平板支撑	每侧 3 组 15 ~ 20 秒重复练习	183
2d.	哑铃肩部“T”字推举（不使用哑铃）**	3 组 15 ~ 25 次重复练习，四组合训练组之间休息 2 ~ 3 分钟	90
3a.	单手绳索划船（借助弹力带）*	每侧 3 组 14 ~ 20 次重复练习	93
3b.	弹力带过顶肱三头肌伸展	3 组 14 ~ 20 次重复练习	106
3c.	单腿提胯 ***	每侧 3 组 14 ~ 20 次重复练习	147
3d.	手臂行走	3 组 4 ~ 7 次重复练习，四组训练组之间休息 2 ~ 3 分钟	183
体能练习		自重和弹力带组合练习：进行 3 轮 15 ~ 20 次重复次数练习，两组练习之间休息 2 ~ 3 分钟	209

* 使用弹力带替代绳索，按照练习说明中提供的方式完成这项练习。
** 按照练习说明中提供的方式，无须使用哑铃亦可完成此练习。
*** 如果你没有举重凳，可以将脚放在软垫椅子上。

表 13.16 体重和弹力带减肥锻炼计划 2

练习		组数和重复次数	页码
1a.	弹力带单手上斜推举	每侧 3 组 12 ~ 20 次重复练习	106
1b.	弹力带单手俯身划船	每侧 3 组 12 ~ 16 次重复练习	108
1c.	单腿 45 度罗马尼亚式绳索硬拉（借助弹力带）*	每侧 3 组 12 ~ 16 次重复练习，三组训练组之间休息 2 ~ 3 分钟	147
2a.	弹力带踏步和胸部推举	3 组 18 ~ 24 次重复练习	104
2b.	单手绳索复合划船（借助弹力带）*	每侧 3 组 12 ~ 15 次重复练习	94
2c.	哑铃斜向保加利亚式箭步蹲（不使用哑铃）**	每侧 3 组 10 ~ 12 次重复练习	128
2d.	反向卷腹	3 组 8 ~ 15 次重复练习，四组训练组之间休息 2 ~ 3 分钟	160
3a.	由低到高绳索砍劈（借助弹力带）*	每侧 3 组 12 ~ 15 次重复练习	165
3b.	弹力带肱二头肌弯举	3 组 14 ~ 16 次重复练习	109
3c.	交叉平板支撑	每侧 3 组 12 ~ 15 次重复练习	185
3d.	弹力带迷你环低位横向迈步	每侧 3 组 20 ~ 25 次重复练习，四组训练组之间休息 2 ~ 3 分钟	149
体能练习		两分钟自重组合练习：进行 2 ~ 3 轮练习，两轮练习之间休息 2 ~ 3 分钟	207

* 使用弹力带替代绳索，按照练习说明中提供的方式完成这项练习。
** 按照练习说明中提供的方式，无须使用哑铃亦可完成此练习。你还可以在不抬高前脚的情况下做这个动作。

14 体格锻炼计划

本章适用于那些注重美学并且正在为最大限度地改善肌肉发展（即增大肌肉尺寸）而锻炼的人。如果你喜欢健美运动，而且喜欢通过照镜子（秀肌肉）的方式和肌肉围度来衡量成功与否，那么本章中的锻炼计划非常适合你！

体格锻炼计划的基础

每周锻炼的频率通常取决于你开始锻炼的原因。在减少锻炼次数的同时锻炼肌肉当然也是有可能的，但专注于肌肉锻炼的人通常比拥有其他目标的人锻炼得更频繁。本章提供了两种锻炼计划：第一个系列是为那些每周训练 4 次的人准备的，第二个系列是为那些喜欢每周训练 5 或 6 次的人准备的。下面的两个小节对每种锻炼计划进行了详细的介绍。

这些锻炼计划不同于前几章中的锻炼计划，因为它们要求每周每个肌肉组完成更多的总体训练量（即大量的练习、总的练习组数和重复次数）。研究表明，肌肉增大会产生剂量反应。为了让那些每周训练 4 次的人实现此目标，应该将第一系列中的锻炼与针对上半身和下半身的锻炼交替进行。对于那些每周训练 5 或 6 次的人，采用第二个系列的锻炼计划会轮流进行以下锻炼：背部 / 肩膀 / 肱二头肌的锻炼、下半身 / 核心肌肉的锻炼，以及胸部 / 肩膀 / 肱三头肌的锻炼。这些锻炼被设计为锻炼 3 天，然后休息 1 天。

本章提供了这些锻炼计划的使用指南。其中一些指南对于本书中所有包含锻炼计划的章节都是通用的，但其他一些指南则会因为你正在执行的锻炼计划类型的不同而有所不同。让我们看看你应该记住的体格锻炼计划的一些要点。

- 练习 a 和练习 b 成对进行练习。进行下一组练习前，请完成成对练习组合中所有指定的组数和重复次数。当完成成对练习组合中的所有练习时，休息时间可以比两组练习之间的休息时间多一会儿（如果有必要），在良好的控制下完成指定的重复次数。完成成对练习中的一轮练习之后，才可以认为是完成了一组练习。

- 在下面两个小节的锻炼计划中，重复次数范围（即 10 ~ 15 次）会被列在每个练习的旁边。在每组练习中采用相同的重量时，因为疲劳累积，你可能会在第一组练习中做 15 次重复练习，在第二组练习中做 12 次重复练习，在第三组练习中做 10 次重复练习。或者，你可以减少后续每组练习中使用的重量，以达到每组后续练习中给定重复次数范围的上限。这两种方法都能有效地帮你取得进步。
- 当某个锻炼计划要求休息几天时，这并不意味着你在休息的日子里不用做任何练习。在休息的日子里，你可以做一些低强度的运动，如散步、远足、骑自行车或游泳。同时，瑜伽也是你进行积极休息的好选择。如果你已经按照先前的建议每周都在做瑜伽，那么可以在远离健身房的休息（活动）周内增加你的瑜伽练习。在重复一个锻炼周期之前，需要有 4 ~ 7 天的时间进行“减负”，将过度训练的风险降至最低，并帮助你继续获得收益。这还会使你渴望回到健身房，帮助你避免养成只是走过场的习惯。
- 保持严格的执行方式，不要通过采用其他动作或动量来作弊。
- 以正常速度完成每个重复练习的向心（提升）部分，同时将精神集中在所锻炼的每块肌肉上。并在离心（下降）部分保持控制，在完成每次重复动作时，花费 3 ~ 4 秒的时间来降低重量。
- 在保持适当控制和技巧的同时，采用合适的重量负荷，该负荷应该使你无法完成更多的重复次数。
- 如果做某个练习时引起的疼痛或不适感超出了肌肉疲劳所带来的感觉，请另行选择一种不会带来伤害的替代练习。本书的练习章节中有许多动作可供选择。
- 请记住，在你开始后面的锻炼之前，请务必完成第 5 章介绍的一个动态热身序列。

体格锻炼计划

实施这些锻炼计划之前，如果你刚刚开始锻炼，或者已经有一段时间没有锻炼了，请先完成第 10 章中的初学者锻炼计划。如果你经常锻炼，或者已经完成初学者锻炼计划，建议你在采用以下锻炼计划之前，先花费 6 ~ 8 周的时间完成第 11 章中的健身锻炼计划。

此外，尽管本章的重点是在健身房完成的锻炼计划，但是由于人们可能无法始终在健身房锻炼，或者你需要借助一些器械来完成锻炼，所以本章还提供了两个家庭和酒店健身房锻炼计划，以及两个仅借助体重和弹力带即可完成的锻炼计划。当你在旅途中或者无法使用任何健身器械时，就可以采用这两种锻炼计划。

你的健身包

建议你经常在健身包中装几件便携装备，比如带手柄的弹力带和弹力带环。这些弹力带让你能够将需要固定器械（比如深蹲架或深蹲器）的练习与弹力带（移动器械）组合在一起。这样一来，你就可以在成对练习或三人组练习中使用弹力带，而不必离开固定器械，从而不必在整个健身房中走动，这样你的器械就不会被其他会员拿走。

基于健身房的体格锻炼计划：每周 4 次

如果你每周训练 4 次，那么在此锻炼计划中，就会交替进行上半身锻炼、下半身锻炼和核心锻炼。上半身锻炼、下半身锻炼和核心锻炼有两个版本（A 和 B），总共有 10 种不同的锻炼（参见表 14.1 ~ 表 14.5）。每种锻炼的 B 版本包含的锻炼与 A 版本是相同的，只是顺序相反。

一个正在进行的良好锻炼计划应该具有足够的一致性，使你能够了解进度，同时也应具有足够的多样性，以防止让你感到乏味和无聊。这意味着虽然采用相同的基本练习，但使用了不同的执行方式，而且完成练习的顺序可能是恰恰相反的。这改变了你的锻炼方式，因为它可以在不改变锻炼方式的情况下，将疲劳以不同的方式分配给你的身体。

此处介绍的锻炼计划会交替采用上半身锻炼、下半身锻炼和核心锻炼，如果你每周训练 4 次，而且连续训练的天数不会超过两天（为了恢复），那么你可以使用这些锻炼计划。表 14.6 展示了适用于每周锻炼 4 次的那些人的每周训练步骤。

基于健身房的体格锻炼计划：每周 5 或 6 次

我们从表 14.7 开始介绍此锻炼计划，采用该锻炼计划你会交替完成以下锻炼：背部 / 肩膀 / 肱二头肌的锻炼、下半身和核心肌肉的锻炼、胸部 / 肩膀 / 肱三头肌的锻炼。如果你每周训练 5 或 6 次，那么连续训练的天数不应超过 3 天，以便让身体得到最大限度的恢复，并降低过度训练的风险。

本章将要介绍的 5 个锻炼计划包含以下锻炼：背部 / 肩膀 / 肱二头肌的锻炼、下半身和核心肌肉的锻炼，以及胸部 / 肩膀 / 肱三头肌的锻炼。每个锻炼都有 A 和 B 两种版本，因此共计有 10 种锻炼（参见表 14.7 ~ 表 14.11）。锻炼的 B 版本和 A 版本的锻炼方式是相同的，但它们的顺序却截然相反，这样做的主要目的是将疲劳分散到身体的不同部位，提供良好的一致性，让你看到锻炼的进展，同时防止你感到乏味和无聊。

表 14.1 基于健身房的体格锻炼计划 1：每周 4 次

下半身 / 核心					
锻炼 A		页码	锻炼 B		页码
1.	杠铃深蹲，4 组 8 ~ 12 次重复练习，两组练习之间休息 3 分钟	121	1.	哥本哈根式髋内收，每侧 3 组 12 ~ 16 次重复练习，两组练习之间休息 90 秒	134
2.	单腿单臂罗马尼亚式哑铃硬拉，每侧 3 组 10 ~ 12 次重复练习，两组练习之间休息 2 分钟	144	2a.	反向卷腹，3 组 8 ~ 12 次重复练习	160
3.	单腿哑铃臀部上举，3 组 14 ~ 16 次重复练习，两组练习之间休息 2 分钟	145	2b.	训练器卧姿腿弯举，3 组 8 ~ 10 次重复练习，两组成对练习之间休息 90 秒	151
4a.	器械腿部伸展，3 组 10 ~ 12 次重复练习	151	3a.	臀部移位绳索转体（借助弹力带）*，每侧 3 组 14 ~ 16 次重复练习	166
4b.	臀部移位绳索转体（借助弹力带）*，每侧 3 组 14 ~ 16 次重复练习，两组成对练习之间休息 90 秒	166	3b.	器械腿部伸展，3 组 8 ~ 12 次重复练习，两组成对练习之间休息 90 秒	151
5a.	训练器卧姿腿弯举，3 组 10 ~ 12 次重复练习	151	4.	单腿哑铃臀部上举，3 组 14 ~ 16 次重复练习，两组练习之间休息 2 分钟	145
5b.	反向卷腹，3 组 8 ~ 12 次重复练习，两组成对练习之间休息 90 秒	160	5.	单腿单臂罗马尼亚式哑铃硬拉，每侧 3 组 10 ~ 12 次重复练习，两组练习之间休息 2 分钟	144
6.	哥本哈根式髋内收，每侧 3 组 12 ~ 16 次重复练习，两组练习之间休息 90 秒	134	6.	杠铃深蹲，3 组 12 ~ 15 次重复练习，两组练习之间休息 3 分钟	121
上半身					
锻炼 A		页码	锻炼 B		页码
1a.	俯身杠铃划船，4 组 8 ~ 10 次重复练习	63	1a.	哑铃侧肩举，3 组 8 ~ 10 次重复练习	71
1b.	锁定俯卧撑，每侧 4 组 6 ~ 8 次重复练习，两组成对练习之间休息 2 分钟	111	1b.	E-Z 杠铃牧师凳弯举，3 组 8 ~ 10 次重复练习，两组成对练习之间休息 90 秒	87
2a.	绳索下拉，4 组 8 ~ 10 次重复练习	58	2a.	绳索胸前弯举，3 组 8 ~ 10 次重复练习	101
2b.	哑铃过头推举，4 组 8 ~ 10 次重复练习，两组成对练习之间休息 2 分钟	72	2b.	绳索复合直臂下拉，3 组 8 ~ 10 次重复练习，两组成对练习之间休息 90 秒	99
3a.	绳索面拉，3 组 12 ~ 15 次重复练习	74	3a.	绳索肱三头肌屈伸，3 组 8 ~ 10 次重复练习	98
3b.	绳索肱三头肌屈伸，3 组 10 ~ 15 次重复练习，两组成对练习之间休息 90 秒	98	3b.	绳索面拉，3 组 12 ~ 15 次重复练习，两组成对练习之间休息 90 秒	74
4a.	绳索复合直臂下拉，3 组 10 ~ 15 次重复练习	99	4a.	哑铃过头推举，3 组 12 ~ 15 次重复练习	72
4b.	绳索胸前弯举，3 组 12 ~ 15 次重复练习，两组成对练习之间休息 90 秒	101	4b.	绳索下拉，3 组 12 ~ 15 次重复练习，两组成对练习之间休息 2 分钟	58
5a.	E-Z 杠铃牧师凳弯举，3 组 12 ~ 15 次重复练习	87	5a.	锁定式俯卧撑，每侧 3 组 6 ~ 10 次重复练习	111
5b.	哑铃侧肩举，3 组 12 ~ 10 次重复练习，两组成对练习之间休息 90 秒	71	5b.	俯身杠铃划船，每侧 3 组 8 ~ 12 次重复练习，两组成对练习之间休息 2 分钟	63

* 使用弹力带替代绳索，按照练习说明中提供的方式完成这项练习。

表 14.2 基于健身房的体格锻炼计划 2：每周 4 次

下半身 / 核心					
锻炼 A		页码	锻炼 B		页码
1.	哑铃斜向保加利亚式箭步蹲，每侧 3 组 8 ~ 12 次重复练习，两组练习之间休息 2 分钟	128	1a.	配重板快速劈砍，每侧 3 组 8 ~ 10 次重复练习	175
2.	罗马尼亚式杠铃硬拉，3 组 12 ~ 15 次重复练习，两组练习之间休息 2 分钟	139	1b.	器械髋内收，3 组 8 ~ 12 次重复练习，两组成对练习之间休息 90 秒	152
3.	单腿配重板提胯，每侧 3 组 8 ~ 12 次重复练习，两组练习之间休息 90 秒	146	2a.	稳定球屈体展体，4 组 8 ~ 14 次重复练习	178
4a.	稳定球靠墙深蹲，3 组 12 ~ 16 次重复练习	141	2b.	北欧腿弯举，3 组 8 ~ 10 次重复练习，两组成对练习之间休息 90 秒	153
4b.	稳定球配重板卷体，3 组 10 ~ 15 次重复练习，两组成对练习之间休息 90 秒	170	3a.	稳定球配重板卷体，3 组 10 ~ 15 次重复练习	170
5a.	北欧腿弯举，4 组 6 ~ 8 次重复练习	153	3b.	稳定球靠墙深蹲，3 组 12 ~ 16 次重复练习，两组成对练习之间休息 90 秒	141
5b.	稳定球屈体展体，3 组 8 ~ 14 次重复练习，两组成对练习之间休息 90 秒	178	4.	单腿配重板提胯，每侧 3 组 8 ~ 12 次重复练习，两组练习之间休息 90 秒	146
6a.	器械髋内收，3 组 10 ~ 15 次重复练习	152	5.	罗马尼亚式杠铃硬拉，3 组 12 ~ 15 次重复练习，两组练习之间休息 2 分钟	139
6b.	配重板快速劈砍，每侧 3 组 8 ~ 12 次重复练习，两组成对练习之间休息 90 秒	175	6.	哑铃斜向保加利亚式弓步蹲，每侧 3 组 12 ~ 15 次重复练习，两组练习之间休息 2 分钟	128
上半身					
锻炼 A		页码	锻炼 B		页码
1a.	引体向上（如果需要，可以借助器械或弹力带环），4 组 6 ~ 8 次重复练习	118	1a.	哑铃肱三头肌臂屈伸，3 组 8 ~ 10 次重复练习	73
1b.	单手上斜杠铃推举，每侧 4 组 8 ~ 10 次重复练习，两组成对练习之间休息 2 分钟	77	1b.	哑铃臂弯举，3 组 8 ~ 10 次重复练习，两组成对练习之间休息 90 秒	68
2a.	单臂哑铃划船，4 组 8 ~ 10 次重复练习	64	2a.	单手颈后哑铃臂屈伸，3 组 8 ~ 10 次重复练习	86
2b.	杠铃卧推，4 组 8 ~ 10 次重复练习，两组成对练习之间休息 2 分钟	79	2b.	绳索飞鸟夹胸，3 组 8 ~ 10 次重复练习，两组成对练习之间休息 90 秒	97
3a.	宽握坐姿划船，3 组 10 ~ 12 次重复练习	96	3a.	坐姿划船耸肩，3 组 10 ~ 12 次重复练习	95
3b.	坐姿划船耸肩，3 组 8 ~ 10 次重复练习，两组成对练习之间休息 90 秒	95	3b.	宽握坐姿划船，3 组 12 ~ 15 次重复练习，两组成对练习之间休息 2 分钟	96
4a.	绳索飞鸟夹胸，3 组 12 ~ 15 次重复练习	97	4a.	杠铃卧推，3 组 12 ~ 15 次重复练习	79
4b.	单手颈后哑铃臂屈伸，3 组 12 ~ 15 次重复练习，两组成对练习之间休息 90 秒	86	4b.	单臂哑铃划船，3 组 12 ~ 15 次重复练习，两组成对练习之间休息 2 分钟	64
5a.	哑铃臂弯举，3 组 12 ~ 15 次重复练习	68	5a.	单手上斜杠铃推举，每侧 3 组 12 ~ 15 次重复练习	77
5b.	哑铃肱三头肌臂屈伸，3 组 12 ~ 15 次重复练习，两组成对练习之间休息 90 秒	73	5b.	引体向上（如果需要，可以借助器械或弹力带环），3 组 12 ~ 15 次重复练习，两组成对练习之间休息 3 分钟	118

表 14.3 基于健身房的体格锻炼计划 3：每周 4 次

下半身 / 核心					
锻炼 A		页码	锻炼 B		页码
1.	杠铃混合式硬拉，4 组 8 ~ 10 次重复练习，两组练习之间休息 3 分钟	124	1a.	由高到低绳索砍劈，每侧 3 组 10 ~ 12 次重复练习	168
2.	垫高哑铃反弓步，每侧 3 组 8 ~ 10 次重复练习，两组练习之间休息 2 分钟	126	1b.	单腿绳索髋内收，每侧 3 组 12 ~ 15 次重复练习，两组成对练习之间休息 90 秒	148
3.	45 度髋关节伸展，3 组 8 ~ 12 次重复练习，两组练习之间休息 2 分钟	131	2a.	迷你弹力带环平板支撑踏步，每侧 3 组 6 ~ 8 次重复练习	185
4a.	中距平台器腿举，3 组 12 ~ 15 次重复练习	149	2b.	训练器坐姿腿弯举，3 组 8 ~ 10 次重复练习，两组成对练习之间休息 2 分钟	150
4b.	手臂行走，3 组 4 ~ 6 次重复练习，两组成对练习之间休息 2 分钟	183	3a.	手臂行走，3 组 4 ~ 6 次重复练习	183
5a.	训练器坐姿腿弯举，3 组 10 ~ 14 次重复练习	150	3b.	中距平台器腿举，3 组 12 ~ 15 次重复练习，两组成对练习之间休息 2 分钟	149
5b.	迷你弹力带环平板支撑踏步，每侧 3 组 6 ~ 8 次重复练习，两组成对练习之间休息 2 分钟	185	4.	45 度髋关节伸展，3 组 12 ~ 15 次重复练习，两组练习之间休息 2 分钟	131
6a.	单腿绳索髋内收，每侧 3 组 12 ~ 15 次重复练习	148	5.	垫高哑铃反弓步，每侧 3 组 10 ~ 12 次重复练习，两组练习之间休息 2 分钟	126
6b.	由高到低绳索砍劈，每侧 3 组 10 ~ 12 次重复练习，两组成对练习之间休息 90 秒	168	6.	杠铃混合式硬拉，3 组 12 ~ 15 次重复练习，两组练习之间休息 3 分钟	124
上半身					
锻炼 A		页码	锻炼 B		页码
1a.	器械胸部推举，4 组 8 ~ 10 次重复练习	102	1.	手臂弯曲抬 E-Z 杠铃，3 组 8 ~ 10 次重复练习，两组练习之间休息 2 分钟	87
1b.	双臂俯身哑铃划船，4 组 8 ~ 10 次重复练习，两组成对练习之间休息 2 分钟	66	2.	低位单手背对肱二头肌弯举，每侧 3 组 8 ~ 10 次重复练习，两组练习之间休息 2 分钟	101
2.	哑铃上斜卧推，4 组 8 ~ 10 次重复练习，两组练习之间休息 2 分钟	82	3a.	窄距俯卧撑，每侧 3 组 8 ~ 10 次重复练习	113
3.	斜向绳索下拉，4 组 8 ~ 10 次重复练习，两组练习之间休息 2 分钟	60	3b.	单手绳索复合划船，每侧 3 组 8 ~ 10 次重复练习，两组成对练习之间休息 2 分钟	94
4a.	器械飞鸟，3 组 12 ~ 15 次重复练习	104	4a.	哑铃俯身臂屈伸，3 组 8 ~ 10 次重复练习	86
4b.	哑铃俯身臂屈伸，3 组 12 ~ 15 次重复练习，两组成对练习之间休息 90 秒	86	4b.	器械飞鸟，3 组 8 ~ 10 次重复练习，两组成对练习之间休息 2 分钟	104
5a.	单手绳索复合划船，每侧 3 组 12 ~ 1 次重复练习	94	5.	斜向绳索下拉，4 组 12 ~ 15 次重复练习，两组练习之间休息 2 分钟	60
5b.	窄距俯卧撑，每侧 3 组 12 ~ 15 次重复练习，两组成对练习之间休息 2 分钟	113	6.	哑铃上斜卧推 3 组 12 ~ 15 次重复练习，两组练习之间休息 2 分钟	82
6.	低位单手背对肱二头肌弯举，每侧 3 组 12 ~ 15 次重复练习，两组练习之间休息 2 分钟	101	7a.	双臂俯身哑铃划船，3 组 12 ~ 15 次重复练习	66
7.	手臂弯曲抬 E-Z 杠铃，3 组 12 ~ 15 次重复练习，两组练习之间休息 2 分钟	87	7b.	器械胸部推举，3 组 12 ~ 15 次重复练习，两组练习之间休息 2 分钟	102

表 14.4 基于健身房的体格锻炼计划 4：每周 4 次

下半身 / 核心					
锻炼 A		页码	锻炼 B		页码
1.	六角杠蹲举，4 组 8 ~ 10 次重复练习，两组练习之间休息 3 分钟	139	1.	哥本哈根式髋内收，每侧 3 组 12 ~ 16 次重复练习，两组练习之间休息 90 秒	134
2.	哑铃罗马尼亚式硬拉箭步前行，每侧 3 组 8 ~ 10 次重复练习，两组练习之间休息 2 分钟	144	2a.	稳定球弧线运动，3 组 5 ~ 8 次重复练习	172
3.	单腿哑铃臀部上举，每侧 3 组 12 ~ 16 次重复练习，两组练习之间休息 2 分钟	145	2b.	稳定球腿弯举，3 组 12 ~ 20 次重复练习，两组成对练习之间休息 2 分钟	154
4a.	器械腿部伸展，3 组 10 ~ 12 次重复练习	151	3a.	反向卷腹，3 组 8 ~ 15 次重复练习	160
4b.	反向卷腹，3 组 8 ~ 15 次重复练习，两组成对练习之间休息 2 分钟	160	3b.	器械腿部伸展，3 组 12 ~ 15 次重复练习，两组成对练习之间休息 2 分钟	151
5a.	稳定球腿弯举，3 组 12 ~ 20 次重复练习	154	4.	单腿哑铃臀部上举，每侧 3 组 12 ~ 16 次重复练习，两组练习之间休息 2 分钟	145
5b.	稳定球弧线运动，3 组 5 ~ 8 次重复练习，两组成对练习之间休息 90 秒	172	5.	哑铃罗马尼亚式硬拉箭步前行，每侧 3 组 10 ~ 12 次重复练习，两组练习之间休息 2 分钟	144
6	哥本哈根式髋内收，每侧 3 组 12 ~ 16 次重复练习，两组练习之间休息 90 秒	134	6.	六角杠蹲举，3 组 12 ~ 15 次重复练习，两组练习之间休息 3 分钟	139
上半身					
锻炼 A		页码	锻炼 B		页码
1.	引体向上（下巴过横杠）（如果需要，可以使用器械或弹力带环），4 组 6 ~ 8 次重复练习，两组练习之间休息 3 分钟	117	1a.	E–Z 杠铃牧师凳弯举，3 组 8 ~ 10 次重复练习	87
2a.	器械划船运动，4 组 8 ~ 10 次重复练习	102	1b.	哑铃肩部“T”字推举，每侧 3 组 8 ~ 10 次重复练习，两组成对练习之间休息 2 分钟	90
2b.	弹力带环俯卧撑，4 组最大重复次数练习，两组成对练习之间休息 2 分钟	105	2a.	过顶绳索肱三头肌屈伸，3 组 8 ~ 10 次重复练习	97
3a.	哑铃飞鸟，3 组 10 ~ 12 次重复练习	84	2b.	低位斜向直立划船，3 组 15 ~ 20 次重复练习，两组成对练习之间休息 2 分钟	99
3b.	哑铃肱三头肌臂屈伸，3 组 10 ~ 12 次重	73	3a.	哑铃臂弯举，3 组 8 ~ 10 次重复练习	68
3c.	哑铃臂弯举，3 组 12 ~ 15 次重复练习，三组训练组之间休息 2 分钟	68	3b.	哑铃肱三头肌臂屈伸，3 组 8 ~ 10 次重复练习	73
4a.	低位斜向直立划船，3 组 15 ~ 20 次重复练习	99	3c.	哑铃飞鸟，3 组 12 ~ 15 次重复练习，三组训练组之间休息 2 分钟	84
4b.	过顶绳索肱三头肌屈伸，3 组 12 ~ 15 次重复练习，两组成对练习之间休息 2 分钟	97	4a.	弹力带环俯卧撑，3 组最大重复次数练习	105
5a.	哑铃肩部“T”字推举，每侧 3 组 12 ~ 15 次重复练习	90	4b.	器械划船运动，3 组 12 ~ 15 次重复练习，两组成对练习之间休息 3 分钟	102
5b.	E–Z 杠铃牧师凳弯举，3 组 12 ~ 15 次重复练习，两组成对练习之间休息 2 分钟	87	5.	引体向上（下巴过横杠）（如果需要，可以使用器械或弹力带环），3 组 12 ~ 15 次重复练习，两组练习之间休息 3 分钟	117

表 14.5 基于健身房的体格锻炼计划 5：每周 4 次

下半身 / 核心					
锻炼 A		页码	锻炼 B		页码
1.	中距平台器腿举，4 组 8 ~ 10 次重复练习，两组练习之间休息 3 分钟	149	1a.	单手平板支撑，每侧 3 组 15 ~ 20 秒重复练习	183
2.	走步式哑铃斜向弓步，每侧 3 组 8 ~ 10 次重复练习，两组练习之间休息 2 分钟	127	1b.	器械髋内收，3 组 10 ~ 14 次重复练习，两组成对练习之间休息 2 分钟	152
3.	单腿 45 度罗马尼亚式绳索硬拉，每侧 3 组 10 ~ 14 次重复练习，两组练习之间休息 2 分钟	147	2a.	稳定球配重板卷体，3 组 8 ~ 14 次重复练习	170
4a.	稳定球靠墙深蹲，3 组 10 ~ 15 次重复练习	141	2b.	训练器卧姿腿弯举，3 组 8 ~ 12 次重复练习，两组成对练习之间休息 2 分钟	151
4b.	斜角杠铃推，每侧 3 组 8 ~ 10 次重复练习，两组成对练习之间休息 2 分钟	174	3a.	斜角杠铃推，每侧 3 组 8 ~ 10 次重复练习	174
5a.	训练器卧姿腿弯举，3 组 10 ~ 12 次重复练习	151	3b.	稳定球靠墙深蹲，3 组 12 ~ 16 次重复练习，两组成对练习之间休息 2 分钟	141
5b.	稳定球配重板卷体，3 组 8 ~ 15 次重复练习，两组成对练习之间休息 2 分钟	170	4.	单腿 45 度罗马尼亚式绳索硬拉，每侧 3 组 10 ~ 15 次重复练习，两组练习之间休息 2 分钟	147
6a.	器械髋内收，3 组 10 ~ 15 次重复练习	152	5.	走步式哑铃斜向弓步，每侧 3 组 10 ~ 12 次重复练习，两组练习之间休息 2 分钟	127
6b.	单手平板支撑，每侧 3 组 15 ~ 20 秒重复练习，两组成对练习之间休息 2 分钟	183	6.	中距平台器腿举，3 组 12 ~ 16 次重复练习，两组练习之间休息 3 分钟	149
上半身					
锻炼 A		页码	锻炼 B		页码
1a.	下握史密斯杠铃划船，4 组 8 ~ 10 次重复练习	115	1a.	哑铃肩部 A 字推举，4 组 8 ~ 10 次重复练习	88
1b.	宽距史密斯杠铃划船，4 组 8 ~ 10 次重复练习	116	1b.	哑铃臂弯举，3 组 8 ~ 10 次重复练习	68
1c.	史密斯杠铃肱三头肌俯卧伸展，4 组 8 ~ 10 次重复练习，三组训练组之间休息 2 分钟	115	1c.	哑铃俯身臂屈伸，3 组 8 ~ 10 次重复练习，三组训练组之间休息 2 分钟	86
2a.	哑铃卧推，4 组 8 ~ 10 次重复练习	81	2a.	器械飞鸟，3 组 8 ~ 10 次重复练习	103
2b.	哑铃肩部“L”字推举，每侧 3 组 10 ~ 12 次重复练习，两组成对练习之间休息 2 分钟	90	2b.	器械飞鸟，3 组 8 ~ 10 次重复练习两组成对练习之间休息 2 分钟	104
3a.	单手哑铃过头上举，每侧 3 组 10 ~ 12 次重复练习	82	3a.	双手对握背部下拉，3 组 12 ~ 15 次重复练习	91
3b.	双手对握背部下拉，3 组 8 ~ 10 次重复练习，两组成对练习之间休息 3 分钟	91	3b.	单手哑铃过头上举，每侧 3 组 12 ~ 15 次重复练习，两组成对练习之间休息 2 分钟	82
4a.	器械飞鸟，3 组 12 ~ 15 次重复练习	104	4a.	哑铃卧推，3 组 12 ~ 15 次重复练习	81
4b.	器械后飞鸟，3 组 12 ~ 15 次重复练习，两组成对练习之间休息 2 分钟	103	4b.	哑铃肩部“L”字推举，每侧 3 组 10 ~ 12 次重复练习，两组成对练习之间休息 2 分钟	90
5a.	哑铃俯身臂屈伸，3 组 12 ~ 15 次重复练习	86	5a.	史密斯杠铃肱三头肌俯卧伸展，3 组 12 ~ 15 次重复练习	115
5b.	哑铃臂弯举，3 组 12 ~ 15 次重复练习	68	5b.	下握史密斯杠铃划船，3 组 12 ~ 15 次重复练习	115
5c.	哑铃肩部“A”字推举，3 组 12 ~ 15 次重复练习，三组训练组之间休息 2 分钟	88	5c.	宽距史密斯杠铃划船，3 组 12 ~ 15 次重复练习，三组训练组之间休息 2 分钟	116

表 14.6 基于健身房的体格锻炼计划步骤样本：每周 4 次

选项 1	
第 1 周	第 2 周
周一：锻炼计划 1，下半身 / 核心，锻炼 A	周一：锻炼计划 3，下半身 / 核心，锻炼 A
周二：锻炼计划 1，上半身，锻炼 A	周二：锻炼计划 3，上半身，锻炼 A
周三：休息	周三：休息
周四：锻炼计划 2，下半身 / 核心，锻炼 A	周四：锻炼计划 4，下半身 / 核心，锻炼 A
周五：锻炼计划 2，上半身，锻炼 A	周五：锻炼计划 4，上半身，锻炼 A
周六：休息	周六：休息
周日：休息	周日：休息
第 3 周	第 4 周
周一：锻炼计划 5，下半身 / 核心，锻炼 A	周一：锻炼计划 2，下半身 / 核心，锻炼 B
周二：锻炼计划 5，上半身，锻炼 A	周二：锻炼计划 2，上半身，锻炼 B
周三：休息	周三：休息
周四：锻炼计划 1，下半身 / 核心，锻炼 B	周四：锻炼计划 3，下半身 / 核心，锻炼 B
周五：锻炼计划 1，上半身，锻炼 B	周五：锻炼计划 3，上半身，锻炼 B
周六：休息	周六：休息
周日：休息	周日：休息
第 5 周 *	
周一：锻炼计划 4，下半身 / 核心，锻炼 B	
周二：锻炼计划 4，上半身，锻炼 B	
周三：休息	
周四：锻炼计划 5，下半身 / 核心，锻炼 B	
周五：锻炼计划 5，上半身，锻炼 B	
周六：休息	
周日：休息	

选项 2	
第 1 周	第 2 周
周一：锻炼计划 1，下半身 / 核心，锻炼 A	周一：锻炼计划 3，下半身 / 核心，锻炼 A
周二：锻炼计划 1，上半身，锻炼 A	周二：锻炼计划 3，上半身，锻炼 A
周三：休息	周三：休息
周四：锻炼计划 2，下半身 / 核心，锻炼 A	周四：锻炼计划 4，下半身 / 核心，锻炼 A
周五：休息	周五：休息
周六：锻炼计划 2，上半身，锻炼 A	周六：锻炼计划 4，上半身，锻炼 A
周日：休息	周日：休息

续表

选项 2	
第 3 周	第 4 周
周一：锻炼计划 5，下半身 / 核心，锻炼 A	周一：锻炼计划 2，下半身 / 核心，锻炼 B
周二：锻炼计划 5，上半身，锻炼 A	周二：锻炼计划 2，上半身，锻炼 B
周三：休息	周三：休息
周四：锻炼计划 1，下半身 / 核心，锻炼 B	周四：锻炼计划 3，下半身 / 核心，锻炼 B
周五：休息	周五：休息
周六：锻炼计划 1，上半身，锻炼 B	周六：锻炼计划 3，上半身，锻炼 B
周日：休息	周日：休息
第 5 周 *	
周一：锻炼计划 4，下半身 / 核心，锻炼 B 周二：锻炼计划 4，上半身，锻炼 B	
周三：休息	
周四：锻炼计划 5，下半身 / 核心，锻炼 B	
周五：休息	
周六：锻炼计划 5，上半身，锻炼 B	
周日：休息	

* 在一个完整的周期结束时，建议你休息 4 ~ 7 天，让你的身心得到恢复并能重新集中注意力，然后再继续新的周期。

表 14.7　基于健身房的体格锻炼计划 1：每周 5 或 6 次

上半身（背部 / 肩膀 / 肱二头肌）					
锻炼 A		页码	锻炼 B		页码
1.	双臂俯身哑铃划船，4 组 8 ~ 10 次重复练习，两组练习之间休息 2 分钟	66	1.	E-Z 杠铃牧师凳弯举，3 组 8 ~ 10 次重复练习，两组练习之间休息 2 分钟	87
2.	绳索下拉，4 组 8 ~ 10 次重复练习，两组练习之间休息 2 分钟	58	2.	哑铃臂弯举，3 组 8 ~ 10 次重复练习，两组练习之间休息 2 分钟	68
3.	单手绳索划船，3 组 12 ~ 15 次重复练习，两组练习之间休息 2 分钟	93	3a.	绳索复合直臂下拉，3 组 10 ~ 12 次重复练习	99
4a.	绳索面拉，3 组 12 ~ 15 次重复练习	74	3b.	绳索面拉，3 组 10 ~ 12 次重复练习，两组成对练习之间休息 2 分钟	74
4b.	绳索复合直臂下拉，3 组 10 ~ 15 次重复练习	99	4.	单手绳索划船，3 组 12 ~ 15 次重复练习，两组练习之间休息 2 分钟	93
5.	哑铃臂弯举，3 组 10 ~ 12 次重复练习，两组练习之间休息 2 分钟	68	5.	绳索下拉，3 组 12 ~ 15 次重复练习，两组练习之间休息 2 分钟	58
6.	E-Z 杠铃牧师凳弯举，3 组 10 ~ 12 次重复练习，两组练习之间休息 2 分钟	87	6.	双臂俯身哑铃划船，4 组 8 ~ 10 次重复练习，两组练习之间休息 2 分钟	66

续表

下半身 / 核心					
锻炼 A		页码	锻炼 B		页码
1.	杠铃深蹲，4 组 8 ~ 12 次重复练习，两组练习之间休息 3 分钟	121	1.	哥本哈根式髋内收，每侧 3 组 12 ~ 16 次重复练习，两组练习之间休息 90 秒	134
2.	单腿单臂罗马尼亚式哑铃硬拉，每侧 3 组 10 ~ 12 次重复练习，两组练习之间休息 2 分钟	144	2a.	反向卷腹，3 组 8 ~ 12 次重复练习	160
3.	单腿哑铃臀部上举，3 组 14 ~ 16 次重复练习，两组练习之间休息 2 分钟	145	2b.	训练器卧姿腿弯举，3 组 8 ~ 10 次重复练习，两组成对练习之间休息 2 分钟	151
4a.	器械腿部伸展，3 组 10 ~ 12 次重复练习	151	3a.	臀部移位绳索转体（借助弹力带）*，每侧 3 组 14 ~ 16 次重复练习	166
4b.	臀部移位绳索转体（借助弹力带）*，每侧 3 组 14 ~ 16 次重复练习，两组成对练习之间休息 2 分钟	166	3b.	器械腿部伸展，3 组 8 ~ 12 次重复练习，两组成对练习之间休息 2 分钟	151
5a.	训练器卧姿腿弯举，3 组 10 ~ 12 次重复练习	151	4.	单腿哑铃臀部上举，3 组 14 ~ 16 次重复练习，两组练习之间休息 2 分钟	145
5b.	反向卷腹，3 组 8 ~ 12 次重复练习，两组成对练习之间休息 2 分钟	160	5.	单腿单臂罗马尼亚式哑铃硬拉，每侧 3 组 10 ~ 12 次重复练习，两组练习之间休息 2 分钟	144
6.	哥本哈根式髋内收，每侧 3 组 12 ~ 16 次重复练习，两组练习之间休息 90 秒	134	6.	杠铃深蹲，3 组 12 ~ 15 次重复练习，两组练习之间休息 3 分钟	121
上半身（胸部 / 肩膀 / 肱三头肌）					
锻炼 A		页码	锻炼 B		页码
1.	哑铃卧推，4 组 8 ~ 10 次重复练习，两组练习之间休息 2 分钟	81	1a.	哑铃肱三头肌臂屈伸，3 组 10 ~ 12 次重复练习	73
2.	器械肩上推举，4 组 8 ~ 10 次重复练习，两组练习之间休息 2 分钟	103	1b.	仰卧屈臂上拉，3 组 10 ~ 12 次重复练习，两组成对练习之间休息 2 分钟	91
3.	锁定俯卧撑，每侧 3 组 6 ~ 10 次重复练习，两组练习之间休息 2 分钟	111	2a.	哑铃俯身臂屈伸，3 组 12 ~ 15 次重复练习	86
4a.	哑铃侧肩举，3 组 10 ~ 12 次重复练习	71	2b.	哑铃侧肩举，3 组 12 ~ 15 次重复练习，两组成对练习之间休息 2 分钟	71
4b.	哑铃俯身臂屈伸，3 组 10 ~ 12 次重复练习，两组成对练习之间休息 2 分钟	86	3.	锁定俯卧撑，每侧 3 组 6 ~ 10 次重复练习，两组练习之间休息 2 分钟	111
5a.	仰卧屈臂上拉，3 组 12 ~ 15 次重复练习	91	4.	器械肩上推举，3 组 12 ~ 16 次重复练习，两组练习之间休息 2 分钟	103
5b.	哑铃肱三头肌臂屈伸，3 组 12 ~ 15 次重复练习，两组成对练习之间休息 2 分钟	73	5.	哑铃卧推，3 组 12 ~ 16 次重复练习，两组练习之间休息 2 分钟	81

* 使用弹力带替代绳索，按照练习说明中提供的方式完成这项练习。

表 14.8 基于健身房的体格锻炼计划 2：每周 5 或 6 次

上半身（背部 / 肩膀 / 肱二头肌）					
锻炼 A		页码	锻炼 B		页码
1.	引体向上（如果需要，可以使用器械或弹力带环），4组6～8次重复练习，两组练习之间休息3分钟	118	1.	哑铃斜躺弯举，3组8～10次重复练习，两组练习之间休息2分钟	88
2.	单臂哑铃划船，4组8～10次重复练习，两组练习之间休息2分钟	64	2a.	手臂弯曲抬E-Z杠铃，3组8～10次重复练习	87
3a.	宽握坐姿划船，3组10～12次重复练习	96	2b.	器械后飞鸟，3组10～12次重复练习，两组成对练习之间休息2分钟	103
3b.	坐姿划船耸肩，3组8～10次重复练习，两组成对练习之间休息2分钟	95	3a.	宽握坐姿划船，3组8～10次重复练习	96
4a.	器械后飞鸟，3组12～15次重复练习	103	3b.	坐姿划船耸肩，3组12～14次重复练习，两组成对练习之间休息2分钟	95
4b.	手臂弯曲抬E-Z杠铃，3组12～15次重复练习，两组成对练习之间休息2分钟	87	4.	单臂哑铃划船，每侧3组10～12次重复练习，两组练习之间休息2分钟	64
5.	哑铃斜躺弯举，3组10～12次重复练习，两组练习之间休息2分钟	88	5.	引体向上（如果需要，可以使用器械或弹力带环），3组10～12次重复练习，两组练习之间休息3分钟	118
下半身 / 核心					
锻炼 A		页码	锻炼 B		页码
1.	哑铃斜向保加利亚式弓步蹲，每侧3组8～12次重复练习，两组练习之间休息2分钟	128	1a.	配重板快速劈砍，每侧3组8～10次重复练习	175
2.	罗马尼亚式杠铃硬拉，3组12～15次重复练习，两组练习之间休息3分钟	139	1b.	器械髋内收，3组8～12次重复练习，两组成对练习之间休息2分钟	152
3.	单腿配重板提胯，每侧3组8～12次重复练习，两组练习之间休息2分钟	146	2a.	稳定球屈体展体，4组8～14次重复练习	178
4a.	稳定球靠墙深蹲，3组12～16次重复练习	141	2b.	北欧腿弯举，3组8～10次重复练习，两组成对练习之间休息2分钟	153
4b.	稳定球配重板卷体，3组10～15次重复练习，两组成对练习之间休息2分钟	170	3a.	稳定球配重板卷体，3组10～15次重复练习	170
5a.	北欧腿弯举，4组6～8次重复练习	153	3b.	稳定球靠墙深蹲，3组12～16次重复练习，两组成对练习之间休息2分钟	141
5b.	稳定球屈体展体，3组8～14次重复练习，两组成对练习之间休息2分钟	178	4.	单腿配重板提胯，每侧3组8～12次重复练习	146
6a.	器械髋内收，3组10～15次重复练习	152	5.	罗马尼亚式杠铃硬拉，3组12～15次重复练习，两组练习之间休息3分钟	139
6b.	配重板快速劈砍，每侧3组8～12次重复练习，两组成对练习之间休息2分钟	175	6.	哑铃斜向保加利亚式弓步蹲，每侧3组12～15次重复练习，两组练习之间休息2分钟	128
上半身（胸部 / 肩膀 / 肱三头肌）					
锻炼 A		页码	锻炼 B		页码
1.	单手上斜杠铃推举，每侧4组8～10次重复练习，两组练习之间休息2分钟	77	1a.	低位单手侧肩举，每侧3组12～16次重复练习	100
2a.	杠铃卧推，4组8～10次重复练习	79	1b.	绳索肱三头肌屈伸，3组8～12次重复练习，两组成对练习之间休息2分钟	98

续表

上半身（胸部 / 肩膀 / 肱三头肌）					
锻炼 A		页码	锻炼 B		页码
2b.	哑铃肩部“L”字推举，每侧 3 组 10 ~ 12 次重复练习，两组成对练习之间休息 2 分钟	90	2a.	单手颈后哑铃臂屈伸，每侧 3 组 8 ~ 12 次重复练习	86
3a.	绳索飞鸟夹胸，3 组 12 ~ 15 次重复练习	97	2b.	绳索飞鸟夹胸，3 组 10 ~ 12 次重复练习，两组成对练习之间休息 2 分钟	97
3b.	单手颈后哑铃臂屈伸，每侧 3 组 12 ~ 15 次重复练习，两组成对练习之间休息 2 分钟	86	3a.	杠铃卧推，3 组 12 ~ 15 次重复练习	79
4a.	绳索肱三头肌屈伸，3 组 12 ~ 15 次重复练习	98	3b.	哑铃肩部“L”字推举，每侧 3 组 10 ~ 12 次重复练习，两组成对练习之间休息 2 分钟	90
4b.	低位单手侧肩举，每侧 3 组 10 ~ 15 次重复练习，两组成对练习之间休息 2 分钟	100	4.	单手上斜杠铃推举，每侧 3 组 12 ~ 15 次重复练习，两组练习之间休息 2 分钟	77

表 14.9　基于健身房的体格锻炼计划 3：每周 5 或 6 次

上半身（背部 / 肩膀 / 肱二头肌）					
锻炼 A		页码	锻炼 B		页码
1.	俯身杠铃划船，4 组 8 ~ 10 次重复练习，两组练习之间休息 2 分钟	63	1.	低位单手背对肱二头肌弯举，每侧 3 组 8 ~ 10 次重复练习，两组练习之间休息 2 分钟	101
2.	斜向绳索下拉，4 组 8 ~ 10 次重复练习，两组练习之间休息 2 分钟	60	2a.	哑铃臂弯举，3 组 8 ~ 10 次重复练习	68
3.	单手绳索复合划船，每侧 3 组 10 ~ 12 次重复练习，两组练习之间休息 2 分钟	94	2b.	宽距史密斯杠铃划船，3 组 6 ~ 8 次重复练习	116
4a.	宽距史密斯杠铃划船，3 组 12 ~ 15 次重复练习	116	2c.	宽距史密斯杠铃耸肩，3 组 8 ~ 10 次重复练习，三组训练组之间休息 2 分钟	116
4b.	宽距史密斯杠铃耸肩，3 组 10 ~ 12 次重复练习	116	3.	单手绳索复合划船，每侧 3 组 12 ~ 15 次重复练习，三组训练组之间休息 2 分钟	94
4c.	哑铃臂弯举，3 组 12 ~ 15 次重复练习，三组训练组之间休息 2 分钟	68	4.	斜向绳索下拉，3 组 12 ~ 15 次重复练习，两组练习之间休息 2 分钟	60
5.	低位单手背对肱二头肌弯举，每侧 3 组 12 ~ 15 次重复练习，两组练习之间休息 2 分钟	101	5.	俯身杠铃划船，3 组 12 ~ 15 次重复练习，两组练习之间休息 2 分钟	63
下半身 / 核心					
锻炼 A		页码	锻炼 B		页码
1.	杠铃混合式硬拉，4 组 8 ~ 10 次重复练习，两组练习之间休息 3 分钟	124	1a.	由高到低绳索砍劈，每侧 3 组 10 ~ 12 次重复练习	168
2.	垫高哑铃反弓步，每侧 3 组 8 ~ 10 次重复练习，两组练习之间休息 2 分钟	126	1b.	单腿绳索髋内收，每侧 3 组 12 ~ 15 次重复练习，两组成对练习之间休息 2 分钟	148
3.	45 度髋关节伸展，3 组 8 ~ 12 次重复练习，两组练习之间休息 2 分钟	131	2a.	迷你弹力带环平板支撑踏步，每侧 3 组 6 ~ 8 次重复练习	185
4a.	中距平台器腿举，3 组 12 ~ 15 次重复练习	149	2b.	训练器坐姿腿弯举，3 组 8 ~ 10 次重复练习，两组成对练习之间休息 2 分钟	150

续表

下半身 / 核心					
锻炼 A		页码	锻炼 B		页码
4b.	手臂行走，3 组 4 ~ 6 次重复练习，两组成对练习之间休息 2 分钟	183	3a.	手臂行走，3 组 4 ~ 6 次重复练习	183
5a.	训练器坐姿腿弯举，3 组 10 ~ 14 次重复练习	150	3b.	中距平台器腿举，3 组 12 ~ 15 次重复练习，两组成对练习之间休息 2 分钟	149
5b.	迷你弹力带环平板支撑踏步，每侧 3 组 6 ~ 8 次重复练习	185	4.	45 度髋关节伸展，3 组 12 ~ 15 次重复练习，两组练习之间休息 2 分钟	131
6a.	单腿绳索髋内收，每侧 3 组 12 ~ 15 次重复练习	148	5.	垫高哑铃反弓步，每侧 3 组 10 ~ 12 次重复练习，两组练习之间休息 2 分钟	126
6b.	由高到低绳索砍劈，每侧 3 组 10 ~ 12 次重复练习，两组成对练习之间休息 2 分钟	168	6.	杠铃混合式硬拉，3 组 12 ~ 15 次重复练习，两组练习之间休息 3 分钟	124
上半身（胸部 / 肩膀 / 肱三头肌）					
锻炼 A		页码	锻炼 B		页码
1a.	器械胸部推举，4 组 8 ~ 10 次重复练习，两组练习之间休息 2 分钟	102	1a.	过顶绳索肱三头肌屈伸，3 组 8 ~ 12 次重复练习	97
1b.	哑铃肩部“L”字推举（从站姿开始），每侧 3 组 10 ~ 12 次重复练习，两组成对练习之间休息 2 分钟	90	1b.	哑铃过头推举，3 组 8 ~ 12 次重复练习，两组成对练习之间休息 2 分钟	72
2.	哑铃上斜卧推，4 组 8 ~ 10 次重复练习，两组练习之间休息 2 分钟	82	2a.	哑铃俯身臂屈伸，3 组 8 ~ 12 次重复练习	86
3a.	器械飞鸟，3 组 12 ~ 15 次重复练习	104	2b.	器械飞鸟，3 组 12 ~ 15 次重复练习，两组成对练习之间休息 2 分钟	104
3b.	哑铃俯身臂屈伸，3 组 12 ~ 15 次重复练习，两组成对练习之间休息 2 分钟	86	3.	哑铃上斜卧推，3 组 12 ~ 16 次重复练习，两组练习之间休息 2 分钟	82
4a.	哑铃过头推举，3 组 12 ~ 15 次重复练习	72	4a.	器械胸部推举，3 组 12 ~ 16 次重复练习	102
4b.	过顶绳索肱三头肌屈伸，3 组 12 ~ 15 次重复练习，两组成对练习之间休息 2 分钟	97	4b.	哑铃肩部“L”字推举（从站姿开始），每侧 3 组 10 ~ 12 次重复练习，两组成对练习之间休息 2 分钟	90

表 14.10 基于健身房的体格锻炼计划 4：每周 5 或 6 次

上半身（背部 / 肩膀 / 肱二头肌）					
锻炼 A		页码	锻炼 B		页码
1.	引体向上（下巴过横杠）（如果需要，可以使用器械或弹力带环），4 组 6 ~ 8 次重复练习，两组练习之间休息 3 分钟	117	1.	绳索胸前弯举，3 组 8 ~ 10 次重复练习，两组练习之间休息 2 分钟	101
2.	器械划船运动，4 组 8 ~ 10 次重复练习，两组练习之间休息 2 分钟	102	2.	E ~ Z 杠铃牧师凳弯举，3 组 8 ~ 10 次重复练习，两组练习之间休息 2 分钟	87
3.	下握史密斯杠铃划船，3 组 8 ~ 12 次重复练习，两组练习之间休息 2 分钟	115	3a.	低位斜向直立划船，3 组 15 ~ 20 次重复练习	99
4a.	绳索复合直臂下拉，3 组 10 ~ 12 次重复练习	99	3b.	绳索复合直臂下拉，3 组 8 ~ 12 次重复练习，两组成对练习之间休息 2 分钟	99
4b.	低位斜向直立划船，3 组 15 ~ 20 次重复练习，两组成对练习之间休息 2 分钟	99	4.	下握史密斯杠铃划船，3 组 15 ~ 20 次重复练习	115

续表

上半身（背部 / 肩膀 / 肱二头肌）					
锻炼 A		页码	锻炼 B		页码
5.	E-Z 杠铃牧师凳弯举，3 组 12 ~ 15 次重复练习，两组练习之间休息 2 分钟	87	5.	器械划船运动，3 组 12 ~ 15 次重复练习，两组练习之间休息 2 分钟	102
6.	绳索胸前弯举，3 组 12 ~ 15 次重复练习，两组练习之间休息 2 分钟	101	6.	引体向上（下巴过横杠）（如果需要，可以使用器械或弹力带环），3 组 12 ~ 15 次重复练习，两组练习之间休息 3 分钟	117

下半身 / 核心					
锻炼 A		页码	锻炼 B		页码
1.	六角杠蹲举或杠铃前蹲，4 组 8 ~ 10 次重复练习，两组练习之间休息 3 分钟	139 或 122	1.	哥本哈根式髋内收，每侧 3 组 12 ~ 16 次重复练习，两组练习之间休息 90 秒	134
2.	哑铃罗马尼亚式硬拉箭步前行，每侧 3 组 8 ~ 10 次重复练习，两组练习之间休息 2 分钟	144	2a.	稳定球弧线运动，3 组 5 ~ 8 次重复练习	172
3.	单腿哑铃臀部上举，每侧 3 组 12 ~ 16 次重复练习，两组练习之间休息 2 分钟	145	2b.	稳定球腿弯举，3 组 12 ~ 20 次重复练习，两组成对练习之间休息 2 分钟	154
4a.	器械腿部伸展，3 组 10 ~ 12 次重复练习	151	3a.	反向卷腹，3 组 8 ~ 15 次重复练习	160
4b.	反向卷腹，3 组 8 ~ 15 次重复练习，两组成对练习之间休息 2 分钟	160	3b.	器械腿部伸展，3 组 12 ~ 15 次重复练习，两组成对练习之间休息 2 分钟	151
5a.	稳定球腿弯举，3 组 12 ~ 20 次重复练习	154	4.	单腿哑铃臀部上举，每侧 3 组 12 ~ 16 次重复练习，两组练习之间休息 2 分钟	145
5b.	稳定球弧线运动，3 组 5 ~ 8 次重复练习，两组成对练习之间休息 2 分钟	172	5.	哑铃罗马尼亚式硬拉箭步前行，每侧 3 组 10 ~ 12 次重复练习，两组练习之间休息 2 分钟	144
6.	哥本哈根式髋内收，每侧 3 组 12 ~ 16 次重复练习，两组练习之间休息 90 秒	134	6.	六角杠蹲举或杠铃前蹲，3 组 12 ~ 15 次重复练习，两组练习之间休息 3 分钟	139 或 122

上半身（胸部 / 肩膀 / 肱三头肌）					
锻炼 A		页码	锻炼 B		页码
1.	单手哑铃过头上举，每侧 4 组 7 ~ 8 次重复练习，两组练习之间休息 2 分钟	82	1.	哑铃肩部“Y”字推举，3 组 10 ~ 15 次重复练习，两组练习之间休息 2 分钟	89
2a.	弹力带环俯卧撑，4 组最大重复次数练习	105	2a.	过顶绳索肱三头肌屈伸，3 组 8 ~ 12 次重复练习	97
2b.	仰卧弹力带“L”字形肩举，3 组 10 ~ 12 次重复练习，两组成对练习之间休息 2 分钟	110	2b.	低位单手侧肩举，每侧 3 组 8 ~ 12 次重复练习，两组成对练习之间休息 2 分钟	100
3a.	哑铃胸部压举，3 组 10 ~ 12 次重复练习	85	3a.	哑铃肱三头肌臂屈伸，3 组 8 ~ 12 次重复练习	73
3b.	哑铃肱三头肌臂屈伸，3 组 10 ~ 12 次重复练习，两组成对练习之间休息 2 分钟	73	3b.	哑铃胸部压举，3 组 12 ~ 15 次重复练习，两组成对练习之间休息 2 分钟	85
4a.	低位单手侧肩举，每侧 3 组 12 ~ 15 次重复练习	100	4a.	弹力带环俯卧撑，3 组最大重复次数练习	105
4b.	过顶绳索肱三头肌屈伸，3 组 12 ~ 15 次重复练习，两组成对练习之间休息 2 分钟	97	4b.	仰卧弹力带“L”字形肩举，3 组 10 ~ 12 次重复练习，两组成对练习之间休息 2 分钟	110
5.	哑铃肩部“Y”字推举，2 组 20 ~ 25 次重复练习，两组练习之间休息 2 分钟	89	5.	单手哑铃过头上举，每侧 3 组 8 ~ 10 次重复练习，两组练习之间休息 2 分钟	82

表 14.11 基于健身房的体格锻炼计划 5：每周 5 或 6 次

上半身（背部、肩膀、二头肌）					
锻炼 A		页码	锻炼 B		页码
1.	双手对握背部下拉，4 组 8 ~ 10 次重复练习，两组练习之间休息 2 分钟	91	1a.	手臂弯曲抬 E-Z 杠铃，3 组 8 ~ 10 次重复练习	87
2.	器械划船运动，4 组 8 ~ 10 次重复练习，两组练习之间休息 2 分钟	102	1b.	战士式绳索高位下拉，每侧 3 组 8 ~ 12 次重复练习，两组成对练习之间休息 2 分钟	96
3.	单手绳索复合划船，每侧 3 组 10 ~ 12 次重复练习，两组练习之间休息 2 分钟	94	2a.	低位单手背对肱二头肌弯举，每侧 3 组 8 ~ 12 次重复练习	101
4a.	低位单手绳索飞鸟，3 组 8 ~ 12 次重复练习	98	2b.	低位单手绳索飞鸟，每侧 3 组 12 ~ 15 次重复练习，两组成对练习之间休息 2 分钟	98
4b.	低位单手背对肱二头肌弯举，每侧 3 组 8 ~ 12 次重复练习，两组成对练习之间休息 2 分钟	101	3.	单手绳索复合划船，每侧 3 组 12 ~ 15 次重复练习，两组练习之间休息 2 分钟	94
5a.	战士式绳索高位下拉，每侧 3 组 10 ~ 15 次重复练习	96	4.	器械划船运动，3 组 12 ~ 16 次重复练习，两组练习之间休息 2 分钟	102
5b.	手臂弯曲抬 E-Z 杠铃，3 组 10 ~ 15 次重复练习，两组成对练习之间休息 2 分钟	87	5.	双手对握背部下拉，3 组 12 ~ 16 次重复练习，两组练习之间休息 2 分钟	91
下半身 / 核心					
锻炼 A		页码	锻炼 B		页码
1.	高距平台器腿举，4 组 8 ~ 10 次重复练习，两组练习之间休息 2 分钟	150	1a.	单手平板支撑，每侧 3 组 15 ~ 20 秒重复练习	183
2.	走步式哑铃斜向弓步，每侧 3 组 8 ~ 10 次重复练习，两组练习之间休息 2 分钟	127	1b.	器械髋，3 组 10 ~ 14 次重复练习，两组成对练习之间休息 2 分钟	152
3.	单腿 45 度罗马尼亚式绳索硬拉，每侧 3 组 10 ~ 14 次重复练习，两组练习之间休息 2 分钟	147	2a.	稳定球配重板卷体，3 组 8 ~ 14 次重复练习	170
4a.	稳定球靠墙深蹲，3 组 10 ~ 15 次重复练习	141	2b.	训练器卧姿腿弯举，3 组 8 ~ 12 次重复练习，两组成对练习之间休息 2 分钟	151
4b.	斜角杠铃推，每侧 3 组 8 ~ 10 次重复练习，两组成对练习之间休息 2 分钟	174	3a.	斜角杠铃推，每侧 3 组 8 ~ 10 次重复练习	174
5a.	训练器卧姿腿弯举，3 组 10 ~ 12 次重复练习	151	3b.	稳定球靠墙深蹲，3 组 12 ~ 16 次重复练习，两组成对练习之间休息 2 分钟	141
5b.	稳定球配重板卷体，3 组 8 ~ 15 次重复练习，两组成对练习之间休息 2 分钟	170	4.	单腿 45 度罗马尼亚式绳索硬拉，每侧 3 组 10 ~ 15 次重复练习，两组练习之间休息 2 分钟	147
6a.	器械髋内收，3 组 10 ~ 15 次重复练习	152	5.	走步式哑铃斜向弓步，每侧 3 组 10 ~ 12 次重复练习，两组练习之间休息 2 分钟	127
6b.	单手平板支撑，每侧 3 组 15 ~ 20 秒重复练习，两组成对练习之间休息 2 分钟	183	6.	高距平台器腿举，3 组 12 ~ 16 次重复练习，两组练习之间休息 2 分钟	150

续表

上半身（胸部 / 肩膀 / 肱三头肌）					
锻炼 A		页码	锻炼 B		页码
1a.	哑铃卧推，每侧 4 组 6 ~ 8 次重复练习，两组练习之间休息 3 分钟	81	1.	窄距俯卧撑，2 组最大重复次数练习，两组练习之间休息 3 分钟	113
1b.	哑铃肩部“L”字推举，每侧 3 组 10 ~ 12 次重复练习，两组成对练习之间休息 2 分钟	90	2.	弹力带侧肩举，3 组 8 ~ 10 次重复练习，两组练习之间休息 2 分钟	107
2a.	站姿绳索推胸，每侧 3 组 10 ~ 12 次重复练习	93	3.	单手上斜杠铃推举，每侧 3 组 8 ~ 10 次重复练习，两组练习之间休息 2 分钟	77
2b.	单手颈后哑铃臂屈伸，每侧 3 组 10 ~ 12 次重复练习，两组成对练习之间休息 2 分钟	86	4a.	单手颈后哑铃臂屈伸，每侧 3 组 8 ~ 10 次重复练习	86
3.	单手上斜杠铃推举，每侧 3 组 10 ~ 12 次重复练习，两组练习之间休息 2 分钟	77	4b.	站姿绳索推胸，3 组 12 ~ 15 次重复练习，两组成对练习之间休息 2 分钟	93
4.	弹力带侧肩举，3 组 10 ~ 12 次重复练习，两组练习之间休息 2 分钟	107	5a.	哑铃卧推，每侧 3 组 8 ~ 10 次重复练习	81
5.	窄距俯卧撑，2 组最大重复次数练习，两组练习之间休息 3 分钟	113	5b.	哑铃肩部“L”字推举，每侧 3 组 10 ~ 12 次重复练习，两组成对练习之间休息 2 分钟	90

如果你每周训练 5 或 6 次，但连续训练天数不超过 3 天，那么你可以使用这些锻炼计划，以便让身体得到最大限度的恢复并降低过度训练的风险。表 14.12 显示了可用于每周训练 5 或 6 次的每周锻炼计划的每周训练步骤。

表 14.12　基于健身房的锻炼计划步骤样本：每周 5 或 6 次

第 1 周	第 2 周
周一：锻炼计划 1，背部 / 肩膀 / 肱二头肌，锻炼 A	周一：休息
周二：锻炼计划 1，下半身 / 核心，锻炼 A	周二：锻炼计划 3，背部 / 肩膀 / 肱二头肌，锻炼 A
周三：锻炼计划 1，胸部 / 肩膀 / 肱三头肌，锻炼 A	周三：锻炼计划 3，下半身 / 核心，锻炼 A
周四：休息	周四：锻炼计划 3，胸部 / 肩膀 / 肱三头肌，锻炼 A
周五：锻炼计划 2，背部 / 肩膀 / 肱二头肌，锻炼 A	周五：休息
周六：锻炼计划 2，下半身 / 核心，锻炼 A	周六：锻炼计划 4，背部 / 肩膀 / 肱二头肌，锻炼 A
周日：锻炼计划 2，胸部 / 肩膀 / 肱三头肌，锻炼 A	周日：锻炼计划 4，下半身 / 核心，锻炼 A
第 3 周	**第 4 周**
周一：锻炼计划 4, 胸部 / 肩膀 / 肱三头肌，锻炼 A	周一：锻炼计划 1，下半身 / 核心，锻炼 B
周二：休息	周二：锻炼计划 1，胸部 / 肩膀 / 肱三头肌，锻炼 B
周三：锻炼计划 5，背部 / 肩膀 / 肱二头肌锻炼 A	周三：休息

续表

第 3 周	第 4 周
周四：锻炼计划 5，下半身 / 核心，锻炼 A	周四：锻炼计划 2，背部 / 肩膀 / 肱二头肌锻炼 B
周五：锻炼计划 5，胸部 / 肩膀 / 肱三头肌，锻炼 A	周五：锻炼计划 2，下半身 / 核心，锻炼 B
周六：休息	周六：锻炼计划 2，胸部 / 肩膀 / 肱三头肌，锻炼 B
周日：锻炼计划 1，背部 / 肩膀 / 肱二头肌，锻炼 B	周日：休息
第 5 周	**第 6 周 ***
周一：锻炼计划 3，背部 / 肩膀 / 肱二头肌，锻炼 B	周一：休息
周二：锻炼计划 3，下半身 / 核心，锻炼 B	周二：锻炼计划 5，背部 / 肩膀 / 肱二头肌，锻炼 B
周三：锻炼计划 3，胸部 / 肩膀 / 肱三头肌，锻炼 B	周三：锻炼计划 5，下半身 / 核心，锻炼 B
周四：休息	周四：锻炼计划 5，胸部 / 肩膀 / 肱三头肌，锻炼 B
周五：锻炼计划 4，背部 / 肩膀 / 肱二头肌，锻炼 B	周五：休息
周六：锻炼计划 4，下半身 / 核心，锻炼 B	周六：休息
周日：锻炼计划 4, 胸部 / 肩膀 / 肱三头肌，锻炼 B	周日：休息

* 在一个完整的周期结束时，建议你休息 4 ~ 7 天，让你的身心得到恢复并能重新集中注意力，然后再继续新的周期。

家庭或酒店健身房体格锻炼计划

当你在旅途中，无法去健身房或无法进入健身房的时候，你可以使用这里提供的家庭或酒店健身房锻炼计划，或者体重和弹力带锻炼计划。表 14.13 和表 14.14 中的两项锻炼计划涉及为家庭健身房推荐的器械，或者是一些在大多数酒店健身房中很常见的器械。这些器械如下。

- 一套哑铃［重量可达 50 磅（约 23 千克）或 20 千克］。
- 一个可调节的举重凳，可将其设置成平面或斜面。
- 高质量的稳定球，直径为 55 ~ 65 厘米。
- 引体向上杆（为了方便，许多引体向上杆都被设计为可轻松放置在门口的顶部）。
- 一组弹力带，具有针对各种不同强度（从低到高强度）的手柄。
- 从低到中等强度不等的弹力带环。
- 从低到中等强度不等的迷你弹力带环。

弹力带、弹力带环和迷你弹力带环在大多数体育用品商店或在线商店都有销售，但在酒店健身房并不常见。我们建议至少携带每种类型的一组弹力带。这些弹力带便于携带，可以被轻松地放入你的行李箱。还需要注意的是，由于以下锻炼是在有限的器械上进行的，所以其中一些练习需要针对练习说明中的内容进行做一些微小的修改。

例如，对于像单手绳索划船这样的基于绳索的锻炼，如果训练环境中没有绳索柱，可以使用弹力带来进行锻炼。或者，对于哑铃运动（例如“哑铃肩部‘W’字推举”），你无须握哑铃亦可执行练习说明中所示的相同动作。每个锻炼计划中都对这些修改进行了说明。

请注意，这些锻炼计划仅在你外出旅行、无法去健身房或无权使用健身房时，作为对你每周常规健身房锻炼计划的补充。它们无意取代你的健身房锻炼计划。你的主要训练应该围绕上一节中的初学者健身房锻炼计划进行。请记住，在开始任何后续锻炼之前，请务必执行第 5 章中的动态热身序列之一。

表 14.13 和表 14.14 中的两个锻炼计划包括使用以下 3 种弹力带的体重练习和弹力带练习：带手柄的弹力带（这些弹力带可以在几秒内连接到任何门柱或稳定的物体上）、弹力带环和迷你弹力带环。一套带手柄的高质量弹力带和两种类型的弹力带环（它们提供了从轻到非常重的各种级别的抗阻），是家庭锻炼计划和出差时锻炼计划的必选。它们便于携带，并为你的体重锻炼增加了许多有效的锻炼选择，它们带来的价值远远超过它们的成本。

再次声明，以下锻炼计划并不是专为你而设计，也不是为了取代本章前面提到的基于健身房的锻炼计划而设计。当你无法去任何类型的健身房的时候，可以将它们作为每周常规健身房锻炼计划的补充。

表 14.13　家庭或酒店健身房体格锻炼计划

	练习	组数和重复次数	页码
	下半身 / 核心		
1.	哑铃斜向保加利亚式弓步蹲	每侧 3 组 10 ~ 15 次重复练习	128
2.	单腿单臂罗马尼亚式哑铃硬拉	每侧 3 组 12 ~ 15 次重复练习	144
3.	单腿提胯	每侧 3 组 15 ~ 20 次重复练习	147
4a.	稳定球靠墙深蹲	3 组 14 ~ 20 次重复练习	141
4b.	稳定球配重板卷体 **	3 组 10 ~ 15 次重复练习	170
5a.	稳定球腿弯举	3 组 15 ~ 25 次重复练习	154
5b.	稳定球屈体展体	3 组 12 ~ 20 次重复练习	178
6a.	侧卧髋内收	每侧 3 组 15 ~ 20 次重复练习	153
6b.	由低到高绳索砍劈（借助弹力带）*	每侧 3 组 8 ~ 12 次重复练习	165
	上半身		
1a.	引体向上（如果需要，可以借助弹力带环）	4 组 6 ~ 10 次重复练习	118
1b.	哑铃过头推举	4 组 8 ~ 10 次重复练习	72
2a.	单手独立式哑铃划船	每侧 4 组 8 ~ 10 次重复练习	84
2b.	哑铃卧推	4 组 8 ~ 10 次重复练习	81

续表

上半身			
3a.	哑铃肩部"Y"字推举	3 组 10 ~ 15 次重复练习	89
3b.	双臂俯身哑铃划船	3 组 12 ~ 15 次重复练习	66
4a.	窄距俯卧撑	3 组最大重复次数练习	113
4b.	绳索复合直臂下拉（借助弹力带）*	3 组 12 ~ 20 次重复练习	99
5a.	哑铃臂弯举	3 组 12 ~ 15 次重复练习	68
5b.	单手颈后哑铃臂屈伸	3 组 12 ~ 15 次重复练习	86

在所有直接两组练习之间休息 2 分钟。在所有两组成对练习之间休息 90 秒。
* 使用弹力带替代绳索，按照练习说明中提供的方式完成这项练习。
** 如果没有配重板，可以握住哑铃的两侧进行替代。

表 14.14 体重和弹力带体格锻炼计划

练习		组数和重复次数	页码
下半身 / 核心			
1.	弹力带环混合硬拉	4 组 15 ~ 20 次重复练习	148
2.	哑铃斜向保加利亚式箭步蹲(不使用哑铃）**	每侧 3 组 15 ~ 20 次重复练习	128
3.	单腿 45 度罗马尼亚式绳索硬拉（借助弹力带）*	每侧 3 组 15 ~ 20 次重复练习	147
4a.	僵尸蹲	3 组 20 ~ 30 次重复练习	152
4b.	手臂行走	3 组 4 ~ 7 次重复练习	183
5a.	稳定球腿弯举	3 组 15 ~ 20 次重复练习	154
5b.	侧卧髋内收	每侧 3 组 15 ~ 20 次重复练习	153
6a.	迷你弹力带环平板支撑踏步	每侧 3 组 20 ~ 25 次重复练习	185
6b.	由低到高绳索砍劈（借助弹力带）*	每侧 3 组 8 ~ 12 次重复练习	165
上半身			
1a.	俯卧撑	3 组最大重复次数练习	62
1b.	骑摩托式单手绳索划船（借助弹力带）*	每侧 3 组 14 ~ 20 次重复练习	94
2.	弹力带单手上斜推举	每侧 3 组 15 ~ 20 次重复练习	106
3.	弹力带单手俯身划船	每侧 3 组 15 ~ 20 次重复练习	108
4a.	弹力带胸部飞鸟	3 组 15 ~ 20 次重复练习	108
4b.	弹力带过顶肱三头肌屈伸	3 组 15 ~ 20 次重复练习	106
5a.	绳索复合直臂下拉（借助弹力带）*	3 组 15 ~ 20 次重复练习	99
5b.	弹力带肱三头肌伸展	3 组 15 ~ 20 次重复练习	105
6.	弹力带肱二头肌弯举	3 组 15 ~ 20 次重复练习	109
7.	弹力带环平拉	3 组 15 ~ 20 次重复练习	109

在所有直接两组练习之间休息 2 分钟。在所有两组成对练习之间休息 90 秒。
* 使用弹力带替代绳索，按照练习说明中提供的方式完成这项练习。
** 按照练习说明中提供的方式，无须使用哑铃亦可完成此练习。

15 减少受伤的策略

无论你的目标是与总体健康、功能和表现能力、减肥，还是与体格有关，在运动方面具有最佳的能力是指一开始你就能表现出这种能力。你不仅想通过运动实现你的目标，还想以你能够做到的方式保持训练，这意味着你应该采取一些措施来减少与运动有关的伤害。这就是本章要介绍的全部内容！

伤害风险因素和担忧往往因运动而异（例如，游泳运动员的风险因素与足球运动员的风险因素不同），还会因为身体部位或关节而有所不同（前交叉韧带断裂的风险因素与腰背部疼痛的风险因素不同）。贾森·希尔沃纳尔（Jason Silvernail）和我共同撰写了这一章。我们参阅了一些文献，并利用专业经验为你提供了运动和力量训练风险因素清单。我们认为每个人都应该了解这些高价值领域，并在他们的锻炼计划中解决相应的问题。

运动训练通常是一种低风险的活动，但它不是一种无风险活动。无论训练目标是什么，你都可以采用以下实用的策略，成功地将运动作为一种药物，将因运动而不得不服药的风险降至最低。

涉及尽量减少与训练有关的伤害时，几乎每个人都非常熟悉“不要过度运动”这一古老忠告，并避免那些会使身体处于尴尬姿势的运动，比如末端脊柱运动（例如，进行硬拉，使你的背部完全向前弯曲）。虽然该建议非常不错，但在本章中我们会介绍更多建议。

以下是你可以立即使用的各种常规的、实用的锻炼计划，以及它们可以帮助你降低训练相关伤害风险的原理。

在锻炼中绕开疼痛，而不是硬来！

你无法通过锻炼来缓解疼痛，因为锻炼会加重疼痛。虽然这是一件显而易见的事情，但许多运动员和资深的锻炼者都很固执，经常进行一些会引起疼痛的运动，而这些运动通常为了使自我达到最佳状态。继续进行一些引起疼痛的运动很可能会让情况变得更糟，并导致进一步的伤害，这可能会使引起疼痛的领域从容易训练的领域转变为使人更加虚弱的领域。

不要因为疼痛而运动，应该绕开疼痛而运动。此建议中所说的疼痛并不是指与肌肉疲劳有关的感觉，而是指在健身房外存在的或进行某些运动时突然产生的疼痛。这些问题区域可能只需花费一些时间、通过休息就能得到解决，或者可能是某些身体受伤区域，这些区域再也无法承受相同水平的负荷，并且如果没有得到适当照料，就无法有所改善。

如果某项运动对你造成了伤害（不管出于什么原因），请找出一个对你没有伤害的改善或替代方法。本书中有许多锻炼方法可以让你做到这一点。

避免在举重时强制达到活动范围末端

通常，在举重或使用中等负荷进行多次重复举重时，避免强制进行关节和脊柱末端运动。研究结果表明，当脊柱达到完全屈曲（即完全向前弯曲）时，例如在进行过度拉回的硬拉动作时就有可能出现这种情况，脊柱的支持作用会从肌肉转移到椎间盘和韧带组织。与完全弯曲脊柱姿势相关的剪切负荷中，这些变化非常明显，很容易导致过度剪切负荷。在脊柱完全弯曲的时候，不仅前剪切负荷非常高，而且韧带也有受伤的风险。脊柱的重复压迫负荷可能超过组织的承受能力，并造成伤害。因此，如本书练习说明中所述，在举重时，保持相对中立脊柱姿势是一个很好的训练建议。

当你举重时，关节会移动到其活动范围的末端，负荷从收缩的肌肉转移到不可收缩的结缔组织（韧带、关节囊等）。这种状况不是很好的原因有二：你不再为肌肉提供良好的训练负荷，而且你可能会伤害或损害其他结缔组织。现在，举重训练还有助于建立那些结缔组织，而且这些结缔组织对负荷的反应是积极的——随着时间的推移，它们会变得更强壮。你不必害怕举起挑战性的重物会增加你身体的负荷。但是，在活动范围的两端增加关节的负荷并不会提供一个好的风险收益比。

关节在中等活动范围内就能提供非常好的功能，但它们也需要进行一些全方位的运动来保持健康和当前的活动范围。为此，你可以做一些瑜伽或移动性训练，比如第5章中的热身和灵活性练习，它们可以为综合抗阻训练提供很好的补充。由于瑜伽的低负荷、慢节奏特性，许多瑜伽动作和灵活性练习都需要将关节和脊柱移动到它们的活动范围极限，这些通常是通过重量训练无法实现的。它们提供了更多的活动种类，帮助你获得一个更健康的身体，不仅更强壮、更瘦，而且还具有灵活性。

对以前的伤害要倍加小心

以前受过伤的人受伤的风险通常会增加。大多数力量和体能训练专业人士已经知道这一点，而且客户和运动员经常会将以前的受伤情况告诉培训师或教练，并在身体康复后再恢复训练。除了建议不要强制进行关节末端运动和绕过疼痛之外，还需要考虑以下 3 点。

- 在受伤区域附近应该非常小心地增加你举起的负荷和你举重的次数（即你完成的总组数和重复次数）。
- 对以前导致受伤的动作和姿势要特别注意（例如，某人在篮球比赛中因跳跃而伤了膝关节，那么在做单腿跳跃练习时，他应该格外小心）。
- 不要忽视受伤的区域。增强受伤关节周围的力量非常重要。研究已证明，对受伤区域的专门训练有助于预防未来的伤害。

单腿练习已被证明可以潜在地降低受伤风险，下一节将对此进行讨论。

做单腿力量练习

第 2 章“功能和表现能力”中讨论了各种研究，对单腿和双腿练习进行了比较，研究结果表明，单腿和双腿练习都能优化下半身的表现能力。

除此之外，一项研究建议使用单腿的表现能力来检测单腿爆发力发展（即力量）的缺陷。而另一项研究表明，闭合动态链力量（即当你的脚在地面上时的力量）存在 15% 或更大的差异，或者，左右腿之间的单腿运动控制能力（肢体对称性指数）是增加受伤风险的良好指标。

牢记这一点，不管你的主要训练目标是什么，定期将一些单腿练习变化融入你的训练中非常重要，可以提高你的单腿控制力、力量和力量耐力。

提高体能水平

疲劳是肌肉骨骼损伤的一个风险因素。几项研究发现，那些体能水平低的人有受伤的风险。因此，提高你的体能水平可以帮助你变得更耐疲劳，并在疲劳训练之间更快地恢复，并有可能减少你因疲劳而受伤的风险。

除了体能水平之外，总训练负荷也正在成为导致受伤的风险因素。这正是第 2 章所讨论的渐进式负荷的精髓所在。所有运动训练都是对身体施加压力。这种压力会使身体变得更强壮、更健康，从而更有效地适应压力，更好地忍受压力，并降低受伤的风险。明智的运动训练是根据你当前的能力，对身体施加足够的压力，让身体适应该压力，而不是施加太多的压力，使组织负荷过重而受到损伤。锻炼时要有耐心和智慧。不要尝试做太多的练习，以及太快地完成练习。

不要吸烟

众所周知，吸烟通常对人体健康有害，但一些研究表明，吸烟还有可能是导致受伤的风险因素。吸烟是造成受伤后恢复不佳和愈合不良的一个持续风险因素，因此我们有充分的理由避免吸烟，这样既可以降低受伤的风险，又可以提高受伤或手术后的康复能力。

获得足够的睡眠

人们对睡眠科学及其对健康、疾病、减肥和运动表现能力的影响越来越感兴趣。训练受伤风险的一个主要可调整风险因素可能就在每个人的面前——在每个人的卧室里。

如果青少年和成年人每晚睡眠不足 7 ~ 10 小时，受伤的风险可能就会增加。参阅适当的睡眠指导来提高表现能力和减少伤害，这对每个人而言是一个可靠的循证实践。

本章确定了一些潜在的伤害风险因素，然后提供了一些可以立即使用的通用、简单、实用的运动建议（我们设计本书中的锻炼计划已采用的一些策略），以帮助你降低遭受运动或运动相关伤害的风险。

请记住，风险因素不是保证。存在这些风险因素之一并不意味着你会受伤，而没有任何风险因素也不能保证你将来不会受伤。在不同的人群之间，这些因素在预测能力和相关性方面也会有所不同，此处的建议被认为是一种你可以使用的实用解释。

值得注意的是，许多人将识别风险因素与做出承诺混为一谈。这种混淆概念的一个很好的例子就是吸烟。例如，卫生组织并没有说科学已证明吸烟会导致癌症；他们说，吸烟极大地增加了患癌症（以及死于癌症）的风险。如果某个人没有因为已确定的风险因素而受伤，并不意味着一般的训练建议是错误的，就像某个人的祖父一直吸烟，直到 95 岁才证明关于吸烟的一般健康建议。

借此机会，让我们来考虑一下你的锻炼之旅的后续步骤。你的主要锻炼目标是什

么：减肥、增肌、提高表现能力，还是一般的健身和改善健康状况？现在，您已经拥有了实现目标的锻炼计划，并掌握了成功所需的知识。有一种说法是“先计划好你的工作，再实施你的计划”。不管你的目标是什么，这本书都提供了正确的策略。现在是你实施计划的时候了！

运动的伟大之处在于，只要你运动，就会起作用！如同生活中最有价值的事情一样，要想在运动中获得持续的成功，你需要坚持不懈地努力，要有耐心、要现实、要始终如一。当你将不断努力作为基石的时候，你就可以在上面构建任何东西。

作者简介

尼克·图米内洛（Nick Tumminello）是国际运动表现大学的所有人，该机构给全世界的运动员和训练员、教练员的专业教学项目提供混合力量训练和身体训练。

作为一名教练，图米内洛被盛赞为“教练的教练”。他曾出席过在挪威、冰岛、中国和加拿大举办的国际健身会议。他是 IDEA 健康与健身协会（IDEA Health & Fitness Association）、美国体能协会（National Strength and Conditioning Association）以及 DCAC 健身大会（DCAC Fitness Conventions）所举办会议的特别主持人，还在全美的健身俱乐部给教练做训练培训。图米内洛在他家乡佛罗里达州的劳德代尔堡有工作室和指导项目。他是《增肌和运动表现提升》（人体运动出版社，2016）和《力量训练减脂圣经》（人体运动出版社，2014）两本书的作者，并创作了 20 余张教学 DVD，另外他还是美国体能协会出版的《健身基础训练设计》的联合作者。图米内洛以及《NSCA 个人训练季刊》的主编。

自 1998 年以来，图米内洛一直投身于健身事业，2001—2011 年，他还与人合伙在马里兰州的巴尔的摩经营着一家训练中心。他曾与各个年龄阶段以及不同运动水平的运动爱好者们打过交道，包括从业余到有专业排名的运动员。在 2002—2011 年，他担任了地面控制综合格斗战斗小组的力量与体能教练。他还曾兼任了很多公司的服饰与器械专家顾问。

到目前为止，图米内洛的文章已经先后在 50 多种健康与健身方面的权威杂志上发表，其中就包括《男性健身》《肌肉与运动表现》《女性健康》等知名杂志！同时，他还是多个流行的健身训练网站的著名撰稿人。他的书曾先后两次登上《纽约时报》运动类书籍畅销榜，还曾被登载于一些视频网站首页。《ACE 个人训练手册》中也有他的身影。2015 年，图米内洛入选了私人教练名人堂。2016 年，他获得了 NSCA 年度私人教练奖。目前，图米内洛还在网站上持续更新着人气颇高的健身训练博客。

译者简介

柳磊，体育教育学士学位 567GO 健身教练培训联合创始人兼教研中心总监，FRTA 课程研发者，全国国民体能大赛裁判长，全国体育运动学校联合会青少儿体智能项目评审顾问。目前担任 ACTION-CPT 国际私人教练认证中国区培训总监，德国 XBODY EMS 电脉冲训练技术中国区培训总监，意大利 REAXING 动态神经反应训练认证讲师。此外，他在国际肌能系（Kinesio Taping）贴扎技术方面也有多年研究，担任国际肌能系贴扎学会讲师（CKTT）和肌能系帖扎中国的客座讲师。他拥有的认证包括：美国运动委员会（ACE）私人教练认证、美国国家运动医学会 NASM-CPT/CES 纠正性训练认证、皮肤神经调节技术（DNM）全科认证、选择性功能动作评估（SFMA）初级 / 高级认证和动态神经稳定技术 DNS-A/B/C 认证。